诚外无物 匠韵绝伦

工匠革新36技

李葆文 编著

北 京
冶金工业出版社
2017

内 容 提 要

本书结合古今中外创新案例及作者系统深入的研究，提出了工匠革新 36 个技法。每技均以四字成语命名，每个技法的结尾是“实战课堂”，将作者熟悉的设备管理和 TnPM 体系推进中遇到的管理革新案例编入其中，最后是“妙技锦囊”，进行“点睛”式总结。

本书是侧重于工匠革新方法和技巧的探索性研究书籍，也是通俗易懂的科普读物。无论是科技工作者还是企业基层员工都会通过阅读本书得到启迪和帮助，同时也可供大专院校和职业技术教育机构的广大师生阅读和参考。

图书在版编目（CIP）数据

诚外无物 匠韵绝伦：工匠革新 36 技 / 李葆文编著 .—北京：冶金工业出版社，2017. 5

ISBN 978-7-5024-7504-8

Ⅰ. ①诚… Ⅱ. ①李… Ⅲ. ①工业技术—技术革新—世界—通俗读物 Ⅳ. ① F414-49

中国版本图书馆 CIP 数据核字（2017）第 079488 号

出 版 人 谭学余
地 址 北京市东城区嵩祝院北巷 39 号 邮编 100009 电话 (010)64027926
网 址 www.cnmip.com.cn 电子信箱 yjcbs@cnmip.com.cn
策划编辑 任静波 责任编辑 杜婷婷 任静波 美术编辑 彭子赫
版式设计 彭子赫 责任校对 卿文春 责任印制 牛晓波
ISBN 978-7-5024-7504-8
冶金工业出版社出版发行；各地新华书店经销；北京博海升彩色印刷有限公司印刷
2017 年 5 月第 1 版，2017 年 5 月第 1 次印刷
169mm × 239mm；16.5 印张；321 千字；256 页
88.00 元

冶金工业出版社 投稿电话 (010) 64027932 投稿信箱 tougao@cnmip.com.cn
冶金工业出版社营销中心 电话 (010) 64044283 传真 (010) 64027893
冶金书店 地址 北京市东四西大街 46 号 (100010) 电话 (010) 65289081（兼传真）
冶金工业出版社天猫旗舰店 yjgycbs.tmall.com

前　言

作者通过对古今中外大量的工匠革新活动进行反复比较研究，并按照其革新的主导思路进行了归纳，提炼出了工匠革新36技。

其实，革新发明的当事者在当时并不一定是自觉地使用我们所划分的方式进行革新的，只是我们后人把这些革新方式进行了归类划分而已。这种划分的意义在于可以引导后来者利用这种划分来启发思路，朝着我们给出的不同划分方向思考、碰撞，有所突破。无疑这可以使革新者少走弯路，缩短迷茫和探路时间，尽快达到成功彼岸。正如门捷列夫元素周期表的作用，虽然我们在空白处尚未发现某个化学元素，但朝着这个方向研究探索是有希望的。

俗话说“三句话不离本行”。因为作者是从事设备管理研究的，提出的TnPM管理体系也算是一种管理上的革新。在本书的每节结尾之处，作者以“实战课堂”的形式，介绍一个设备管理案例，以呼应该节的主题。最后以“妙技锦囊”为题加以“点睛”，对本节的核心思想进行概括。

不排除后人会发现其他分类方法，突破36技所给出的范畴，也不排除全新的分类和界定方式诞生，我们拭目以待，这也正符合作者所给出革新的“渐进”历程。

作者期望本书在培育工匠大师的崎岖道路上，像是一个路标；在波涛汹涌的创新海洋上，像是一盏灯塔。

作者要感谢亲爱的夫人郑毅女士，是她在忙碌的生活琐碎间隙，与作者讨论工匠技能划分的合理性，帮助作者检索和提供了大量鲜活的资料，给出十分有益的见解。感谢作者的儿子李云宁和儿媳郑欢，他们以其广博的古典文学基础，从革新与国学结合的角度，对本书的整体架构以及内容提炼等方面提出很多珍贵的建议和修正。还要感谢作者的好友和亲密伙伴徐保强先生，是他启发作者进行工匠课题的研究，并不断地提醒和默默支持作者的研究和著述。作者也要感谢冶金工业出版社给本书的架构提出很多建设性的指导意见，并全力支持本书的出版发行。最后要感谢作者年轻的助手李小龙、姚志豪和禤俊良先生，他们不辞辛苦地帮助作者修改原稿、提出意见和校对书稿，给本书注入了更多青春活力；感谢学府集团策划团队的熊军经理以及他领导的团队成员马洪泽、苏彦祥先生和陆佩泳小姐，感谢他们出谋划策、修改图标，从美学角度提出的建议，并对本书出版付出汗水和辛苦。

2017年3月

目　　录

大国新工匠

促进工匠成长的战略意义

近代重视高效率、低成本、标准化的大生产模式，是对传统“如切如磋，如琢如磨”工匠精神的冲击，销蚀了“人”的创造性。老福特用生产线工人重复、机械式的劳动，提升了效率，把复杂多样化的工作，变成简单的工作，造就了汽车帝国。就像饭店把“大厨”赶出去，才让麦当劳、真功夫、海底捞等餐饮公司取得成功一样。

那么，我们要不要重拾工匠精神，要不要促进工匠的成长？

理性地分析，即使是注重大规模、高效率、低成本、标准化的生产，也要先以工匠的革新创造为基础和基因。

一个新汽车车型的诞生，包含着不少工匠的智慧，每个受人欢迎的车型，都应该是匠心荟萃；一餐美味，蕴藏大厨的精心设计和试验，每道大受食客欢迎的标准化美味佳肴，都蕴含着大师的丰富经验与技艺。

因此，规模化的生产是以工匠与大师的精湛劳动成果为基因的。没有这些，就无法标准化和批量化的生产，就无法给企业带来丰厚的利润。

在历史上，我们中国的四大发明对人类文明和进步促进作用很大。

我国历史上涌现出大批工匠人才，例如以木器制作闻名的鲁班、架起赵州桥的李春、发明地震仪的东汉天文学家张衡。始建于秦昭王末年(约公元前256~251年) 的都江堰，是蜀郡太守李冰父子在前人鳖灵开凿的基础上组织修建的大型水利工程，由分水鱼嘴、飞沙堰、宝瓶口等部分组成。两千多年来一直发挥着防洪灌溉的作用，使成都平原成为水旱从人、沃野千里的“天府之国”，至今灌区已达30余县市，面积近千万亩，是全世界迄今为止，年代最久、唯一留存、仍在一直使用、以“无坝引水”为特征的宏大水利工程。李冰父子当之无愧应被称为大工匠。

《庄子·养生主》中讲：“庖丁为文惠君解牛，手之所触，肩之所倚，足之所履，膝之所踦，砉然向然，奏刀騞然，莫不中音。合于《桑林》之舞，乃中

《经首》之会。文惠君曰：‘嘻，善哉！技盖至此乎？’ 庖丁释刀对曰：‘臣之所好者道也，进乎技矣。始臣之解牛之时，所见无非牛者；三年之后，未尝见全牛也。方今之时，臣以神遇而不以目视，官知止而神欲行。’” 我们可以用出神入化、道技合一来形容庖丁的宰牛技术，这里蕴含了深刻的工匠韵律。

我国古代“圜者中规，方者中矩”的编钟、“白如玉，明如镜，薄如纸，声如磬”的景德镇瓷器、“咫尺之内再造乾坤”的苏州园林无不凝结着大国工匠的技艺。

我国在古代还制定了《工律》《考工记》《营造法式》等工匠制度和技法，形成了师徒相传、物勒工名的工匠传承规则。

工匠于国家的重要作用，如同基石于高楼的作用一样。大国之所以强，强在经济力，经济力之所以强，强在产品，产品的价值是靠工匠精神打磨出来的。

当今的美国之所以强，在于不断涌现出像微软的创始人比尔·盖茨、苹果的创始人乔布斯、英特尔的联合创始人格罗夫、谷歌的联合创始人拉里·佩奇和谢尔盖·布林、脸书的创始人马克·扎克伯格、推特的联合创始人埃文·威廉姆斯、亚马逊的创始人杰夫·贝索斯、优步的联合创始人特拉维斯·卡拉尼克等著名的、性格各异的“工匠”人物。而这些工匠级人物，很多都是在车库里成长起来的。没有他们，就没有美国经济的繁荣，也就没有美国的强大。从这种意义上说，是工匠精神成就了强大的美国；从这种意义上说，也是工匠精神促进了一个国家的强大，德国如此、日本如此、瑞士如此、以色列也是如此。

综观近代历史，从康乾时代，我国就开始衰落下去。从英国的工业革命开始，经历过三次工业变革，让西方世界发展强大起来。细想一想，无论是汽车、火车、飞机、大炮、电灯、电话、电视、冰箱、电脑、手机等代表现代文明的标志性发明都不是中国人创造的。我国曾经以工匠闻名，如今却要面对优秀工匠匮乏的窘境。

日益规模化、效率化的生产，又让中国的不少企业忽略了其背后的工匠创新和发明，简单的重复性操作还让企业忽略了手口相传的师徒制度。

大规模、高效率的生产，无论其产品的原型设计还是工艺的实现都离不开道技合一、精益求精的工匠精神。前者是显性的，而后者是隐性的，往往是被忽略的。德国的现代化道路，从表面看是技术兴国、制造强国之路，从深层次看，是德国人对技术工艺“宗教般”的狂热追求。德国人常说：物美就不会价廉！这也是为什么德国一把菜刀的价格都要比我国的贵上好几倍。因为他们对技术的追求远远超过急功近利的利润追求，这反而让他们的产品附加上更高的价值。

无论是德国还是日本，从教育制度、社会习俗都形成了崇尚工匠的文化和机制。而远在西半球的美国，车库、校园和政府公共机构到处都有“极客”“创客”的孵化器，无人汽车、六轴无人机、机器驮驴等都是这样创造出来的。

“中国制造”靠大国工匠的努力，这已经成为不可回避的历史性选择。营造工匠成长环境，培育工匠文化，设计工匠培育成长机制将是中国制造强国的必由之路。

将工匠精神赋予“互联网”思维，我们称之为“新工匠精神”。在当代中国，我们不仅应该提倡工匠精神，还要与时俱进地植入“网络”元素，植入时代进步的基因，以“新工匠”代替传统的工匠，善用网络，以网络为工具，同时契合互联网的发展脉络，加互联网或者互联网加，踩在互联网上创新和发明，达到事半功倍的效果。

让祖国成就无数工匠，让工匠成就强大中国。

工匠的成长环境建设

作曲家勃拉姆斯说：“没有工匠，灵感只是风中一支摇曳的芦苇。”看来，工匠是让灵感落地的人物。

工匠精神的内涵就是精益求精、严谨、一丝不苟、耐心、专注、坚持、专业、敬业。

德国哲学家尼采说：“一个民族，需要两种精神：一个是酒神精神，一个是日神精神。”酒神精神是冲动的、叛逆的、不循规蹈矩的、颠覆性的；而日神精神强调的是秩序、理性、技术、流程。这两者结合起来，才能形成一个民族的创造力，才是真正意义上的工匠精神。

我们呼吁制造业回归匠心，回归本质，把工匠精神植入制造行业。至真至善，恪守唯美，让制造成为社会文明的福祉。

工匠的成长往往是自发的，天赋加后天的勤奋、百折不挠的韧性等，都是造就工匠的前提条件。

然而，营造一个大环境和大气候，对于更多工匠大师的成长就如同阳光、甘露和土壤。

在“工具理性”占主导地位的当今社会，人们崇尚的是机器和设备的巨大功能，但往往忘记这些“工具”背后的“巧匠”沉淀。适当回归并提倡“人本理性”的工匠精神尤为重要，这是阴阳互补的一种平衡。

野生植物固然很好，但人工栽培让人类更加富裕。天生的工匠我们不容忽视，优秀的后天环境也会让工匠成长更迅速，队伍更壮大。

工匠、大师是人，工匠成长就是要讲究人的成长和培养环境。

无论从社会层面还是企业层面，首先要建立起工匠、大师潜质发现机制。从遴选机构的建立，到工匠发现遴选标准的设计，再到工匠苗子的发现、选择以及后续的培养都要逐渐完善起来。

工匠苗子的遴选要不拘一格，不能求全责备，要注重专业特长，也要注意考察其工作毅力和韧性。

工匠革新精神的培养十分重要，要完成从小农意识的小富即安，到猎人意识的永不满足；从农夫意识的重复守旧，到猎人意识的充满好奇；从小农意识的固执己见，到猎人意识的敢于突破；从小农意识的信命靠天、不越雷池，到猎人意识的跌倒重来这一“里程碑”式的转变。工匠既需要学习吸收，又需要冒险坚韧；既需要多元包容，又需要探究解惑。

匠心的培养最艰难，也最重要。所谓的匠心就是要有强质疑精神，擅长跨界思维，追求完美而不失实用。他们兴趣广泛而有侧重，从不惧怕失败，敢冒风险却又能管控风险。

遴选出的工匠苗子，要给予理论上、技能上和创新技巧上的强化培养。既有理论，又有实践；既有基础，又有拔高。不能光撒种子，还要施肥、除草和浇水。

为了让这些工匠专心致志、不受干扰地进行研究革新，还要为其创造良好的工作环境，也就是大师工作室的建设。工匠的创新需要有相关的仪器、设施、工具和辅助人员配合。大师工作室的建设要本着自力更生、因陋就简、就地取材、靠近现场、方便钻研的原则进行。

不食人间烟火，出于兴趣爱好的“纯粹”或者“野生”工匠肯定存在，但毕竟数量有限。“人工栽培”有利于大量复制。一般而言，工匠既有梦和对愿景的追求，也会有物质欲望。对他们的激励也是需要精心设计，包括荣誉激励、信任激励、冠名激励、长远激励、即时物质激励等，要激发他们的持续革新激情。

工匠的后勤保障也十分重要。不要让大师疲于奔命于一些细微小事，而浪费宝贵的革新时间。这些后勤保障包括资金、材料、人员、设备、环境以及时间等要素。条件允许，尽量通过创新简洁的机制和辅助人员协调解决上述相关问题，保障工匠创新的流畅工作流程。反过来，工匠并不是娇惯出来的，也需要困难的磨炼，自身要有面对困难、迎难而上、克服困难、解决问题的韧性。

工匠的初期成果一开始往往是实验室里的，是缺乏批量化检验的，也是需要专利保护的。促进这些成果的价值转化不但是企业和社会的使命，也是保护工匠革新积极性的重要因素。

工匠的成长不容易，要充分发挥这些工匠、大师的带动作用。通过标杆的树立、宣传造势、大师工作室参观、经验介绍、师带徒等形式，扩大这些工匠大师的影响。以点带面，带动一片，让更多人羡慕工匠、模仿工匠、学习工匠，走上工匠成长之路。当然，这种“虚”的活动不宜太多，不要让工匠整天沉浸在频繁的“荣誉展示”和“社会活动”之中而忘记本源。保证工匠的创新时间和工作重心同样十分重要，这需要做好平衡。

工匠—大师的绩效评价与鉴定是保障大师持续涌现的长效机制。

一般工匠的成长可以划分为孕育阶段、成熟阶段、巩固阶段和推广阶段。在孕育阶段，重点在于培养工匠的精益求精、执着钻研的精神；在成熟阶段，侧重于培养其难题攻关和解决能力；在巩固阶段，侧重培养其创新专利、成果转化能力；在推广阶段，则是培养其经验分享和带动能力，以扩大工匠的社会影响作用。

我们也可以把这四个阶段再细分，将大师划分为八个级别水平。

在工匠成长环境营造中，我们也要注意不要急于求成、揠苗助长；不要搞形式主义，人为塑造；更不可铺张浪费、过分投入，违背“自然天成”的客观规律。

我国是十几亿人口的泱泱大国，这可是十分宝贵的人力资源。从电视节目里的星光大道、最强大脑比赛、各种才艺表演中，我们会发现各式各样的奇才。应该说，散布在中国大地上的工匠人才之多甚至可以超过某些小国家的全国人口数。关键是如何把他们发掘和培养起来。这块资源的开发和潜能发挥，就可以打破任何国际上的技术垄断和封锁，仅靠自力更生就能够让我们研究、创造、发明和制造出世界上任何种类最先进的产品。这就是人口众多的大国优势！

工匠大师成长环境的建设，对于工匠大国塑造，无疑是具有战略意义的举措。

工匠革新36技概述

我们喜欢用工匠大师“革新”来概括其创造活动。所谓的“革新”是破旧立新，是继承发扬的意思，并不是一切从头开始和空穴来风的创造。

作者曾经研究过俄国学者根里奇·阿奇舒勒（G. S. Altshuller）所创建的TRIZ理论，他对创新的总结和提炼具有划时代意义。

结合工匠大师的革新这一主题，笔者换一个角度，提出全新的分类方式，我们用“36技”来称呼。这“36技”，既与中国孙子兵法的“36计”谐音，又界定了一个可以区别出差异的创新分类方法。

值得指出的是，某些革新内容也许可以同时归类为不同的革新分类范畴，这是因为我们归类的视角不同，或者因为革新内容本身就具有多质性。例如，某些革新既属于“音变”的革新，又属于“渐进”的革新，另外一些革新既属于“聚合”的革新，也属于“缩放”的革新。这“36技”无疑可以帮助工匠们打开思路，找出革新规律，由自发、自然的革新变成自觉、有序、有效的革新，会让工匠的创新快速突破，成果倍增。工匠革新的36技如下图所示。

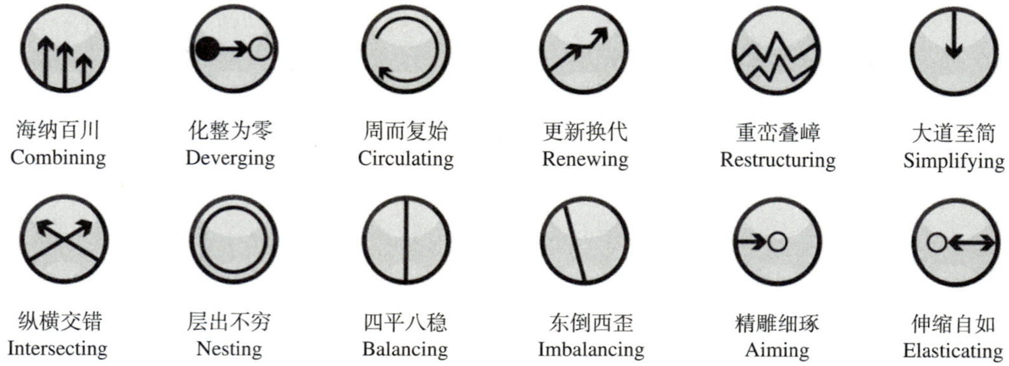

工匠革新前12技

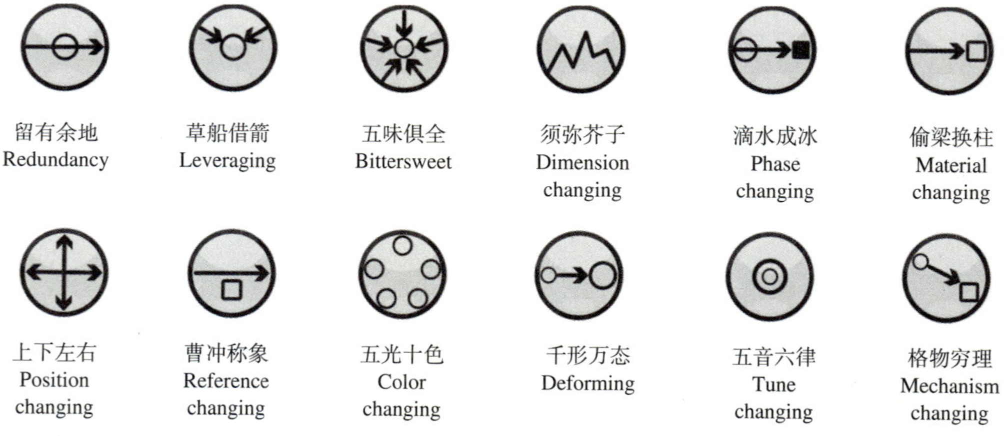

工匠革新中12技

牵肠挂肚
Linking
接连不断
Joining
一反常态
Reversing
跌宕起伏
Pulsing
虚虚实实
Intermedia
丢卒保车
Gaining
from lossing
否极泰来
Counteracting
含沙射影
Reflecting
前车之鉴
Lessoning
势不可挡
Overwhelming
相互依存
Interdepending
天罗地网
Netting

工匠革新后12技

工匠革新36技

第1技　海纳百川

释义：“海纳百川”就是将不同的子系统和个体集聚在一起，形成合力，或者铸成更加强大的功能，其应用的手段包括聚合、融合、整合、组合、凝聚、合成等。

标识符号：

我们的祖先很早就懂得“海纳百川”和“聚合”变革。在武侠小说中，我们经常看到英雄人物手中的宝剑锋利无比，甚至可以“削铁如泥”，这是纯属夸张，还是有一定的道理呢？1965年，我国的考古工作者在湖北江陵发掘出战国时期的一柄古剑。这柄古剑已经长埋地下两千多年，依然光芒四射、锋利无比，令人惊叹。据考证，这柄古剑是越王勾践用过的，具有很高的文物价值。科学家们运用先进的检测方法对这柄剑进行了检测，结果发现剑所含的元素达9种之多，有的还是稀有元素，这把宝剑是古代多种金属元素的“聚合”。

欧冶子，战国时期的越国人，为中国古代铸剑鼻祖。他几十年专注铸剑，用心冶炼，精雕细琢，他为越王勾践铸出的五把剑，名为湛卢、纯钩、胜邪、鱼肠、巨阙，每一把都为名剑。

再看现代广为人知的合金，同样也是物理化学“聚合”的很好例子。就拿不锈钢的发明为例，布诺顿受命于英国政府研究武器，他研制了很多合金，发现都不好用，把它们全都丢进了垃圾堆，一场暴雨过后，他发现垃圾堆里所有的合金都生锈了，只有一种合金却熠熠生辉，他带着疑问将它带进实验室，发现这种合金含有数量很多的金属铬，也就是说含有一定比例铬的钢不会生锈。为了进一步证实自己的观点，他又把这块合金放在水里，还有酸、碱溶液里，进行观察，却没有发现丝毫的被腐蚀现象。不锈钢就这样诞生了。

将难溶金属如钨、钼、钛、钼等的碳化物硬质微粒与一种或几种铁族元素

（铁、钴、镍等）的粉末混合，然后压制成型，再经烧结即可制成硬质合金。制造这种硬质合金的碳化物原料非常坚硬，其硬度与金刚石难分伯仲。这种“聚合”革新，才产生“削铁如泥”的效果。

再说清代的剪刀师张思家，以铸造锻打剪刀为业。他首创镶钢锻打工艺，即将不同的钢材镶嵌在一起，锻打成型，再淬火变硬，打磨成锋。其子张小泉在康熙二年，即1663年创立“张小泉”品牌。乾隆四十六年，就是1781年，“张小泉”剪刀被乾隆帝钦定为贡品，并由乾隆亲自题字“张小泉”。“张小泉”剪刀先后在1915年的巴拿马博览会、1926年的费城世博会和1929年的首届西湖博览会获得大奖。其剪刀以镶钢均匀、磨工精细、锋利异常、式样精美、开合和顺、刻花精巧、经久耐用而名扬海内外。在一次剪刀评比会上，人们把40层白布叠在一起，用各种剪刀试剪，唯有张小泉剪刀张开锋口，咔嚓一声，一次剪断，连剪数次，次次成功，检查刀口，锋利如故，令其他剪刀望尘莫及。“张小泉”剪刀可以做到剪断70层白布不缺口，再剪丝绸而不带丝，其质量之高，不言而喻。“张小泉”剪刀传承下来的“良钢精作”，总结出来制剪的72道工序，其中以镶钢锻打和手工刻花等技艺最为精湛独特。

再说我国古代火药的“聚合”革新。西汉武帝刘彻晚年惧怕死亡，下令全国的术士为他炼长生不老丹。一天傍晚，有个炼丹术士因疲劳过度，就靠在炼丹炉旁睡着了，突然一声巨响把他惊醒，他发现火光冲天，禁不住大叫一声：“不好了，火药爆炸了！”于是，“火药”一词便传开了。原来，炼丹主要是用硫黄、硝石、朱砂混合，再加上蜂蜜来燃烧炼制的，其中含有毒性很强的水银。因此，在炼丹过程中，如果稍不注意，就会引起爆炸。后来，火药引起了军事家浓厚的兴趣，他们进行了深入的研究，将硝石、硫黄和木炭控制在75%、10%、15%的比例进行炼制，制成了世界上最早的火药。于是，火药就成为我国古代的四大发明之一。火药的发明是古代的“聚合”革新典型。与火药的发明类似，其实很多革新成果往往是偶然或者不经意中得到的。从前德国汉堡一位叫布朗特的商人，偶尔听人说，用强热来蒸发人尿能制造出黄金。于是他大干起来，有一次，他将尿液、沙子和木炭放在火中加热，然后用水冷却。结果，这次他虽然没有得到黄金，却意外地得到一种像白蜡一样的物质，这种物质在黑暗的小屋里还一闪一闪地发着亮光，其实这种能发出荧光的白色柔软的物质就是白磷，又称黄磷。白磷是呈淡黄色、接近无色半透明的固体，不溶于水，有剧毒。白磷的化学性质活泼，自然界中不能以游离态存在，在空气中易氧化成三氧化二磷和五氧化二磷，呈白色烟雾，白磷是制造炸药、燃烧弹、灭鼠剂、肥料等制品的基本成分，是石油化工缩合催化剂、表面活性剂必不可少的原料。这是化学“合成”变革的一个例子。

火柴的发明也属偶然，但仍可看到“聚合”革新的功效。约翰·霍尔克喜欢打猎，有一次为了试制猎枪上的火药，他费了好大工夫找了一根小木棍，然后他把金属锑和钾混在一起，用小棍子进行搅拌。拌好后，他想把小棍子上粘的东西弄干净，以便以后可以再使用。于是，他就把小棍子在地上不停地蹭来蹭去，突然“啪”的一声，冒出一股火苗，木棍也跟着燃烧起来。受这一事件的启发，他研制了火柴。火柴头上粘有氯酸钾、二氧化锰、硫黄和玻璃粉等，火柴杆上涂有少量的石蜡。火柴盒侧面由红磷、三硫化二锑、黏合剂组成。火柴头在火柴盒上划动时，产生的热量使磷燃烧；磷燃烧放出的热量使氯酸钾分解，氯酸钾在催化剂二氧化锰的作用下分解放出的氧气与硫反应；硫与氧气反应放出的热量引燃石蜡，最终使火柴杆着火。这是一个典型的化学功能“聚合”革新之案例。

古代的火药发明创造、西方的白磷火柴，虽然都有偶然的成分，但同样也是不断试验的过程，作者认为现代的“海纳百川”和“聚合”变革应该关注不断试验聚合本身的科学性，采用物理实验常用的控制变量法、等效替代法、理想推理法等，不断推陈出新，海纳百川，直至成功“聚合”。

智能手机是最典型的“海纳百川”革新例子。因为智能手机聚合着多种功能，从图1–1中可以看出，手机聚合的功能包括通话、写信、娱乐、计算、购物、打车、阅读、办公、导航、检索、录像、手电、摄影、炒股、理财、气象、订餐、支付等，而且新的功能还通过一个个App的诞生在不断增加，这样的“聚合”革新在不断进行之中。

图 1–1 智能手机的聚合功能

提起智能手机的“聚合”功能，最神奇的应该算是手机的拍照功能了。这里面还有个有趣的故事。有个叫菲利普·卡恩（Philippe Kahn）的硅谷工程师，因为临产的妻子住进加利福尼亚州圣克鲁兹市的产院，他也赶到医院去照护。正在阵痛的妻子忍受不了他的毫无意义的安慰话语，叫他“你去一边安安静静地待着”。于是他跑到医院角落里的一张桌子边，摆弄起他带来的笔记本电脑、手机和数码相机等一大堆东西。因为初为人父，他非常急切地期望能把不一会儿就要出生婴儿的照片立即传送给亲人和朋友们。但是，当时这还是一个非常奢侈的愿望。如果你想要和别人分享你拍摄的照片，就先要用数码照相机拍照，然后把照相文件存入电脑，再连上互联网，把照片上载到网站，再把网站地址告诉亲朋好友，通知他们上网欣赏照片。卡恩觉得这个过程实在太麻烦了，心想如果拍下照后，一按键，就能传送照片那有多好。出生于巴黎的卡恩当时已经是著名软件公司的创业人之一，当他的妻子被推进医院待产室后，他利用等待的空隙时间，开始把自己的设想付诸实施。他悄悄地去无线电器材公司买了一些焊丝，然后将自己的数码相机和手机连接起来。几个小时之后，他利用这个非凡的“即兴创作”为刚诞生的女儿苏菲拍了照片。这样世界上第一架带照相机的手机问世了。这个值得纪念的日子就是他的女儿的生日——1997年6月11日。此后，卡恩把这一切整合为一个系统，起名为Picture Mail。并为此成立了一家叫做Light Surf的公司，在北美推出了第一个移动传输图片的解决方案。他的这个创意催生了带照相手机行业的诞生和发展。

在我们的身边，具有“聚合”革新的案例还有很多，例如瑞士军刀，聚合着刀子、剪子、锯子、钩子、起子、旋子、锥子等多重功能，如图1–2所示。

在电子领域，集成线路板最具代表性，它将各种电子功能聚合在一张线路板上，内含电阻、电容、电磁线圈，各种功能芯片集成一体。

家用的门铃烟气报警器，将门铃功能、烟气报警功能集成。酒店里用的三合一洗涤液集洗浴、洗头和润发功能为一体。

除了一些产品的集成革新，一些大规模物理空间的集成革新也屡见不鲜。就拿航空母舰来讲，它既是移动的海岛，又是攻击型的军舰，既是空军基地，又是远程运输工具。

其他的物理空间如体育场的多元化功能，有赛事就是体育竞技场馆，没赛事是民间活动场馆，有演唱会是演艺场馆。在设计阶段就将上述功能集合起来，便于切换，如图1–3所示。

当代的MALL是最典型的“海纳百川”功能集合设计，集商场、餐饮、娱乐、休闲为一体，无所不包，兼容并蓄，天天都吸引大量顾客前往。在紧张、忙碌的现代社会，人们更希望来一次商场，解决所有的问题，节省往返交通时间和寻找各种所需的服务。这种大型卖场——MALL可以买衣、买鞋、买各种生活用品，可以理发、洗头，可以修剪指甲，可以享受美食，还可以看表演和3D电影，所以在全球各地都受到广泛的欢迎，如图1–4所示。

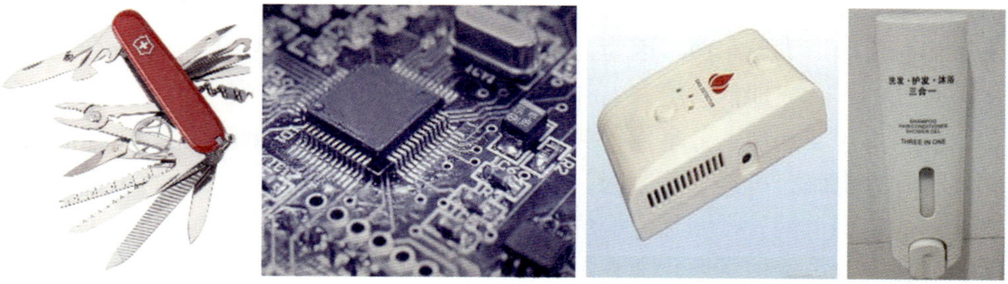

图 1-2　瑞士军刀、印刷线路板、烟火报警门铃和三合一洗涤液的功能聚合

图 1-3　体育场馆的功能聚合

图 1-4　航空母舰和大卖场MALL的功能聚合

实战课堂

故障树、故障字典都是“海纳百川”的例子。故障树往往都从设备的结构关系出发，分析故障的内在联系，找出故障的主因。而故障字典一般将曾出现过的故障和原因分析集合、分类，建立数据库，作为故障分析的参考资料，可以为后来者提供参考，少走弯路，从而提高故障分析的效率。故障树如图1-5所示。

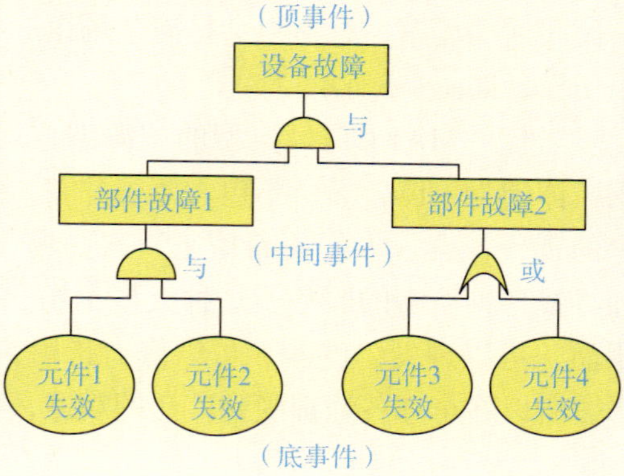

图 1-5　故障树

TnPM之所以被越来越多的企业所认同和追随，是因为这一体系是集大成的管理创新产物。其实，TnPM体系里的很多模块就是工厂里大家经常做的事情，也是大家认同并不断给企业创造价值的管理技巧。例如，我们经常谈的有氧活动，一点建议OPS和一点课程OPL，几乎每家企业都存在类似的活动，但并非是系统的、主动的并形成管理闭环的自觉活动。这些活动被TnPM组合、提炼和优化，就焕发出不一样的光芒。在一间间工厂里，不少优秀的管理工具是零散错落的，是不成系统的，无法发挥其集成效应。就像一个个美丽的珍珠，没有串起来就不能成为华丽的项链一样。TnPM的贡献无非是将这些好东西做一集成、汇总和梳理，形成体系，反过来再推动企业有序地实施。TnPM就是“海纳百川”的革新产物。

妙技锦囊

海纳百川，有容乃大；壁立千仞，无欲则刚。此联为清末政治家林则徐任两广总督时在总督府衙题书的堂联。意为：大海因为有宽广的度量才容纳了成百上千的河流；高山因为没有钩心斗角的凡世杂欲才如此的挺拔。其实，“海纳百川”的思维就是整合、凝聚的思维。“海纳百川”的技巧就是引导工匠将资源、项目、成果、事物集成和整合，就是要发挥“集成体”的规模效应、乘数效应和放大效应，以此创造出意想不到的功效和价值。

第2技　化整为零

释义：“化整为零”是将一个整体的构件或者系统拆分成为零散的子构件或者子系统，突出子系统的特色与功能。我们所推荐用的手段包括分解、分割、分离、消减、离散化、个性化等。按照斜木桶理论，某一最长的模板，决定斜木桶的装水水平。因此，突出某子模块、子系统的功能和特色，反而会带来更好的功效。

标识符号：

所谓的“化整为零”是与“海纳百川”相对应的一类革新。我们将某些功能集合在一起就是海纳百川；反之我们可以将某些功能拆解，让其特殊的功能独立发挥作用，或者我们将某一特性突出出来，成为特色，都属于化整为零或者拆分的内容。

“拆分”或者“分离”可划分为时间维、空间维、部品维、条件维、功能维等具体的方向。

例如，由原来机器的同时动作改为先后动作就是“时间维”的拆分；而把空调分为室内机和室外机，以提高制冷效率就是“空间维”的拆分；将整机拆分成部件便于运输安装，安装后就变成整机，就是“部品维”的拆分；飞机和起落架，在空中飞行时起落架收起，降落时将起落架放下，降落伞在跳伞之前是捆绑在伞包里，跳伞之后才打开，就是“条件维”的拆分；弱化某些功能，深入和强化某些功能，形成特色，如高像素的美图拍照手机，长周期带电的手机，或者太阳能自充电的手机，能够吸引特定客户，就是“功能维”的拆分。

典型的例子如分类垃圾桶，我们通过分类可以让垃圾在初始阶段分离，减少后续分拣时的人力资源浪费。再如可拆卸组合家具，可以满足客户房间空间和个性化的选择要求。可拆卸的组合工具也是如此，这既是聚合革新的案例，也是拆分革新的案例，它是若干不同工具的组合，又是工具和功能的拆分，每个工具可以独立使用操作，便于用户整体携带和选择使用。可选择菜式的组合餐盒也是拆分和聚合革新的联合案例。聚合是指若干菜式的组合，拆分是指每一菜式有独立空间摆放，便于顾客选择性食用，也保持了菜式的原始味道，如图2–1所示。

图 2–1　通过拆分革新的案例：家具、垃圾桶、工具和分类餐盒

避雷针原理，就是将云中的雷电引导出来，直接接地，避免建筑物成为导电体被雷电损坏。避雷针是将雷电与建筑物“分离”，是突出其引雷特长的发明。在油液监测里使用的光谱分析和铁谱分析，就是通过光谱的分解来进行辅助分析，有些类似于三棱镜的分光原理。振动监测里使用的频谱分析，就是将振动波分解，辨识不同部位的振动特性，达到设备诊断目的。这些都属于“拆分”革新

的案例。

人类文明的进步也表现为健康卫生用品的进步，例如我们过去用肥皂洗脸、洗衣、洗澡，后来加上药品或者香料变成药皂和香皂，分别用于洗澡和洗脸。现在我们创造了洗面乳、洗发液、沐浴露、护发素分别用于洗脸、洗发、洗澡和护发，功能“拆分”了，产品也不同了，如图2–2所示。

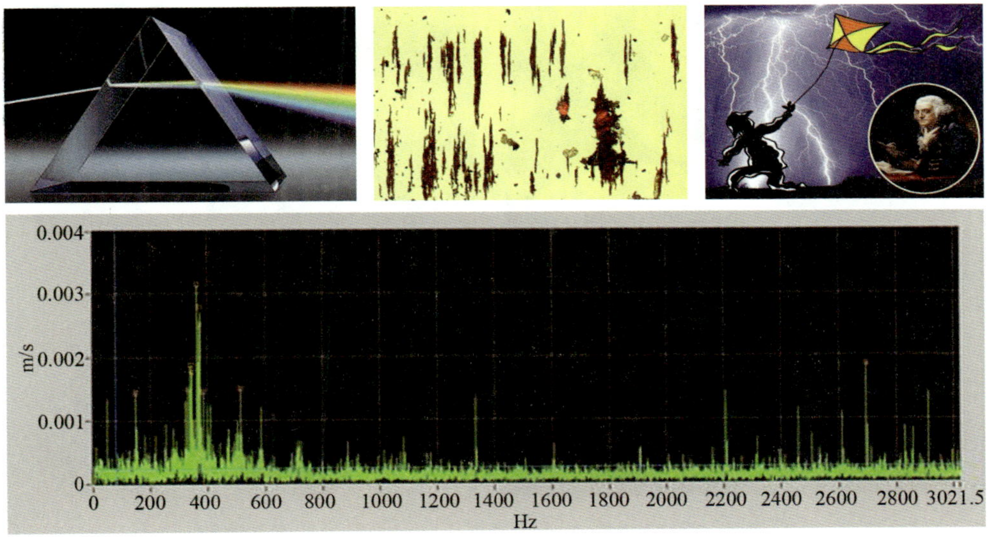

图 2–2 三棱镜的光谱分解、铁谱分解、避雷针的发现和振动频谱分析

就拿人的脸部护理来讲，过去我们用凡士林抹脸、抹手，现在凡士林已经基本被专门的护手霜、身体精油、抹脸日霜、抹脸晚霜等更细致的拆分产品所取代。这也体现了“拆分”变革所带来的价值。

为了减少照相机照明强光刺眼的时间，从“减少”的变革理念出发，人们发明了照相机闪光灯。从减少牙被损坏的理念出发，人们研究出了高速牙钻。

匈牙利的比罗1936年发明了圆珠笔，这一发明十分重要，给书写带来巨大变化。但圆珠笔用久了就会漏油墨，日本一家小企业，从“减少”的概念出发，让笔芯少装油墨，开发了短支圆珠笔，解决了圆珠笔长期使用漏油问题，反而大获成功，取得丰厚利润，如图2–3所示。

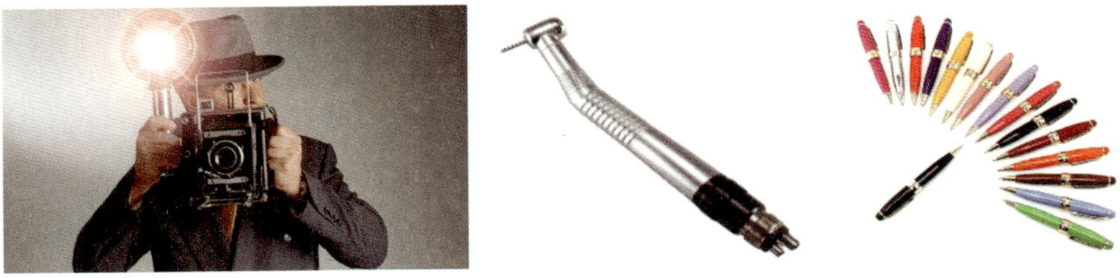

图 2–3 “减少”理念变革下的闪光灯、高速牙钻和短支圆珠笔的发明

餐饮业有很多离散化和个性化变革的案例。例如专门做辣鸭的周黑鸭，是一家个性化食品的知名品牌，他们专门经营鸭制品，做得非常成功。再往下细分，专门做鸭脖子的绝味鸭脖，也是一家成功的企业，竟然将鸭脖子做得十分成功。这样的专门化食品数不胜数，例如风靡全球的台湾凤梨酥，享誉大江南北的南京板鸭、全聚德烤鸭、金华火腿和杭州小笼包……如图2-4所示。

图 2-4　南京板鸭、全聚德烤鸭、台湾凤梨酥和绝味鸭脖

谈到个性化的“拆分”变革，泰国的许书标是一个典型例子，他与奥地利青年迪克·梅特舒兹共同创造的功能饮料“红牛”风靡世界。红牛是一种颜色口味不同于其他饮料，以增强耐力、注意力、反应速度与警觉性著称。一开始很多人不适应，但其明显的提神醒脑特点逐渐被大众接受，也让这款饮料风靡全球并经久不衰。红牛的成功在于突出饮料的提神醒脑功能，是对传统饮料的“拆分”革新。

还有另外一个有趣的故事，美国监狱释放的犯人戴夫，回到家里没事干，开始以制作面包谋生。传统面包店是制作大量各式面包，并无特色，市场业绩平平。他制作的面包以其独特的风味和葵花籽、亚麻籽、南瓜子以及芝麻馅吸引大量消费者，并起了一个与自己身份有关联的令人惊悚的名字“戴夫杀手面包”，竟然征服全美国，成为美国超市里最抢手的面包，如图2-5所示。

我们给大家讲一个擒获“死亡元素”的故事。单质氟是一种淡黄色气体。人体缺氟还会患上龋齿，这是因为我们每天吃的食物，都属于多糖类。过去，许多化学家试图从氢氟酸中剔出单质氟来，但都因在实验中吸入过量氟化氢气体而死，于是被迫放弃了实验。莫瓦桑通过设计了一整套抑制氟剧烈反应的办法完成了这个实验。他在曲颈瓶中，制得氟化氢的无水试剂，再在其中加入氟化钾增强它的导电性能。然后，他以铂铱合金为电极，用氯仿作冷却剂，并设计了一个实验流程，让无水氟化氢、氯仿以及萤石塞子作主要部分，将实验室保持在-23℃的条件下电解，终于制得了单质氟，擒获了“死亡元素”。氟的成功提取和应用，是“拆分”变革在化学领域的成功应用。

图 2-5　红牛饮料和特色面包

再看一种化学元素，镓是一种有白色光泽的金属，它的熔点很低，只有29.8℃，放在手掌上，人的体温就可以将它熔化成液体。但当镓从液体凝成固体时，体积反而膨胀3%，这一性质是其他金属所不具备的。金属镓的一个重要的用途是制造合金。

说到镓，这里面还有一个有趣的故事，布瓦博德朗通过电解镓的氢氧化物发现了镓并将此消息发布，不久就收到了一封来自俄罗斯的信，信中这样写道：“尊敬的布瓦博德朗先生，您所说的镓就是我四年前预言的‘类铝’，它的相对密度应为5.9，而不是您所说的4.70，请您再测一下吧……”信尾署名是门捷列夫。布瓦博德朗将信将疑地在实验室里重测了镓的相对密度，结果证明果然是自己错了，他对门捷列夫佩服得五体投地。

英国医学家弗莱明在化验室里埋头研究流行性感冒时，由于盖子没盖好，他发现培养葡萄球菌的器皿上长了霉毛。原来，是某些天然霉菌偶然落入器皿里造成的。出于医学家的敏感，弗莱明仔细地观察起来，他惊奇地发现，在霉毛的四周却没有任何细菌生存！这一发现使他兴奋不已。于是，他把这种从“天”上掉下来的霉小心翼翼地取出来研究。经过许多次试验，终于分离出了液态霉，并把它命名为“青霉素”。青霉素的发明、生产和使用在二战期间挽救了千百万人的生命，被公认为是与原子弹、雷达并列的第三个重大发明。看来，化学领域的“拆分”、“分离”大有文章可做啊。

再看物理领域的“拆分”与“分离”。大家都知道，空气的主要成分是氮气（占78%）和氧气（占21%）。因此，可以说空气是制备氮气和氧气取之不尽的源泉。氮气主要用于合成氨、金属热处理的保护气氛、化工生产中的惰性保护气（开停车时吹扫管线、易氧化物质的氮封、压料）、粮食储存、水果保鲜和电子工业等。氧气主要用于冶金、助燃气、医疗、废水处理和化学工业中的氧化剂等。如何廉价地分离空气制取氧气和氮气，这是人们长期潜心研究解决的问题，这也是物理“拆分”变革的重要课题。最早的方法是采用深冷分离法，即将空气冷却到-150℃以下，因为氧气、氮气的沸点不同，就可以用低温精馏的方法实现分离。该法可以同时得到氮气和氧气，还可以得到液氮和液氧。

后来人们又研究出变压吸附法和膜分离法等空气分离方法。空气分离装置如图2-6所示。

图 2-6　空气分离装置

实战课堂

TnPM既是十分宏大的管理体系，又可以是十分专精的管理工具，就拿体系中的检维修系统解决方案来说，其可供企业选择的维修策略就有十几种。而这其中的“全面质量维护”策略，就可以设计得十分专精，我们给出六五四三三二一的流程和套路，包括六个管理步骤、五个管理特点、四个功能板块、三个维度、三个分析方法、二个管理工具和一个工作流程图。这样就将“全面质量维护”做得十分精细和具有可操作性。一个润滑管理，我们可以细化到六定、二洁、一密封、三过滤，也是想通过这种精细的设计，使之便于操作落地。一个班组建设，我们给出六力模型和N型班组，也是立足于做深做细，踏实落地。企业在推进TnPM管理体系时，可以将每一子模块展开细化，做精细的设计和创新。使之真正成为给企业创造价值的抓手。

备件ABC分类也是一个“化整为零”的例子，将备件按一定的原则和标准分为A、B、C三类。其“化整为零”的思想就是关注库存中各品种备件每年消耗的金额，将消耗金额高的划归为A类、次高的划归为B类、低的划归为C类。除了按金额分类依据之外，一般常用的分类还包括按备件单价高低分类、按备件在设备上的重要性分类、按备件结构复杂程度分类、按备件使用寿命长短分类、按备件对影响生产的程度分类。

另一种“化整为零”的实战是备件3A管理，其分类方式如图2-7所示。

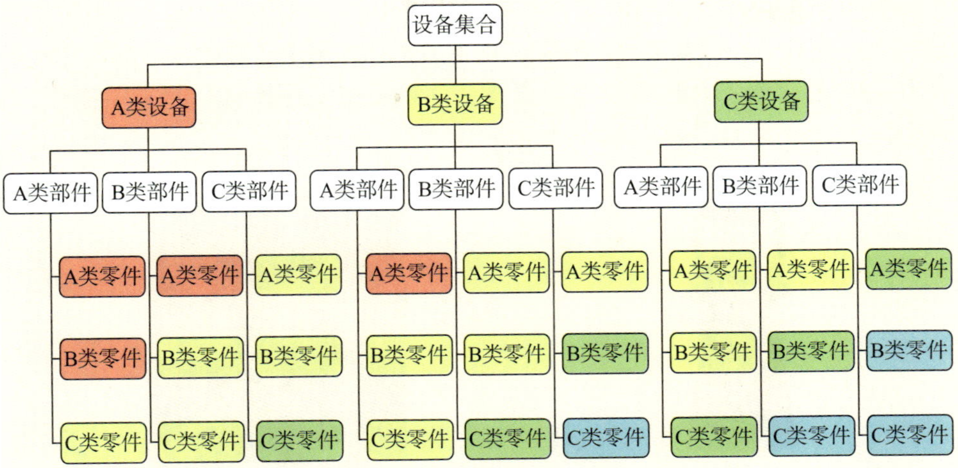

图 2-7　备件3A管理的分类方式

妙技锦囊

工匠把握“化整为零”的技巧，可以让某些平淡无奇的系统焕发出新的光芒，可以让某一子系统的功能成为亮点，也可以强化分离出来的项目或者产品，为我所用。“化整为零”的真正功夫在于如何分解和剥离各个子系统或者局部项目、局部产品，如何将子系统的功能扩展、强化，突出其特色，挖掘和创造出新的价值。

第3技　周而复始

释义：“周而复始”是应用循环、复古、再现、重现的手段进行革新的一种技巧。旨在重现历史，也是对一种历史创造物的借鉴。值得提出的是，这种循环往往不是简单的重复，而是一种变化的再现，螺旋式上升。“再现”还包括物质的再生和循环。

标识符号：

在革新的进程中，常常有一种周而复始的现象出现，在某些时候被淘汰的事物，会重新时兴起来。

最典型的循环现象就是时装。例如中国清代流行的旗袍，在当代时装里会时不时流行起来。在汽车流行的年代，由于人们追求健康、绿色、环保的生活，早年作为主要交通工具已经退出历史舞台的自行车又开始流行起来。如图3-1所示。

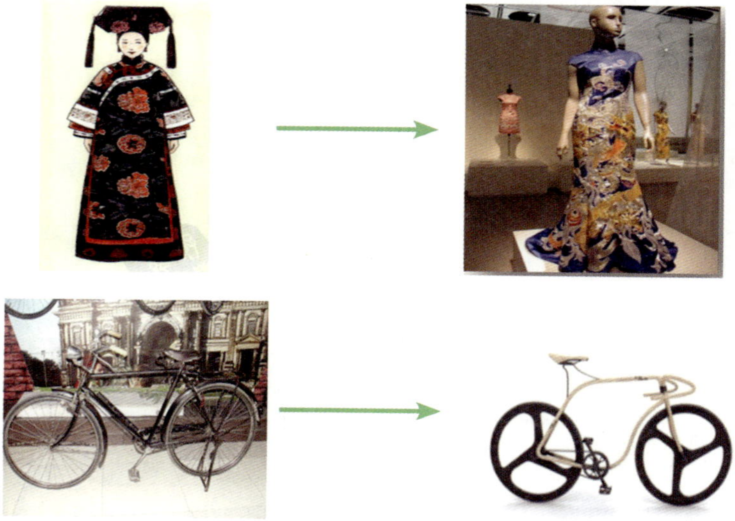

图 3-1　旗袍和自行车的循环变革

有一类“循环”是螺旋上升式的循环在线，例如早年出现的独轮车，后来被人们改造成为自行独轮车，仍然保持独轮特点，后来尽管出现了两轮自行车、三轮车、四轮汽车、多轮的火车，但当今又“循环”出现独轮车，却是电力驱动的，如图3-2所示。

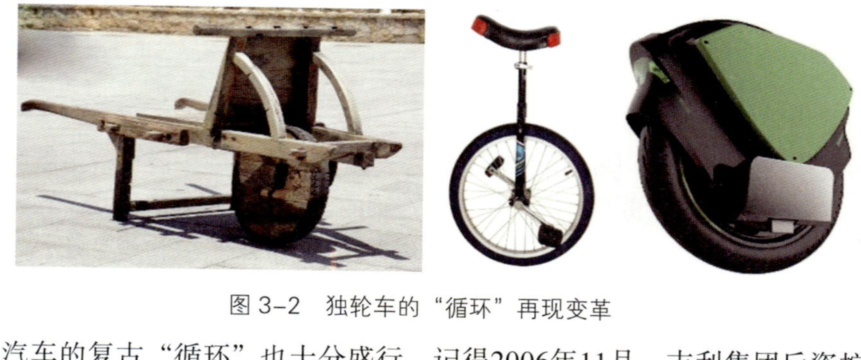

图 3-2　独轮车的“循环”再现变革

汽车的复古“循环”也十分盛行。记得2006年11月，吉利集团斥资控股英国百年车企——英国锰铜，并在上海成立合资公司，生产英国的老爷车——黑色经典出租车TX4。2010年，吉利的英伦汽车品牌携9款车型重装出击，成为这场英伦秀的主角，车展上还刮起了一股强劲的英伦风。其中，最与众不同的是英伦TX4、英伦SC7-RV，如图3-3所示。

图 3-3　2010年吉利出产的英伦复古汽车

提到“复古”和“再现”，文艺也起到重要的作用。在戏剧、电影、电视界，人们不断地演绎着古典的故事，从哈姆雷特，到基督山伯爵；从西游记、水浒，到三国演义，再到红楼梦、西厢记、康熙大帝。不同角度、不同风格的节目此起彼伏；不同角色的化妆、道具和戏装设计也应运而生。

“循环”在生产实践中也是经常遇到的变革。废油的再生处理和循环利用，可以帮助企业节约大量润滑和液压油品。水的循环利用更明显，生活用水和工业用水的废水回收、处理和循环再利用，十分普遍。蒸汽的回收和余热再利用，锅炉水的回收再利用，废气的回收与再利用，化学反应介质的回收与再利用，工业废料、边角料的回收与再利用都是“循环”的代表性案例。图3-4显示了部分循环设施。

再看来21世纪大家关注的热点“循环经济”。由于地球资源的短缺，资料的循环再利用是绿色和可持续发展的重要手段。人类甚至有意识地构造了“循环”生态圈。利用池塘水养鱼；鱼粪和塘泥捞出来浇地，成为有机肥料；地里的作物长出来，除了收获之外，其中部分果实、茎叶又可以喂鱼，这样就形成了一个生态循环。

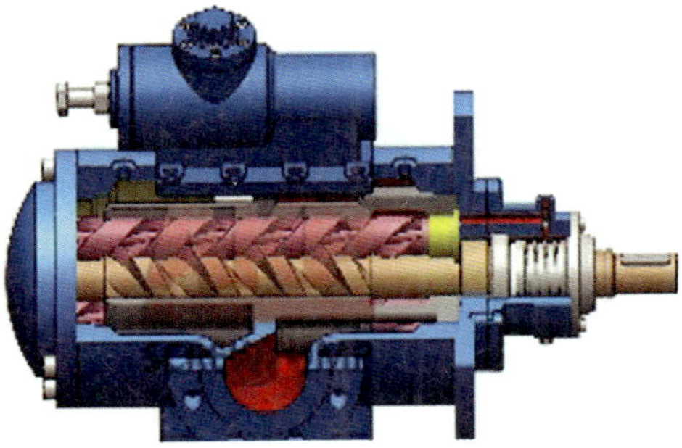

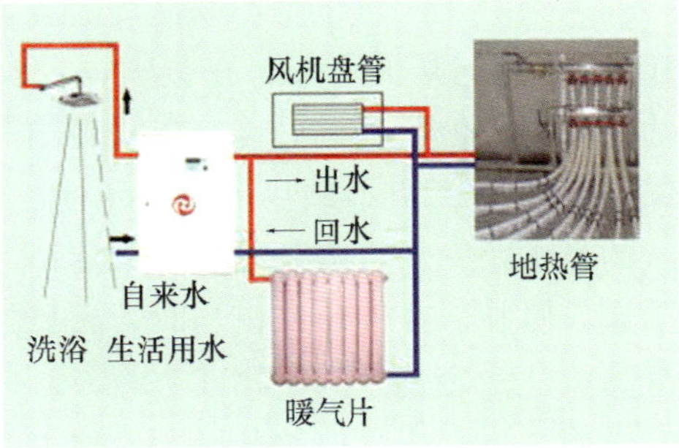

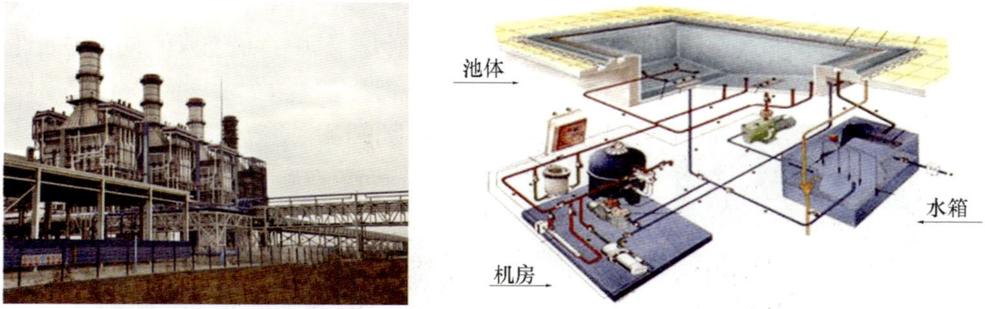

图 3-4　油循环处理、热循环、电厂蒸汽锅炉水循环和泳池水循环处理

人们在生活和工业废品的利用上也下了不少工夫，对玻璃、塑料、废纸和厨余垃圾都进行了有效地循环再利用尝试，也取得不错的成效，如图3-5所示。

图 3-5　玻璃、塑料、废纸和厨余垃圾的回收及循环再利用

人类的正能量也是不断循环的。下面的故事也许能够给我们一点哲学启示。100多年前的某天下午，在英国一个乡村的田野里，一位贫困的农民正在田里干活。忽然，他听到远处传来了呼救的声音，原来，一名少年不幸落水了。这个农民不假思索，奋不顾身地跳入水中，孩子得救了。后来，大家才知道，这个获救的孩子是一个贵族公子。几天后，老贵族亲自带着礼物登门感谢，农民却拒绝了这份厚礼。在他看来，当时救人只是出于自己的良心，自己并不是因为对方出身高贵，贪恋别人的财物才去救人。老贵族因为敬佩农民的善良与高尚并感念他的恩德，决定资助他的儿子到伦敦去念书。农民欣然接受了这份馈赠，能让自己的孩子受到良好的教育也是他多年来的梦想。农民十分快乐，因为他的儿子终于

有了走进外面世界改变自己命运的机会；老贵族也很快乐，因为他终于为自己的恩人圆了梦想，也回报了救起儿子的恩人。多年后，农民的儿子从伦敦圣玛丽医学院毕业了，他品学兼优，后来被英国皇家授勋封爵，并获得1945年的诺贝尔医学奖。他就是亚历山大·弗莱明——青霉素的发明者。这一发明对人类的贡献十分巨大。那名贵族公子也长大了，在第二次世界大战期间患上了严重的肺炎，但幸运的是，依靠亚历山大·弗莱明发明的青霉素，他很快就痊愈了。这名贵族公子就是著名的英国首相丘吉尔。正能量又一次在这两代人里循环。这种正能量的“循环”是多么有意思。图3–6是这两位名人的照片。

图 3–6　发明青霉素的亚历山大·弗莱明和英国前首相丘吉尔

在自然界，物质不灭定律告诉我们一个广义的“循环”概念。能量守恒和物质不灭，就是不断转化、不断循环的过程。地面的水蒸发变成蒸汽，变成云，再通过雨雪降落地面，就是一个循环的过程。

实战课堂

人类需求不断，于是生产不断，设备的更新不断。对设备的选型决策过程就是个“周而复始”的过程。我们在设备选型时，要遵循寿命周期费用最小化的原则，早在20世纪70年代由英国人丹尼斯·巴克斯提出的观点始终在发挥着作用。除了推敲设备的寿命周期费用，我们还要追求寿命周期收益最大化，于是更全面的概念是寿命周期效益最大化。因为设备的使用也会存在风险，如日本福岛核电站的悲剧，我们更要关注对设备寿命周期风险的防范，因此我们提出寿命周期风险最小化的新概念。这一切在不断地丰富着人们对寿命周期概念的理解和应用。可以看出，“周而复始”不是完全重复的“再现”，而是进步和变化着的“周而复始”。

在TnPM体系推进时，我们一直强调一句话就是“循环一次有成效，循环多次就提高!”这也就是对“周而复始”的强调。6S需要反复进行，清除六源6H没有止境，自主维护AM要不断坚持，润滑六定要始终如一。这种“周而复始”是体系推进成败的关键。

六项改善实施过程其实也是一种“周而复始”的过程（见图3-7），针对具体的六个改善方向，以PDCA闭环管理方式，导入六项改善知识和改善手法，引导员工立足岗位、创新思维，提出有利于设备改进、管理创新的建设性意见和改善方案，解决生产和管理中存在的实际问题，消除浪费、消除隐患、提高质量、降低成本、培养现场问题自己解决的能力，提高现场各项管理水平。激发员工潜力，培养小组改善活动人才，提升职场活力，形成不断创新、持续改善的文化氛围。

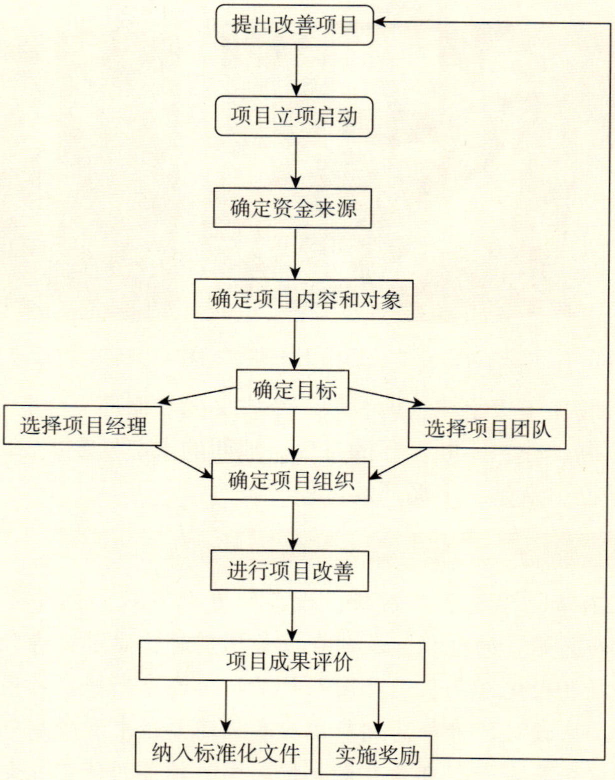

图 3–7　六项改善实施的循环流程

妙技锦囊

“周而复始”代表了自然界的轮回，如同春去秋来，冬去夏至；也如同人的生老病死，代代延续。“周而复始”的革新则是把握了这个规律性，让工匠主动思考，通过循环、复古、再现与再生的方式完成新的创造，为社会、人类和企业创造价值。

第4技　更新换代

释义："更新换代"是通过迭代、升格、新版、辗转、渐进方式进行革新方式。"更新换代"既有继承的因素，又有变异的成分；既是一种进步和升级，又是与历史创造物的衔接。

标识符号：

所谓的"迭代"之词最初来自数学，就是不断地用新数值来代替变量里的旧数值的过程。后来在计算机科学里广泛应用。它是不断更替、重复反馈、不断代换的过程。我们在变革创新中使用迭代这个词，旨在借用这个基本的概念，扩展为广义的迭代概念，就是在原型基础上的阶梯式版本升级，变化式的形式更替。

人类社会变革中使用最多的技巧就是"渐进"了。一切事物的发展几乎都是一个"渐进"的过程。

古代人最早住在山洞里，后来人们来到平原，用树皮茅草遮风挡雨，用碎石头、泥块砌成房屋，慢慢发明了砖瓦，人们开始用砖瓦盖房子，条件逐渐改善，变成现代化的楼宇。

早期人们用兽皮御寒遮羞，逐渐发明了纺织物，用棉布、亚麻和丝绸做衣服，后来又出现了化纤纺织品，"渐进"形成了当今丰富多彩的时装。

早期人们用马车代步，后来发明了自行车、火车、汽车、飞机，不但越来越省力，而且越来越快捷。就拿其中的火车来说，从蒸汽机车，到柴油机车，又到电动机车，也是不断"渐进"式进步的过程。

早期人们用烽火、号角传递信息，后来通过信件来传递信息，后来人类又发明了电报、电话和传真，后来有了电子邮件和智能手机，传递信息的速度越来越快，成本越来越低。"渐进"革新，已经成为人类进步的常态。

陡峭的山峦爬起来很费力气，人们绕着山脊慢慢爬，后来形成了"渐进"式的盘山公路。机械零件螺母，也是利用了"渐进"的原理，虽然慢慢前进，但可以达到省力的目的。如图4–1所示。

之前，我们曾经描述了笔的进步，从毛笔、铅笔，再到自来水笔和圆珠笔。

仅就圆珠笔而言，也是经历了从固定笔芯圆珠笔，到伸缩笔芯，再到三色笔芯的不断“渐进”式改良，如图4–2所示。

图 4–1　盘山公路和螺纹的“渐进”变革原理

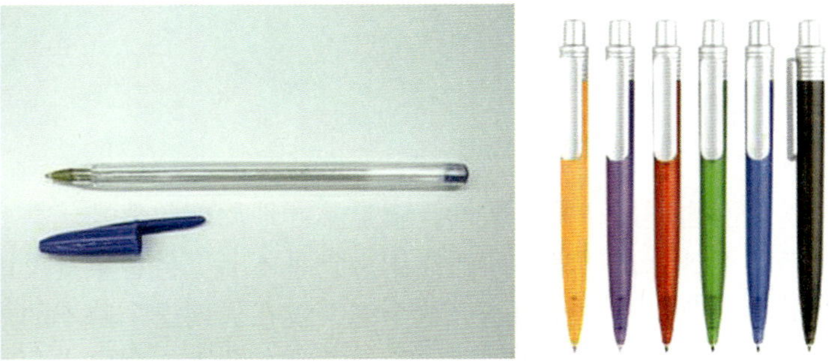

图 4–2　固定笔芯到伸缩笔芯圆珠笔的“渐进”式革新

圆珠笔的发明也是在原来自来水笔基础上的“迭代”革新，也是在偶然之中形成的。一个匈牙利记者某次写稿的时候，一不小心把稿纸划破了。他想，要是把笔尖换成圆珠就好了。于是他去请教化学家。化学家说：“笔尖换成圆珠没问题，可是圆珠的周围能漏出墨水才可以写字呀！”这个记者想，如果让圆珠转动的时候控制墨水的流量不就行了吗？他开始反复地试验。1943年，他终于发明了依靠圆珠的转动送出墨水的新笔——圆珠笔。圆珠笔用起来非常方便，价格又很便宜，所以很快就在全世界流行起来。

再以水杯为例，从普通水杯，到泡茶杯，再到保温杯，随着人们不同的需求而不断“渐进”式变化，如图4–3所示。

图 4–3　普通水杯到泡茶杯再到保温杯的“渐进”式革新

这样的例子不胜枚举，我们日常使用的指甲钳，也经历了从普通指甲钳，到可以收集指甲的指甲钳，再到带放大镜的指甲钳这样渐进式变化，如图4-4所示。

图 4-4　指甲钳的“渐进”式变革

很多发明，都是“渐进”和“迭代”的过程。飞机的进步历史，电视机的进步历史，照相机的进步历史都证明了这一点。

18世纪末，瑞典著名化学家发现，在一种可溶于水的银的盐类——硝酸银的溶液中，加入盐酸，立即沉淀为白色的氯化银。在阳光的照射下，氯化银会变黑。杜勒的这一发现，改变了银的命运。1802年，英国化学家把氯化银涂在白纸上，制成了世界上最早的影像纸。他用黑纸剪成人像，压在这影像纸上，放于阳光下暴晒，氯化银感光后由白变黑，而黑纸下的那一部分未受到日晒，依旧是白色。这样，拿走黑纸后，影像纸上就出现了白色的人像。由于还不懂得定影，不久那白色的人像受到光照后，也变黑而消失了。1839年，法国画家摸索成功定影方法，发明“银板法”。接着，英国人又进一步发明了“珂罗酊湿版法”，于是，银就成了照相业的“主角”。随后银又成了电影的“主角”，但银贵重而稀少。这时候“磁带录像”出现了，比起电影感光胶片来，磁带录像有许多优越之处，拍坏了，消一下磁带，可以再用。如此可重复使用上万次！用磁带录像当场就可以看到拍摄的图像，稍不满意，可以立即重拍。磁带上那红棕色的磁粉，化学成分为氧化铁。当人们从磁带录音进一步发明磁带录像之后，铁成了“主角”，关键是铁比银便宜得多。从感光、录音、录像材料的演变可见“迭代”变革的踪迹。现在的数码录像，无论从原理和材料上都前进了一大步，时代从未停下“渐进”与“迭代”的脚步。

电视机也是“迭代”和“渐进”变革的最好案例。19世纪末，少数先驱者开始研究设计传送图像的技术。1904年，英国人和德国人发明了一次电传一张照片的电视技术，每传一张照片需要10min。1924年，英国和德国科学家几乎同时运用机械扫描方式成功地传出了静止图像。但有线机械电视传播的距离和范围非常有限，图像也相当粗糙。1923年，俄裔美国科学家兹沃里金申请到光电显像管、电视发射器及电视接收器的专利，他首次采用全面性的“电子电视”发收系统，成为现代电视技术的先驱。电子技术在电视上的应用，使电视开始走出实验室，进入公众生活之中。1925年，英国科学家研制成功电视机。1928年，美国纽约31

家广播电台进行了世界上第一次电视广播试验，由于显像管技术尚未完全过关，整个试验只持续了30min，收看的电视机也只有十多台，此举宣告了作为社会公共事业的电视艺术的问世，是电视发展史上划时代的事件。1929年，美国科学家伊夫斯在纽约和华盛顿之间播送50行的彩色电视图像，发明了彩色电视机。1933年，兹沃里金又研制成功可供电视摄像用的摄像管和显像管，完成了使电视摄像与显像完全电子化的过程。至此，现代电视系统基本成型。今天电视摄影机和电视接收的成像原理与器具，就是根据他的发明改进而来。1936年11月2日，英国广播公司在伦敦郊外的亚历山大宫，播出了一场颇具规模的歌舞节目，并首次开办每天2h的电视广播。全伦敦只有200多台收视电视机，但它标志着世界电视事业的开始。对当年柏林奥林匹克运动会的报道，更是年轻的电视事业的一次大亮相。当时共使用了4台摄像机拍摄比赛情况。其中最引人注目的是全电子摄像机。这台机器体积庞大，它的一个1.6m焦距的镜头就重45kg，长2.2m，被人们戏称为电视大炮。此后，价格相当昂贵的电视在英国中上层家庭开始有所普及。1937年，该公司播映英王乔治五世的加冕大典时，英国已有5万观众在观看电视。1939年，第二次世界大战爆发时，英国约有两万家庭拥有了电视机。1939年4月30日，美国无线电公司通过帝国大厦屋顶的发射机，传送了罗斯福总统在世界博览会上致开幕词和纽约市市长带领群众游行的电视节目。成千上万的人拥入百货商店排队观看这个新鲜场面。二战结束时，美国约有7000台电视机。二战前播放电视的还有德国、法国、意大利等国。电视机经历了从黑白到彩色，从电子管、晶体管电视迅速发展到集成电路电视。目前，电视正在向智能化、数字化和多用途化迈进；电视转播也由卫星传播到卫星直播。部分“迭代”案例如图4-5~图4-8所示。

图 4-5　晶体管电视、等离子电视和LED电视的“迭代”演变

图 4-6　老式飞机、三叉戟飞机和现代空中客车飞机的“迭代”演变

图 4-7 胶片机、数码相机到智能相机的“迭代”演变

图 4-8 摄影机、摄像机、数码录像机到智能手机录像的“迭代”演变

乐高玩具就是一个典型的“迭代”例子。乐高积木的发明者是奥利·柯克。乐高积木最初只是启发婴幼儿智力的简单玩具。

1891年，奥利·柯克生于丹麦比隆附近的菲尔斯哥夫村。他有一手精湛的木匠手艺，年轻时就热衷于制作各种小玩具，出自他手的小飞机、汽车、动物个个形态逼真、惟妙惟肖。尽管他不懂经商，玩具经常滞销，但这并未使他放弃自己的爱好。后来，他设计的拼插玩具“约约”终于风靡一时。

1932年，他发明了一种可以互相拼插的塑料玩具，并将“Leg” 和“Godt”（丹麦语为“玩得快乐”）合在一起，创造了“Lego”(乐高)这一品牌。奥利·柯克认为这个词正符合他设计的初衷。从此乐高积木和乐高公司就诞生了。乐高积木从前是木制的，第二次世界大战后，随着塑料制品的普及，乐高积木也改由塑料作为原料。1949年，第一块乐高塑料积木问世。两年后，用凸点和内孔连接的塑料积木投放市场。不久乐高公司又推出专门为3个月至5岁婴幼儿设计的积木产品。这种积木比普通积木大8倍，可以防止婴幼儿误食而发生危险。

1958年的1月28日，乐高特有的“凸起管(stud-and-tube)”获得专利。

发展到今天，乐高在世界范围内拥有两百万会员，《财富》曾给乐高冠以“世纪玩具”的称谓，拥有了多种系列，对不同年龄的儿童都颇具吸引力。乐高积木走俏全世界，在120多个国家里占有市场。据估计，拥有乐高积木的儿童在3亿以上。乐高不断地更新其玩具的版本，通过这种变革不断吸引和凝聚消费者。最近还通过“让消费者与品牌同行”活动，让消费者中的“工匠”一起开发，将“乐高城堡”版本不断升级。乐高玩具不仅代表了“迭代”革新，它也是“重构”、“色变”革新的典型案例。

小米手机的生命力就在于让用户参与了手机的改善，通过不断地改善和版本调整，持续地凝聚老客户，吸引新客户。2010年，小米首个MIUI内测版推出，首次揭秘旗下的3款产品：MIUI系统、米聊、小米手机。2011年，小米手机第一轮购买开放，3h内销售10万台，并相继与联通、移动开通合约机。2012~2015年，每年都迭代推出小米1S至小米4等系列产品，又根据用户需求，开发红米系列、Note系列产品。

再一个成功的迭代案例是“微信”(WeChat)，微信在2011年推出，当年就更新了11个版本，先后推出多人会话、语音对讲、摇一摇、相册、朋友圈、视频聊天、表情商店、游戏中心、微信支付等功能，后来又出现了微信红包、小程序等内容，让微信成为现代人最为热门应用的软件。

截止到2015年第一季度，微信已经覆盖中国 90% 以上的智能手机，月活跃用户达到 5.49 亿，用户覆盖 200 多个国家、超过 20 种语言。此外，各品牌的微信公众账号总数已经超过 800 万个，移动应用对接数量超过 85000 个，微信支付用户则达到了 4 亿左右。微信提供公众平台、朋友圈、消息推送等功能，用户可以通过摇一摇、搜索号码、附近的人、扫二维码方式添加好友和关注公众平台，同时微信将内容分享给好友以及将用户看到的精彩内容分享到微信朋友圈。截至2013年11月注册用户量已经突破6亿，是亚洲地区最大用户群体的移动即时通信软件。

与小米手机想法相类似，微信也通过为合作伙伴提供“连接一切”的能力，正在形成一个全新的“智慧型”生活方式。其已经渗透进入以下传统行业，如微信打车、微信交电费、微信购物、微信医疗、微信酒店等。为医疗、酒店、零售、百货、餐饮、票务、快递、教育、电商、民生等数十个行业提供标准解决方案。微信也是以“迭代”革新的方式渐进式发展的。微信不断地迭代发展，保证了其在国内的生命力和影响力。图4–9和图4–10给出了几个“迭代”案例的图标及微信的迭代历程。

图 4–9　乐高玩具、小米手机和微信的“迭代”革新

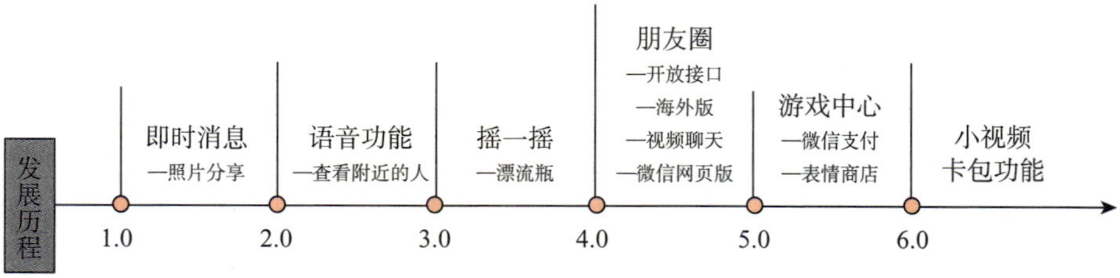

图 4–10　微信的迭代历程

实战课堂

TnPM评价体系的第一版是2004年发布的，迄今已经颁布了不下五个版本，在不断地“更新换代”之中。这并非意味着我们最初的思考不周全、不细致，而是时代在变化，企业的推进实际在变化，这些变化中的因素给我们带来了新的认识、新的冲击，这是标准的编撰者和企业、时代碰撞的结果。2016年中到2017年初，在中国设备管理协会的主持下，以TnPM体系评价标准为初始蓝本，集中了中国设备管理界的近100位精英人士的智慧，历时八个月，完成了中国设备管理体系标准的初稿的起草。我们相信这套标准将划时代地带动中国设备管理事业的进步。这是一个中国设备管理进步的里程碑。然而我们相信，这套标准的宿命一定会被“更新换代”，一定会涌现出新的版本，这就是时代进步的特征。

妙技锦囊

“更新换代”是自然界的普适规律，动物在不断更新换代，植物在不断更新换代，人类发明也在不断更新换代。“更新换代”应该成为一种常态，而非个态。随着时代的进步，人类发明成果呈几何级数增长，而且越来越快。这种社会的技术进步甚至缩短了人类代沟的周期。“更新换代”让产品的技术寿命和经济寿命越来越短，看看手中的智能手机，这个概念就不难理解。“更新换代”应该成为工匠们永不停止的追求，也就是通过点滴的改变、调整、改造、变化来构想新一代的创造物，并付诸实践，使之成为现实。

第5技　重峦叠嶂

释义：“重峦叠嶂”是指通过重构、重组、变异、重排、重序等方法进行的革新技巧。

标识符号：

“重峦叠嶂”原意为描述山峦起伏，山峰一个接一个，连绵不断。这里我们延伸到造物对世界的不断重构过程，才让世界出现重峦叠嶂这种状态。“重构”

是世界上万物变革的丰富技法。

大家熟知的乐高积木就是一例。我们可以从这些五颜六色的木头块里变换搭接出各种建筑结构，这也是为什么积木让孩子们着迷的原因。与其类似的玩具还包括魔方、九连环、结绳技术和折纸技术，如图5-1所示。

图 5-1　乐高积木、结绳技术、折纸技术和九连环所代表的重构创新

将楼梯结构进行“重构”，同样是一种别致的革新。为了改善人们的生活方式，德国大众公司推出一款音乐楼梯，并率先在瑞典首都斯德哥尔摩的地铁站试运行。大众公司希望通过音乐楼梯吸引上下班的人们更多地爬楼梯而不是乘电梯，从而加强锻炼。音乐楼梯是一个让楼梯提供有趣的音乐体验的装置。音乐楼梯主要是用互动的形式吸引市民减少使用电梯，多走楼梯可以大大地减少碳排放。据说，音乐楼梯在瑞典斯德哥尔摩的地铁站试运行后，选择爬楼梯的人比乘电梯的人多了66%。

2011年4月21日，一段可“弹”美妙音乐的地铁楼梯亮相南京地铁二号线，这在中国尚属首次。

尿不湿也是“重构”的典型。以前，我们给孩子用尿布，但尿布吸尿不多，而且会渗透到衣服上或者被子上。人们怎么发明尿不湿的呢？这里还有一段故事。1961年，苏联宇航员加加林要步入发射舱时突感尿急，只好顺着太空服的管子向外排尿；同年，在飞船里迟迟不能发射的美国宇航员谢泼德也遭遇了尿急，指挥官命令他尿在太空服里，这当然很不舒服。20世纪80年代，“太空服之父”华人唐鑫源为解决太空人排尿问题，改进了太空服，加入高分子吸收体，发明了能吸水1400mL的纸尿片，从此尿急才不再是宇航员的难题。太空技术后来转为民用，就是现在千家万户使用的“尿不湿”。这个尿不湿就是对传统尿布的“重构”。

在大生产时代，重构的例子就多如牛毛、不胜枚举了。早期工人围着产品转的生产方式，老福特改成流水线的连续作业是在生产线上的流程再造；“一个流”的设备布局设计也属于“重构”的典型例子。

我们再举出一个产品“重构”革新的很好案例。在所有制造商都在为提高尿不湿干爽性和防漏性而伤透脑筋的时候，日本一家制造商研究一种较大婴儿站着换尿不湿的“向上拉”式尿布，很受家长欢迎，很快占领了市场。这种“向上拉”式纸尿布并未对干爽和防漏做出贡献，却因为重新设计了尿布的结构形式而取得成功。几个案例的示意如图5-2所示。

图 5-2　带琴键的楼梯设计和纸尿布设计

“重构”很多时候是思路的切换。有一年，普鲁士国王腓特烈二世曾经颁布法律要求子民食用马铃薯度过饥荒。遭到老百姓激烈反对，不得不废止了此法律。他后来宣布，马铃薯是只有皇室才能享受的食品，老百姓是禁止食用的。结果，老百姓却纷纷偷吃、偷种马铃薯，却未遭到皇家惩罚，让马铃薯风靡全国——这种理念的重排、重构设计一下带来意想不到的结果。同样的马铃薯，不同的思路和提法带来不同的效果。

更广义的“重构”是对企业生产经营或者管理体系、管理组织的再构造。青岛服装企业红领集团的生产运营“重构”也是一种典型的革新。随着服装企业的不断涌现，竞争越来越激烈，“先生产、再销售”的传统成衣零售模式严重制约了企业的发展。从2000年开始，红领就开始尝试走个性化定制路线。他们积累并研究版型、工艺、款式、BOM(物料清单)等数据库，并开始在成衣店试点定制，用数据驱动个性化产品的生产。从2004年开始，他们就在所有成衣专卖店内开设了50m²的定制区域，引导客户来体验红领的定制服务。那时成衣的销售量还是定制量的10倍。不久后，定制模式成功的“苗头”就出现了。当时公司在青岛和济南开了两家专做定制的门店，每到过年的时候，客人都会来排队做衣服，两个店铺一天最多可以产生80套定制订单。公司推行个性化定制的转型不仅是生产系统的变革，更是从前端的销售运营到公司管理、公司组织架构，以及生产体系等方面的整体转型重构。十多年来，红领的定制业务保持着同比翻番的增长。2008年金融危机期间，服装行业为出口竞相压价，而这一年红领三次提价，涨幅超过200%，成为提价幅度最大的一年，订单量也提升了110%。在金融危机爆发的前一年，公司就已经将定制生产的各个模块都打通了。随后危机降临，过去品牌商、渠道商所依赖的商业模式已经走不通了，就要寻求突破、降低库存，能够将库存降至最低的就是定制模式。现在的红领可以通过网上定制服装，客户选择款型、布料色彩、纽扣甚至扎线，保证7天交货。红领的“重构”革新完全颠覆了传统的服装工厂运营模式。

在物理世界的并联与串联、并列与串列都属于“重构”革新的例子。例如并联电路和串联电路、机械设计里的并列机构与串列机构等。图5-3给出一些典型案例图片。

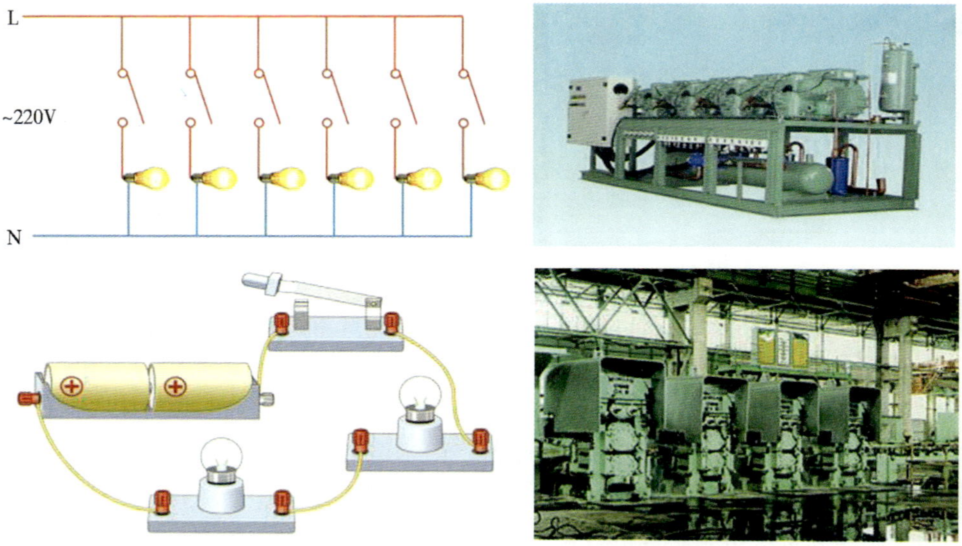

图 5-3　并联电路、并联机械、串联电路与串联结构的连轧机“重构”

关于“重排”，我们给大家讲一个门捷列夫手中扑克牌的故事。

有一天，俄国著名的化学家门捷列夫看见家里几个人在一起玩扑克牌，他若有所思后突然茅塞顿开，他用厚纸做了许多小卡片，上面写出元素名称、符号、原子量、化学反应式及其主要性质。这类似于一副扑克牌。以后的几个月中，不论走到哪儿，门捷列夫都随身携带这副扑克牌，有空的时候就玩起扑克牌来，不断地进行各种排列组合，寻找它们可能存在的内在规律。终于有一天，他突然来了灵感，他拿起一张白纸，在上面画了起来，并迅速排列出各种元素的位置。几分钟之后，一个伟大的发现——化学元素周期表产生了。

我们再给大家讲一个化学家的故事。1940年秋天，德国入侵挪威，并占领了一家电化学工厂，大量生产重水，然后运往柏林，供研制原子弹用。英国政府获得了这一情报后，立即组织了一支名为“燕子”的突击队，不惜一切代价，终于炸毁了这座工厂。失去了重水的德国，直到投降时，也未能生产出原子弹。这个时候，大物理学家玻尔从德国占领的丹麦前往英国，他的行装仅是一瓶普通的绿色啤酒，可玻尔却像爱护自己的眼睛一样，保护着这瓶啤酒，原来里面装的是价值连城的重水。不料，到了英国后，玻尔却发现瓶中装的竟是真正的丹麦啤酒，而装有重水的瓶子却误留在丹麦家中的冰箱里了。这可把玻尔急坏了，后来在丹麦地下抵抗组织的帮助下，费尽了周折，玻尔终于拿到了重水。重水到底是什么？原来，氢元素有三种同位素，即氕、氘（重氢）和氚（超重氢）。它们与氧结合，就生成水、重水和超重水。重水又称氘化水，化学式为D_2O。重水和普通蒸馏水一样是无色透明的，没有任何味道，不能燃烧，也不会爆炸。但是，重水却是制造原子弹的重要介质。重水、超重水都是水通过化学“重构”所产生的物质。

实战课堂

在设备管理实践中，组织结构的重组、重构是经常发生的。常规的设备管理组织包括集中式、分散式以及矩阵式的维修组织。我们曾经见证了某个企业在不断成长中维修组织的变化过程。当企业比较弱小时，企业内部的专业人才十分稀缺，集中式的维修组织理所当然。某些精专的人才既懂机又懂电，对PLC也熟悉，成了工厂的大拿。这些人由设备部门集中使用，哪个生产单元出现问题就派到哪里解决问题。小而精干的集中式维修组织解决了工厂绝大部分问题，让工厂平稳运行。随着企业的发展壮大，生产工艺的分工日益复杂精细，设备也变得越来越多，企业的管理者发现这种集中式维修越来越不适应各个生产单元的紧急需求，救火队的状况日益明显。工厂下决心将集中式维修组织拆散，将技术人员分配给各个基层生产单元，便于他们紧急响应和处理生产中随时出现的问题。基层对设备部门的投诉虽然没有了，随之而来的是组织冗员的增加和维修成本的上升。工厂又开始新的思考，他们将各个生产单元都共有的设备维修人员集中起来，由设备部门统一管理，而具有明显差异的不同种类设备检修人员仍然下放到各个生产单元分散管理，这一轮的组织重构让该共享的人员和设施充分共享，差异化的人员和设施各自分散管理，显然更科学合理。也许随着生产规模的扩大和发展，这种组织还会变革。说不定哪一天，那种内部契约式的矩阵式组织会成为这家企业的主要特征。

妙技锦囊

常言说，戏法人人会变，各有巧妙不同。一副扑克牌可以排列出无数的组合，形成不同的玩法。“重峦叠嶂”的变革方法是激发工匠们在现有创造物的基础上，通过排列顺序的改变、组织结构的改变、联结逻辑顺序的改变来进行的革新方法。只要我们打破现有事物的排列与组合格局，也许就会出现“柳暗花明”的全新局面，“重峦叠嶂”方法往往会给事物带来事半功倍的效果。

第6技　大道至简

释义：“大道至简”就是利用简化、简约、省略、删减、排除、消减、抽象等手段进行的革新技巧。世界上的事物往往是由简单变为复杂，再由复杂变为简单这样一个周而复始的运动。工匠既要运用“复杂”的变革理念，又要学会“简化”的工作技巧。

标识符号：

“大道至简”是指大道理，即指基本原理、基本方法和基本规律往往是极其简单的，简单到一句话就能说明白。所谓“真传一句话，假传万卷书”。一门技术、一门学问，弄得很深奥是因为没有看穿实质，搞得很复杂是因为没有抓住程序的关键。武术高手在搏击时总是一招制敌，击中要害；高明的医生总是一针见血，药到病除；精明的商人一招领先，步步领先；高人指点总是一语道破天机，毋庸赘言；我们这里将“大道至简”作为革新方法，就是引导工匠通过简单、简化、简约来切中要害，抓住关键的手法来直指革新目标。

在我们的生活中，复杂的系统简单化设计也是一种很受欢迎的革新。所谓的简化就是将复杂的结构化简、省略，更轻便，更节省物品占用空间和材料，更美观大方。

例如，我们早期使用的相机需要很好的摄影技术才能拍出好照片，要懂得如何调整焦距、如何对准光圈、如何取景、如何配置闪光等。后来发明了傻瓜相机，受到热烈欢迎。因为即使是没受过培训的人用傻瓜相机也能够拍出优质的照片。这种“简化”不是产品本身，而是让操作方式简化的变革。

再说说家具的进步，无论是西方古典家具还是东方古典家具，都有比较复杂的图案设计，费时、费工、费料，占用空间较多，舒适度并不理想。随着时代的进步，家具设计变得越来越简洁，更多的是直线型和流线型，更方便实用，节省空间和材料，并且越来越舒适。这种由繁到简的革新技巧十分可取，如图6–1所示。

图 6–1　传统相机和傻瓜相机、复杂桌椅和简单桌椅的“简化”革新

一些变革是受到时代文化潮流和审美观念影响的，例如古代服饰十分复杂，是当时的文化决定的，而现代服饰就简单，符合快节奏的现代文化，如图6–2所示。

图 6–2　古代服饰向现代服饰的“简化”变革

古代家具和建筑物的变化也是如此，家具、建筑反映那个时代的人文环境、文化和审美观；随着现代社会的快节奏，人口密度的增加，空间的减少，人们开始朝着追求实用性、简洁性、流线型的方向进行设计，如图6–3所示。

人类历史和文化进步，也有好多简化的例子，例如图6–4所示的中国文字的“简化”过程，就是不断从象形文字向现代“简化”汉语文字的进步。左上角的“斗”是其他写法的最简形式。尽管社会上对简化汉字褒贬不一，但“简化”给语言的学习和掌握带来便捷，应该是发展的大趋势。

图 6-3　古代家具、现代家具、古代建筑、现代建筑的“简化”革新

图 6-4　汉字的“简化”变革

生活中有很多通过“简化”成功的例子。

早年打篮球，篮板上钉的是真正的篮子，每当球投进去后，就有一个专门的人踩在梯子上把球拿出来。为此，比赛不得不断断续续地进行，缺少了激烈紧张的气氛。为了让比赛更顺畅地进行，人们想了各种进球的方法，但都不太理想。有一位发明家还制造出了一种机器，在下面一拉就能把球弹出来，不过这种方法仍没能让篮球比赛紧张激烈起来。有一天，一位父亲带着他的儿子来看球赛，小男孩看到大人们一次次不辞劳苦地取球，不由大惑不解：为什么不把篮网的底去掉呢？一语惊醒梦中人。大人们拿来剪刀，将网篮的篮底剪掉，于是才有了我们今天看到的篮网样式。

“简化”了篮网，“简化”了取球的动作，让篮球运动连续流畅起来，变革就在一念之间，其成功毋庸置疑。

如何实现简单化？一是让空间简化，二是让时间简化，三是让操作简化，四是让功能简化，五是让条件简化。

30年前的电脑有一栋房子那么大，而现在我们手上拿的任何一部手机，功能都比那时的电脑还强大，大小自然不可同日而语，这就是“空间简化”的鲜活例子。我们把其中的一些可转移的功能隐藏起来，让操作变得简单，就像瑞士军刀，不需要的刀具就折叠隐藏起来，外表显得很简单小巧，也是一种“空间简化”。飞机、高铁让旅行时间缩短，是“时间简化”。反过来，在候机、候车大厅里的大屏幕电视节目，让候机的无聊和时间感觉缩短，也是另外一种“时间简化”。早期的汽车是手动挡，现在的汽车是自动挡，未来的智能汽车是“口动挡”，这是“操作简化”的例子。突出某一功能而弱化其他功能的手机，也创造了自己独特的市场，例如最早出现的能够拍照的手机，后来的高像素美图拍照手机，是通过拍照功能的强化而成功的；为盲人设计便于他们操作的手机，一定会弱化某些“可视”功能，突出“触觉”感知功能，盲人将成为这种手机的市场主流。越野汽车对路面要求不高，坦克车的履带、钢甲甚至可以让坦克车爬坡、过坎，穿越高墙，这是“条件简化”的案例。以“空间简化”为例，近来市场上卖的不错的SMART和QQ小汽车，只能坐两个人，颇受年轻人的欢迎。而且，日益拥挤的街道和停车位，也促进了这类汽车的销售。快餐、自助餐是“时间简化”很好的例子。随着现代社会工作节奏的加快，费时的点餐—等待—用餐让上班一族越来越难以忍耐，快餐业和自助餐应运而生，生意越做越火。网上购物、支付宝付款、滴滴打车、微信支付、微信红包、微信叫外卖都属于“时间简化”和“操作简化”很好的例子。

在电学里，我们经常把复杂电路加以简化，教给学生明白其中的逻辑关系。同样，当我们对系统进行解析时，也是将复杂系统加以简化，以便清晰了解系统的结构。典型的例子就是在解剖学上我们经常使用的骨骼标本、肌肉标本、脏腑标本以及经络穴位图表。这些标本，省略、删除了无关内容，突出了需要展示的内容，就呈现出标本的功能，如图6-5所示。

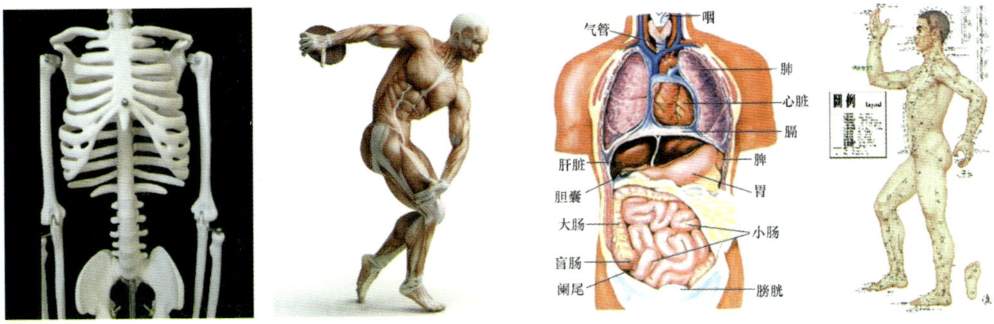

图 6-5　骨骼标本、肌肉标本、脏腑标本以及经络穴位图表的“简化”示意

客观世界是复杂的，人们往往希望通过“简化”的方式加以表现，这样既便于理解，又便于诠释。例如，物产地图以及地球仪来简单描述需要强调描述的内容。地图限于空间和面积，一定隐藏了一些细节或者其他不需要展示的内容，如图6-6所示。

图 6-6　物产地图以及地球仪的“简化”变革

另外一些“简化”变革的方法就是“排除”或者“消减”。人们将不需要的物质排除掉，剩下有用的物质。工业用的过滤装置、除尘装置、降噪装置、污水处理装置，其原理就是“排除”，如图6-7所示。

图 6-7　工业过滤、降噪、除尘和污水处理的“排除”革新

家庭用的空气净化装置、吸尘器、汽车消声器也是这种通过“排除”、“过滤”取其精华、去其糟粕的革新的例子，如图6-8所示。

图 6-8　家用空气净化器、吸尘器、汽车消声器的“排除”革新

实战课堂

我们经常说：简单是管理的美学。TnPM就经常指引企业要建立扁平化和窄细化的组织，简化工作流程和工作表单，便于员工操作执行。例如，一些企业将原来的点检基准书、清扫基准书、润滑基准书、保养基准书这“四书”合并为一个基准书，就叫“保养基准书”。现实情况是，我们员工不会抱着四本书来执行。按照动作的逻辑过程，员工先对设备进行清扫，清扫的过程也就是对设备点检的过程，而点检发现了问题，马上就可以进入保养环节，其中润滑是保养的内容之一，其他的保养动作还包括紧固、调整、对中、平衡、防腐、堵漏、疏通、复位等，不一而足。所有这些动作是连贯的，由统一的作业指导书来指引完全是合理的，这就是一种“简化”革新。

妙技锦囊

这个世界，有时复杂，有时简单，其实是不断变换的。当造物变得越来越复杂，一定会有简化的形式出现；反之，简单的事物也可能变得复杂起来，以实现其高层次的目标、功效。“大道至简”的革新技巧就是让工匠从复杂中跳出来，通过“简化”、“消减”、“排除”、“抽象”、“提炼”等方式来创造时间、空间、条件、操作以及功能上的简约，给创造物带来新的价值。

第7技　纵横交错

释义：“纵横交错”是让功能和系统跨越、交叉的一种革新方式，其语汇还包括交汇、跨界、越界、合成、双赢、共赢等。

标识符号：

“纵横交错”的“纵”代表南北方向，“横”代表东西方向，交错表示交叉和错杂。横的竖的交叉在一起，形容事物或情况十分复杂，交叉点很多，也称为“纵横交贯”。此成语来自宋代吕祖谦《左氏博议·秦取梁新里》：“纵横交错，举非此理，左顾右盼，应接不暇，果何自以窥天理之真在哉？”“纵横交错”在自然界是大量存在的现象，山峦沟壑，树木阡陌，大路小巷都表现出“纵横交错”状态。人类较早发明的文字、编织物等，也无不印着“纵横交错”的痕迹，如图7–1所示。

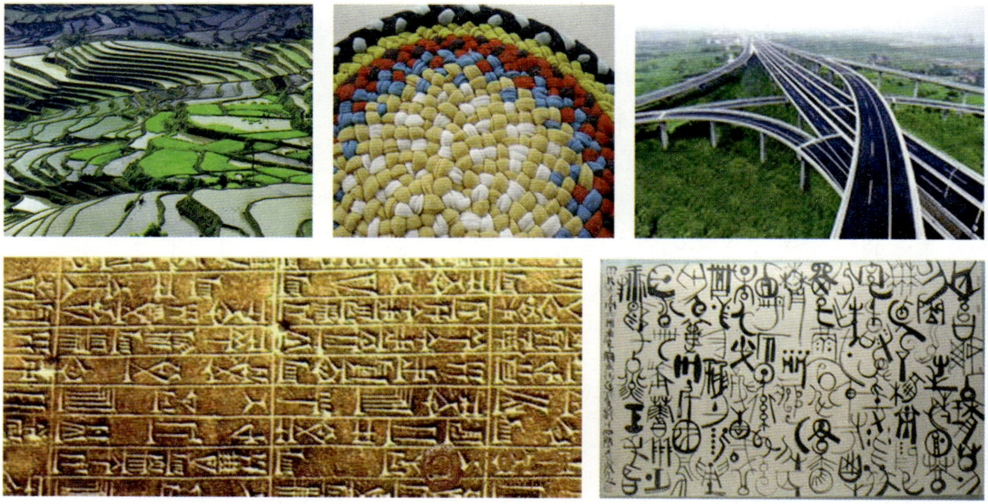

图 7–1　阡陌沟壑、编织物、立交桥以及古代文字的“纵横交错”状态

交叉的含义是两种功能的相互作用，与聚合不同之处在于，聚合是功能的组合与叠加，而交叉是功能的配合，是相互的支撑作用，其效果往往大于简单的叠加，是乘数效应而非加数效应。

比如说广播和固定电话的结合，就催生了移动电话，这也是一种“交叉”。

布料的经纬交合移转到造船的领域，变成了卯榫咬合。卯榫就是两块木头合在一起，其中一块削出凸起的榫，另外一块挖好凹入的卯，然后将它们拼合起来，有时候需要铁钉来加固，但如果卯榫削得很好，就不需要铁钉。卯榫是一种“纺织”木头的方法；纺织工和木匠都专注于做出紧密的、成直角的接合。

从光学原理可以看出，“交叉”不等于简单的叠加。例如，等量的红光加上绿光，等于黄光，互补于蓝光，也就是与蓝光互补形成白光；而等量的红光加上蓝光等于品红光，互补于绿光，即与绿光互补形成白光；而等量的绿光加上蓝光等于青光，互补于红光，即与红光互补形成白光。

食品添加剂也算是较早的功能“交叉”，食品添加剂让食品味道更好，或者色泽美观，或者口感更好、更酥软等，是传统食品的跨越升级。食品添加剂大大促进了食品工业的发展，并被誉为现代食品工业的灵魂，这主要是它给食品工业带来许多好处，其主要作用是防止食品变质、改善感官的感觉、保持提高营养价值。当然，如果这种添加剂对身体有害，则将退出历史舞台。

工业上的润滑油添加剂，可以让润滑油性能改变，如可以阻燃，可以抗老化变质，或者改变其凝点、黏度及润滑性能等，是对传统润滑剂的升级。

润滑油添加剂概念是加入润滑剂中的一种或几种化合物，以使润滑剂得到某种新的特性或改善润滑剂中已有的一些特性。添加剂按功能分主要有抗氧化剂、抗磨剂、摩擦改善剂、极压添加剂、清净剂、分散剂、泡沫抑制剂、防腐防锈剂、流点改善剂、黏度指数增进剂等类型。这种“交叉”革新具有“改性”特点。

日常生活中，Nike 与 iPhone交叉，让穿着Nike鞋的运动者伴着iPhone音乐的节奏做运动。这种革新既促进了Nike球鞋的销售，又促进了iPhone的销售。

另外一个很好的例子是加油站与便利店交叉。

传统加油站只管加油，当加油站与便利店交叉，就给驾车族带来很多方便，如停车休息一下，喝点饮料，吃点点心，买本杂志……这一交叉既给加油站带来生意，又给便利店赚取利润，可谓一石多鸟。如图7-2所示。

图 7-2　Nike与iPhone交叉、加油站与便利店交叉

类似的功能交叉还有书店咖啡吧，看书的读者在读书之余喝喝咖啡，这让图书和咖啡的销售双双提高。还有那些旅馆酒吧，让无聊的住客在酒吧里消磨一下时间，这不但提高旅店的入住率，还卖出很多酒水。还有火车餐厅，让乘车一族有吃有喝，不但赚了车票钱，餐饮收入也十分可观。如图7-3所示。

图 7-3　书店酒吧和书店咖啡吧的功能交叉革新

在网络时代，功能交叉和跨界的革新之例比比皆是。例如，淘宝、微信原来是做网上购物和信息沟通的企业，他们发展出来的支付宝、余额宝的支付和存取款的新功能跨界颠覆了传统银行业务。而传统银行也不甘寂寞，他们开设网银，进入网络支付领域。再拿淘宝为例，他们通过网络购物、网上虚拟商店的形式，

狠狠地颠覆了实体商店，让很多实体店生意萧条，逼得实体店纷纷开设网上商店以弥补线下的不足。另外一方面，某些纯粹的网店，又跑到线下开设体验店，以满足客户的体验诉求。无论是美国的优步打车（Uber）还是中国本土的滴滴打车，以及最近冒出来的共享单车，都把传统的出租汽车业颠覆得一塌糊涂，不少城市甚至出现出租车司机罢工的情景。一些传统的出租车公司也开始触网，想与这些分享经济的弄潮儿争个高下。

谈到“交叉”与“跨界”，我们一定不会忘记支付宝。支付宝是国内领先的第三方支付平台，可以提供“简单、安全、快速”的移动支付解决方案。支付宝公司从2004年建立开始，旗下有“支付宝”与“支付宝钱包”两个独立品牌。支付宝主要提供支付及理财服务，包括网购担保交易、网络支付、转账、信用卡还款、手机充值、水电煤缴费、个人理财等多个领域。在进入移动支付领域后，为零售百货、电影院线、连锁商超和出租车等多个行业提供服务，还推出了余额宝等理财服务。截至2013年底，支付宝实名认证的用户数超过3亿。2013年，支付宝单日交易笔数的峰值达到1.88亿笔。其中，移动支付单日交易笔数峰值达到4518万笔，移动支付单日交易额峰值达到113亿元人民币。自2014年第二季度开始成为当前全球最大的移动支付厂商。“移动支付”，让无数手机控用户轻松支付，这一“跨界”十分成功。

图7-4给出了一些跨界和交叉革新品牌。

图 7-4　支付宝、淘宝、滴滴从网上向实体的跨界、苏宁从实体店向网上跨界

“交叉”与“跨界”革新，真是威力无穷。“交叉”，还有“双赢”、“共赢”的意思。中国古人曰：“单丝不成线，独木不成林。”“二人同心，其利断金。”“万人操弓，共射一招，招无不中。”“上下同欲者胜。”“人心齐，泰山移。”“能用众力，则无敌于天下矣；能用众智，则无畏于圣人矣。”下面给大家讲一个“共赢”、“互补”的例子。

老希尔顿创建希尔顿酒店帝国时，曾指天发誓：我要使每一寸土地都生长出黄金来。70年前，希尔顿以70万美元买下华尔道夫大酒店的控制权之后，他以极快的速度接手管理了这家纽约著名的酒店。一切欣欣向荣，很快进入正常的最佳营运状态。所有的经理们都认为已经充分利用了一切生财手段，但老希尔顿却一言不发地查找着可能没有充分利用的空间。他的脚步时常在酒店前台有所停顿，他的目光像鹰一样，注视着大厅中央巨大的通天圆柱。希尔顿独自推敲过这些柱子的构造后发现，这4根柱子是空心圆柱，在建筑上没有支撑天花板的力学价值，那么它们存在的意义是什么呢？美观？但没有实用价值的装饰，无异于空间的一种浪费。希尔顿最不能容忍的就是一箭只射一雕。于是他叫工人把它们迅速改造成了4个透明玻璃柱，并在其中设置了漂亮的系列玻璃展箱。这回，这4根圆柱就不仅仅是装饰性的了，在广告竞争激烈的时代，它们便从上到下充满了商业意义。没过几天，纽约那些精明的珠宝商和香水制造厂家便把它们全部包租下来，纷纷把自己琳琅满目的新产品摆了进去。老希尔顿坐享其成，每年都是由此净收入20万美元租金，而这些珠宝商、香水制造厂家因为进驻了希尔顿经营的高档酒店，让自己展出的商品抬高了身价，也达到了广告效果。

我们再举出一个“交叉”革新的例子。1919年自助购物在美国加州全面开展。当时，杂货店每一种商品旁边都配有一个店员称重、打包。顾客都是手提着一大堆东西等着结账，效率低下。1920年，郭德曼开了一家大阳杂货店公司，3年内扩张到55家。那时自助超市只提供一个金属丝织成的篮子，当店员看到顾客一个篮子满了之后，会帮顾客送到收银台，然后给他们一个空的篮子。为了销售更多商品，郭德曼绞尽脑汁要找到让顾客更省力的购物方式。一天他看到办公室的折叠椅，激动地跳了起来，抓起购物篮子放到椅子上试了试，然后跑到修理间，让工人给折叠椅子加上了四个轮子。就这样，改变我们生活的购物车问世了。之后，郭德曼还对购物车做了几次升级，篮子在不用的时候可以拿下来，折叠车可以相互嵌套堆叠，这样更节省空间。

最初，顾客们对这个新奇的玩意儿并不感兴趣。他为了“创造需求”，聘请了专业的男女演员，让这些假扮的购物车使用者在卖场中频繁“走秀”。推着购物车购物不再显得尴尬，这种行为反而逐渐流行起来，购物车最终形成了规模。很快，超市购物车需求量激增，郭德曼还将自己设计的购物车注册了专利。有机构的调查研究显示，较大的购物车会刺激顾客多达40%的采购欲，这项发明牵涉到了设计、营销以及心理学的多学科“交叉”，也是将购物、效率和轻松享受购物过程多功能的“合成”与“交叉”。

实战课堂

TnPM近年来做了不少跨界尝试，并取得一定成果。一是TnPM与精益生产的跨界融合。精益思想的核心是降低成本费用，杜绝任何形式的浪费；而TnPM的核心是打造人机和谐的环境，优化设备管理。二者结合就可以创造出更大的价值。精益的工具箱里包括流程再造、瓶颈管理、后拉看板、快速换模（换线）、价值流分析、计划排程和物流优化等，旨在追求最小浪费和等待。而TnPM的工具箱里包括清除六源、自主维护、维修策略、信息采集、维修组织、维修规范、六项改善、班组建设、员工成长等，二者结合起来，可以互补。众所周知，对装置密集型企业，设备管不好是最大的浪费，是丢了西瓜的浪费。因此，精益生产离不开科学的设备管理，反之，企业成本的控制，也离不开精益工具的支持。

TnPM的另外一个跨界是与安全管理的结合，《TnPM安全宪章》一书对这一融合做了最好的诠释。我们将安全管理的科学理念与TnPM有氧活动暨全员改善的理念紧密结合，加入过敏式安全管理的新元素，将六力班组建设模式导入“我要安全”的基层管理，碰撞出更可以落地的安全管理抓手，已经被实践证明是十分有效的安全管理系统。

妙技锦囊

“纵横交错”的方法是引导我们的工匠运用跨界思维进行革新的可行路线。传统的交叉比较狭义。在当代，这种跨界就更加广义，甚至超越我们的想象，跨界革新包括交叉、搭接、链接、交汇、越界、合成、双赢、共赢等，内容真是十分丰富，需要工匠们运用更发散的思维。

第8技　层出不穷

释义：“层出不穷”就是通过“嵌套”或者“叠层”设计来提升创造物功效和价值的革新技巧。

标识符号：

“层出不穷”与“嵌套”、“叠层”是一层一层的包含关系，是一类革新技巧，在日常生活中就经常出现。

例如，传统的手风琴、我国古代使用的折扇，折叠伞既属于“叠层”，又属于“缩放”革新案例，如图8–1所示。

图 8–1　折扇、折叠伞和手风琴的“层出不穷”革新案例

大家熟知的俄罗斯套娃就是一类典型的嵌套革新例子。这类套娃造就了一个产业，而且经久不衰。与之类似的“嵌套”革新属中国的象牙、玉石、木质镂空雕刻以及鼻烟壶等，都以其精美的嵌套内部雕工和绘画为世人所赞叹，如图8–2所示。

图 8–2　俄罗斯套娃和中国的镂空雕刻和鼻烟壶是“嵌套”革新案例

俄罗斯套娃(Мартёшка)，是俄罗斯特产木制玩具，一般由多个一样图案的空心木娃娃一个套一个组成，最多可达十多个，通常为圆柱形，底部平坦可以直立。最普通的图案是一个穿着俄罗斯民族服装的妇女，叫做“玛特廖什卡”，这也成为这种娃娃的统称。农妇头扎花头巾、身穿绣花衣服、系着围裙。她健壮能干、略有些肥胖，生了许多孩子。肚子里还藏着好多小娃娃，寓意着人丁兴旺。这也反映了俄罗斯民族对母亲的敬重。套娃是俄罗斯最具民族特色的手工艺品，不过其历史不过百余年，是19世纪末一位艺术家受一种类似的日本民间玩具的启发而创作的。

关于套娃，还有一个有意思的传说。据说有一个男孩被情所困，三个女孩让他无从抉择，于是他远走俄罗斯去散心。一周后他回来了，给三个女孩都带了礼物。

送给第一个女孩的是俄罗斯套娃，套娃很可爱，打开第一层，再打开一层，又打开一层，五个一模一样的套娃一只套着一只。他告诉女孩，俄罗斯套娃有一个美丽的传说：“很久以前有一个俄罗斯小伙子，很小就失去了父母，和妹妹相依为命，但妹妹在一次牧羊途中被风雪所困，最终丢失了。哥哥对妹妹非常思念，就刻了一个木头娃娃带在身边。每一年哥哥都会刻上一个稍微大一些的，在他心目中妹妹又长大了一岁，就这样过了很多年，哥哥刻了很多木头娃娃。”讲到这里，他对女孩说：“套娃是亲情的象征，代表哥哥对妹妹的思念，不管今后发生什么，我都会像爱套娃一样地爱你。”女孩明白了男孩的意思，哭着将打开的套娃一只只套了起来。

送给第二个女孩的也是俄罗斯套娃，打开第一层，再打开一层，又打开一层，他告诉女孩，俄罗斯套娃有一个美丽的传说：“从前，有两个好朋友，一个是木匠，一个是画家，画家快过生日了，木匠花了很长时间，用最好的椴木凿了一套一个比一个小的娃娃，送给画家做生日礼物，画家收到后爱不释手。他想，如果给这些木头娃娃画上色彩艳丽的衣服，一定更招人喜欢。于是他开始调配色彩，给木头娃娃穿上好看的衣裳，果然人见人爱。从此，套娃就成了纯洁友谊的象征。”他对女孩说：“不管今后发生什么，我都会像爱套娃一样地爱你。”女孩明白了男孩的意思，哭着将打开的套娃一只只套了起来。

送给第三个女孩的还是俄罗斯套娃，套娃很可爱，打开第一层，再打开一层，男孩突然按住了女孩的手说：“俄罗斯套娃有一个传说，可以帮助人们实现心中的愿望。打开套娃找最小的一个，偷偷地告诉他你心中的愿望，并且要提醒他，你必等到美梦成真才会再打开这个娃娃，然后再把他关进去，恢复原状。这个被你关在大娃娃腹中的小娃娃会迫不及待地想早点出来，因此会想办法早日实现你的愿望。”男孩对女孩说：“我已经向里面那个最小的娃娃许下了我的愿望，如果你打开就必须帮我实现我的愿望。”女孩点点头，毫不犹豫地打开了最后一个套娃，里面有张纸条，上面写着：嫁给我吧，我会像爱套娃一样地爱你！女孩幸福地扑进男孩的怀里。男孩说：“三个俄罗斯套娃的传说都是真的。我爱她们，就像爱俄罗斯套娃一样。但爱也有不同的内容，有的是亲情，有的是友情，有的是爱情……。”

在工业领域，最常见的嵌套设计是轴与轴套和轴承结构了。他们是嵌套技术的良好应用，如图8–3所示。

图 8–3　轴与轴套以及轴承设计中运用的嵌套革新

类似的嵌套技术还有拉杆箱的把手、照相机的支架以及衣柜的推拉门等，因为他们又属于伸缩收放的技术，我们在缩放的革新里也有所描述，如图8–4所示。

图 8–4　拉杆箱、照相机支架和推拉门运用的嵌套革新

飞机也是“嵌套”设计的产物。大家知道，在几千米高空飞行，飞机完全进入低气压和缺氧环境。如果不将乘客和飞行员封闭在一个壳体之中，提升壳体内部气压并为壳体供氧，乘客和飞行员是无法生存的。为此，飞机的设计和制造就融入大量“嵌套”革新的内容，从其表层到内层结构骨架，到内饰，以及供乘客舒适享受和方便的场所，都蕴含无数工匠的心血和智慧结晶。

火箭同样是典型的“嵌套”革新产物。固体火箭发动机结构由前封头、外壳、装药、喷管装置和后封头等部分组成。封头、外壳和喷管装置构成发动机燃烧室，固体推进剂在其中燃烧。前封头上通常装有点火装置。前封头是薄壁结构，用金属制成，形状有球形、椭球形或环球形。大型固体火箭发动机常分段制造，靠增加段数获得所需的推力，外壳为薄壁壳体，用合金钢、铝合金、复合材料制成。外壳内壁有浸胶石棉布隔热层。外壳外表面也涂有很薄的隔热层，以减小气动加热的影响。喷管装置（单喷管或多喷管）固定或铰接在火箭发动机后封头上，在控制系统操纵下使燃气流偏转，产生控制力矩。由此可见，火箭是一个十分复杂的多层“嵌套”系统。

与火箭类似，卫星更是一个复杂的“嵌套”设计典型。人造地球卫星系指环绕地球运行的无人航天器，它是人类探索、开发和利用太空的主要工具。卫星结构的主要功能包括承受载荷、安装设备和提供构型这三个方面。承受载荷这部分是根据卫星结构需要承受作用在卫星上的静力和动力载荷；安装设备是需要为星载仪器设备提供固定安装界面并保持一定精度，包括电子设备、推进剂贮箱、气瓶和管路，以及天线、太阳电池阵等附件；而提供构型是卫星的骨架，为卫星和整星提供构造外形，为卫星和运载火箭的连接提供接口，为卫星伸展附件的连接提供接口，以及为卫星地面操作设备的安装提供接口等。卫星的壳体也是不断革新进步的过程，从硬壳式结构发展到半硬壳式结构以及夹层结构，并开始使用一些新型的高强轻金属材料结构，将卫星的星载设备包裹其中。

小到保温杯，大到飞机、火箭和卫星，“嵌套”革新无处不在。“层出不穷”的革新技巧对于尖端设备而言，更是不可或缺，如图8-5所示。

图 8-5　保温杯、飞机内部、火箭和卫星的“嵌套”结构

实战课堂

设备维护的三闭环设计属于一种管理上的“嵌套”、“叠层”设计。第一层防护线是操作员工的自主维护，从设备的清扫开始，接着是对设备的点检，然后就做自主维护，内容包括润滑、对中、平衡、紧固、调整、防腐、堵漏、屏蔽等，我们称之为“自主维护”闭环；第二道防护线就是专业维修，按照紧急、一般和机会处理的优先顺序，由专业维修人员应对设备问题，而这些问题一般是自主维修不能解决的，我们称之为“专业维修”闭环；第三道防护线是由专业维修人员（或外协队伍）执行，通过对设备固有故障、频发故障的根除，使其杜绝或者减少，这也称为主动维修或者再役设备再制造活动，我们一般称之为“维修预防”闭环。这种管理上的“嵌套”和“叠层”设计等于建立了三道防护线，对于需要可靠运行的系统是十分有益的。

妙技锦囊

大自然的鬼斧神工，留给这个世界无数个“嵌套”，小到一层一层的洋葱，大到一层一层的地壳，无不给我们以“层出不穷”的启迪。我们之所以导入“层出不穷”的革新技巧，就是要引导工匠们主动将“嵌套”、“叠层”革新技术运用到日常的创新之中，让这类革新成果“层出不穷”。

第9技　四平八稳

释义：“四平八稳”是指“对称性”的变革，是通过平衡、对称、稳定的方式来完成某种功效的革新技巧。这也是很多产品和事物的常规态势，符合多数人的审美观。

标识符号：

“四平八稳”出自施耐庵《水浒全传》第四十四回：“戴宗、杨林看裴宣时，果然好表人物，生得面白肥胖，四平八稳，心中暗喜。”常规的释义是形容身体各部位匀称、结实。后常形容说话做事稳当。我们在革新技巧方面用其“对称”、“平稳”、“平衡”之意。

作为“四平八稳”革新手段，是运用平衡、稳定、协调、对称等手段来提升事物、系统和产品的功效。所谓的“四平八稳”或者“对称”，也是利用对称的审美和平衡技术的一种创新设计。

对称，分为轴对称和中心对称。地球上的生物很多都是对称生长的。图9-1和图9-2给出了很多对称植物和对称生物的美丽照片。

图 9-1　地球上对称性的植物

图 9-2　地球上对称性的动物

大自然十分喜欢对称和平衡，就连下的雪、结的冰、一些金属和盐类的结晶都呈现美丽的对称形状，如图9-3所示。

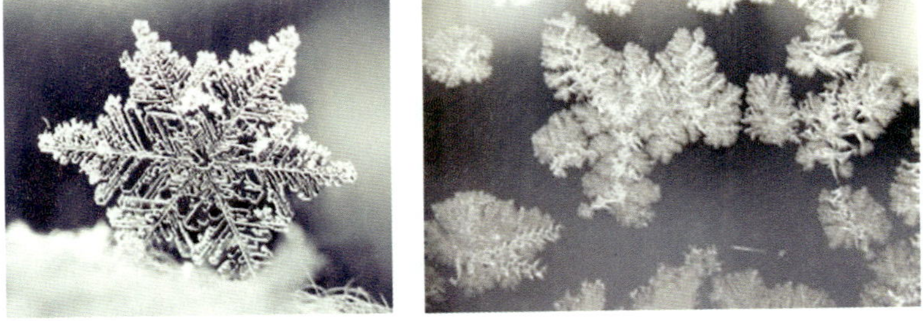

图 9–3　自然界的各种结晶体的对称特征

中国艺术和哲学都是“对称”和“平衡”的，从中国八卦太极图就可以看出。中国的剪纸和很多艺术表达都充分运用了“对称”的概念，如图9–4所示。

图 9–4　八卦太极图以及剪纸艺术表现出的“对称”设计

双面绣是从艺术角度的“对称”设计，在布的两面同时展现图片的效果，如图9–5所示。

图 9–5　双面绣的对称艺术创作

双面绣是在一块底料上，一针同时绣出正反色彩一样图案的一种绣法。它和单面绣不同，单面的绣法只求正面的工致，反面的针脚线路如何则可以不管；而双面绣则要求正反两面一样整齐匀密。绣时将线尾剪齐，从上刺下，再在离针二三丝处起针，将线抽剩少许线尾，下针时将线尾压住，连线几次短针，将线尾藏住，使正反两面都不露线头。另外，刺双面绣时还要把针垂直布面，不刺破反面的绣线。而且要掌握住排针顺序，按照次序均匀地排列针脚，不能疏密不当，才可使两面相等。双面绣要注意藏头，就是将线尾隐藏在最后的针脚中，不能露出线头。可见，双面绣的对称和平衡术还是蛮讲究的。

从审美的角度，“对称”是非常普遍的设计理念，如建筑物、家具等，常常使用“对称”设计，如图9-6和图9-7所示。

图 9-6　不同建筑的对称创新设计

图 9-7　不同家具的对称与平衡设计

自行车、双轮车、四轮车、汽车以及四脚驮驴都属于对称和平衡的设计造型，如图9-8所示。

图 9-8　对称平衡设计的各种行走交通工具

飞机、汽车与摩天轮都属于平衡对称设计的典型，如图9-9所示。

图 9-9　飞机、汽车与摩天轮的“平衡”设计

提起当今遍及世界各地的“平衡”设计产物——自行车，其发明过程却非常曲折。最早发明自行车的是一个德国的看林人，名叫德莱斯（1785~1851年）。德莱斯每天都要从一片林子走到另一片林子，多年走路的辛苦，激起了他想发明一种交通工具的欲望。他想，如果人能坐在轮子上，那不就走得更快了吗？就这样，德莱斯开始设计和制造自行车。他用两个木轮、一个鞍座、一个安在前轮上起控制作用的车把，制成了一辆两轮车。人坐在车上，用双脚蹬地驱动木轮运动。就这样，世界上第一辆简陋的自行车就问世了。

1839年，苏格兰人马克米廉发明了脚蹬。1840年，英格兰的铁匠麦克米伦，在后轮的车轴上装上曲柄，再用连杆把曲柄和前面的脚蹬连接起来，并且前后轮都用铁制，前轮大，后轮小。这样一来，人的双脚真正离开了地面，由双脚的交替踩动变为轮子的滚动。到1861年，法国的米肖父子在前轮上安装了能转动的脚蹬板，车子的鞍座架在前轮上面。真正具有现代化形式的自行车是在1874年诞生的。英国人罗松在自行车上别出心裁地装上链条和链轮，用后轮的转动来推动车子前进。1886年英国的机械工程师斯塔利，装上前叉和车闸，前后轮大小相同，以保持平衡，并用钢管制成了菱形车架，还首次使用了橡胶车轮。1888年，爱尔兰的兽医邓洛普，从医治牛胃气膨胀中得到启示，将自家花园用来浇水的橡胶管粘成圆形并打足气装在自行车上，这成为充气轮胎的开端。看来，自行车的发明真是前赴后继。自行车的革新充分体现“对称”技巧的应用，这包括前后轮的链条连接、两个脚蹬子以及可转向车把的平衡等。图9–10和图9–11给出一些“平衡”、“对称”设计的案例。

图 9–10　篮球场、乒乓球台和双杆的平衡设计

图 9–11　飞机、轮船和皮划艇的平衡设计

现在大街上常常看到一种两轮自平衡电动车在跑来跑去。这种电动平衡车也是工匠们前赴后继辛勤劳动的结晶。早在1985年，日本的山藤一雄教授就提出

了两轮电动平衡小车的模型。2003年，美国的安德森等人研究出了非凡的两轮电动平衡车，不仅能在平坦的公路上行走，而且可以适应崎岖的山路，该项发明于2003年5月被美国太空总署评为季度最佳机器人。2005年，日本的村田发布了“村田顽童”自行车机器人，这次有了一个质的飞跃。由于它的技术突破，2006年被美国《时代周刊》评为年度最佳发明之一，同时受到了全世界的高度关注。各式电动平衡车如图9-12所示。

图 9-12　各式各样的电动平衡车之“平衡”设计

实战课堂

设备管理存在着大量的悖论，例如企业里重视设备的预防维修，却不得不做事后维修，这并不是因为不得已，而是事后维修有其存在的合理性；企业要努力降低维修成本、费用，却不能不做恰当的维修投入，因为如果投入不足，则设备给企业创造的价值就会降低下来，甚至成为负数；企业积极引进设备管理信息化系统，而僵化的信息系统又常常会难以适应经常变化的设备状态，捆住我们的手脚，让我们无法行动；企业要求进行精准的维修预算，而这个预算却从来不精准；我们主张企业购置设备要做到寿命周期费用最小化，而我们却难以真正算出设备的寿命周期费用；我们强调对检修人员的专业培训，而培训的内容却往往是过时的或者很快过时；我们主张集中式的维修组织，有利于维修资源共享，这个组织却因为无法快速响应基层的要求，成为投诉的对象；我们真有一天将维修资源分配下去，却发现维修预算居高不下，维修成本难以控制；我们积极制定设备管理组织评价指标体系，却发现这些指标很难公正地度量各个基层组织绩效。这林林总总的悖论只能通过平衡与协调来解决，而非走向某一个极端。

妙技锦囊

世间万物，阴阳平衡，天人合一。平衡是世界的普适规律。能量守恒、物质不灭、物极必反。把握万事规律，应用平衡、协调技巧，可达事半功倍之效果。“四平八稳”作为工匠革新的普遍和常规的手段，其生命力毋庸置疑。我们希望工匠能够积极运用这种革新技巧在产品开发、工具设计和系统改造领域，通过“协调”和“平衡”来创造功效。

第10技　东倒西歪

释义：“东倒西歪”是通过不对称、反对称、反平衡的方式进行的革新技巧。这是与“四平八稳”这种对称式革新完全相反的革新方式。

标识符号：

所谓的“东倒西歪”，顾名思义，就是不对称或者反对称、反平衡的意思。这显然是利用与“对称”、“平衡”相反的原理进行的革新活动。

世界上虽然存在大量的对称和平衡，但也确实存在着一些非对称的事物。就拿动物来讲，一些动物就出现非对称的变异，如图10–1所示。

图 10–1　世界上一些非对称的动物案例

人类很早就利用非对称、非平衡进行创新了。最典型的例子莫过于在人类社会频繁应用的杠杆了。

提起杠杆，我们不会忘记阿基米德，这里面还有一个故事。阿基米德将自己锁在一间小屋里，正夜以继日地埋头写作《浮体论》，一天突然闯进一个人来，一进门就连忙喊道：“哎呀！你老先生原来躲在这里，国王正调动大批人马，在全城四处找你呢。”他伸手抓过一顶圆壳小帽，随大臣一同出去，直奔王宫。

看到阿基米德从外面进来，国王连忙迎上前去，恨不得立即向他下跪，说道：“啊，亲爱的阿基米德，你是一个最聪明的人，先王在世时说过你都能推动地球。”因为他曾给当时的国王亥尼洛写信说：“我不费吹灰之力，就可以随便移动任何重量的东西；只要给我一个支点，给我一根足够长的杠杆，我连地球都可以推动。”可这个小国王并不懂得什么是科学，他只知道在大难临头的时候，借助阿基米德的神力来救他的驾。可是罗马军队实在太厉害了，他们作战时列成方队，前面和两侧的士兵将盾牌护着身子，中间的士兵将盾牌举在头上，战鼓一响这一个个方队就如同现代的坦克一样，向敌方阵营步步推进，任你乱箭射来也丝毫无损。这支军队称霸地中海，所向披靡。一个小小的叙拉古哪里放在眼里。这时由罗马执政官马赛拉斯统帅的四个陆军军团已经挺进到了叙拉古城的西北，城外已是鼓声齐鸣，杀声震天了。

在这危急的关头，阿基米德捻着银白的胡须说：“如果单靠军事实力，我们绝不是罗马人的对手。若能造出一种新式武器来，或许还可守住城池，以待援兵。”国王一听这话，立即转忧为喜说：“先王在世时早就说过，凡是你说的，大家都要相信。这场守卫战就由你全权指挥吧。”两天以后，天刚拂晓，罗马统帅马赛拉斯指挥着他那严密整齐的方阵向护城河攻来。今天方阵两边还预备了铁甲骑兵，方阵内强壮的士兵肩扛着云梯。马赛拉斯在出发前曾口出狂言：“攻破叙拉古，到城里吃午饭去。”在喊杀声中，方阵慢慢向前蠕动。

照常规，城头上早该放箭了。可今天城墙上却是静悄悄地不见一人。罗马人正在疑惑，城里隐约传来吱吱呀呀的响声，接着城头上就飞出大大小小的石块，开始时大小如碗如拳一般，以后越来越大，简直有如锅盆，山洪般地倾泻下来。石头落在敌人阵中，士兵们连忙举盾牌护体，谁知石头又重，速度又急，一下子连盾带人都砸成一团肉泥。罗马人渐渐支持不住了，连滚带爬地逃命。这时叙拉古的城头又射出了密集的利箭，罗马人的背后无盾牌和铁甲抵挡，那利箭直穿背股，哭天喊地，好不凄惨。阿基米德到底造出了什么秘密武器让罗马人大败而归呢？原来他制造了一些特大的弩弓——发石机。这么大的弓，人是根本拉不动的，他就利用了杠杆原理，只要将弩上转轴的摇柄用力扳动，那与摇柄相连的牛筋又拉紧许多根牛筋组成的粗弓弦，拉到最紧时再突然一放，弓弦就带动载石装置，把石头高高地抛出城外，可落在1000多米远的地方。

原来这杠杆原理并不是简单使用一根直棍撬东西。就如水井上的辘轳，它的支点是辘轳的轴心，重臂是辘轳的半径，力臂是摇柄，摇柄比辘轳的半径长，打起水来就很省力。阿基米德的发石机也是运用这个原理。罗马人哪里知道叙拉古城有这许多新玩意儿。

就在马赛拉斯刚被打败不久，海军统帅古劳狄乌斯也派人送来了战报。原来，当陆军从西北攻城时，罗马海军从东南海面上也发动了攻势。罗马海军原来并不十分厉害，后来发明了一种舷钩装在船上，遇到敌舰时钩住对方，士兵们再跃上敌舰，变海战为陆战，占一定的优势。今天克劳狄乌斯为了对付叙拉古还特意将兵舰包上了一层铁甲，准备了云梯，并号令士兵，只许前进，不许后退。奇怪的是，这天叙拉古的城头却分外安静，墙的后面看不到一卒一兵，只是远远望见几副木头架子立在城头。当罗马战船开到城下，士兵们拿着云梯正要往墙上搭的时候，突然那些木架上垂下来一条条铁链，链头上有铁钩、铁爪，钩住了罗马海军的战船。任水兵们怎样使劲划桨都徒劳无功，那战船再也不能挪动半步。他们用刀砍，用火烧，大铁链分毫无损。正当船上一片惊慌时，只见大木架上的木轮又“嘎嘎”地转动起来，接着铁链越拉越紧，船渐渐地被吊起离开了水面。随着船身的倾斜，士兵们纷纷掉进了海里，桅杆也被折断了。船身被吊到半空后，这个大木架还会左右转动，于是那一艘艘战舰就像荡秋千一样在空中摇荡，然后有的船被摔到城墙上或礁石上，成了一堆碎片；有的船被吊过城墙，成了叙拉古人的战利品。这时叙拉古的城头上还是静悄悄的，没有人射箭，也没有人呐喊，好像是座空城，只有那几副怪物似的木架，不时伸下一个个大钩钩走一艘艘战船。罗马人看着这怪物，吓得全身哆嗦，手腿发软，只听到海面上一片哭喊声和落水碰石后的呼救声。克劳狄乌斯在战报中说：“我们根本看不见敌人，就像在和一只木桶打仗。”阿基米德的这些“怪物”原来也是利用了杠杆原理，并加了滑轮。经过这场大战，罗马人损兵折将，还白白丢了许多武器和战船，可是却连阿基米德的面都没见到。这可是不对称的杠杆发挥的威力。

人们发明并利用杠杆原理创造了大量的工具，如扳手、钳子、指甲刀、起子、夹子、撬杠、剪子、筷子、镊子、杆秤等，简直不胜枚举。图10-2给出大量例子。

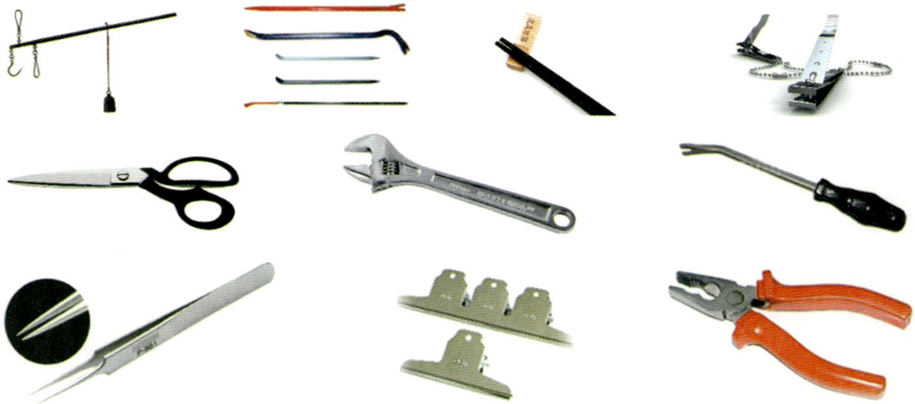

图 10-2　大量利用不对称、反对称的杠杆原理完成的革新创造

不少建筑设计利用了对称和平衡原理。而另外一些建筑设计，却故意运用了不对称的审美。悉尼歌剧院、帆船酒店以及莫斯科红场上的瓦西里升天大教堂，都是非对称设计的代表作，如图10–3所示。

图 10–3　迪拜的帆船酒店、悉尼歌剧院以及莫斯科的瓦西里升天大教堂

家具多采用对称设计，因为人类的四肢、五官都是对称生长的。一些非对称设计的家具却获得越来越多人的喜爱。可以结合室内风格，表达其个性之美。如图10–4所示，就给出了一些非对称设计的家具。

图 10–4　非对称设计的家具

艺术创作的“非对称”设计就更加普遍，可以体现作者丰富想象力和表现力，图10–5就给出了一些非对称的艺术品。

图 10–5　具有非对称设计风格的艺术品

在公路、铁路建设、机械设计方面人们运用了大量的“东倒西歪”非对称革新手法。如为了抵消离心力而进行的弯道倾斜设计，为了某种功能需求而对凸轮的顶起设计，为了减轻承重受力对大桥的凸起设计等，如图10–6和图10–7所示。

图 10–6　公路弯道的倾斜设计、大桥的拱起设计和铁路弯道的倾斜设计

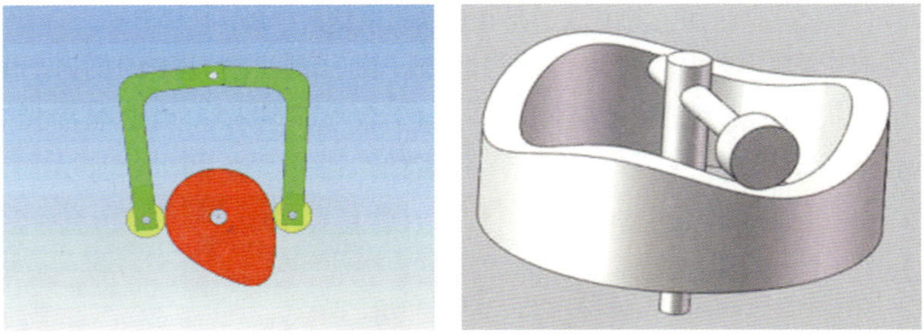

图 10–7　机械的凸轮设计

实战课堂

在设备前期管理中，设备的选型决策是一种显著的非对称、非平衡设计。按照企业多年摸索形成的设备选型评价体系，在选型时既要重视设备的性能先进性，又要重视设备的可靠性，还要重视设备的寿命周期费用，还不能忽视设备的可维修性，又要考虑设备的备件可达性，并要注意供应商的售后服务以及人员培训，甚至还要考虑设备的安全环保性，也要注意到设备与其他辅助设施的配套性，还要预知设备使用能源的供应来源和经济性等。所有这些指标不是相同权重的，而是随着企业的生产状况、所处地域以及资金预算水平有所不同。这可以算作典型的非对称、非平衡设计。在设备管理体系中，类似的非对称设计还有很多，就拿维修资源配置来说，在工厂里，设备的维护维修主要有三方面的资源：一是内部专业维修队伍，二是社会化的外部合同维修队伍，还有一方面是操作员工的自主维护队伍。这三方面资源可不是1∶1∶1均衡分布的，要随着设备不同、地域不同、企业生产性质不同而有所不同。这里“不平衡”是常态，完全的对称与平衡反而不正常。

妙技锦囊

这个世界除了存在大量的平衡与对称的事物之外，还存在大量非对称、非平衡的事物。“东倒西歪”作为革新手段，让工匠从平衡和对称的思维中跳出来，通过非对称、非平衡以及非协调的方式进行创造，这也不无大量创新的契机。

第11技　精雕细琢

释义：“精雕细琢”就是追求极致的精准，是设计和工艺上的无微不至和完美追求，其相关的语义还包含精确、准确、细微等。这是工匠精神的集中体现。这种“精雕细琢”往往给我们的产品、系统或者构件创造倍增的价值。

标识符号：

“精雕细琢”或者“精准”是通过精密的设计、选材和制造，让革新的创造物达到最高的标准，创造最高的价值。

欧阳修《归田录》中记载，汴京开宝寺塔“在京师诸塔中最高，而制度甚精，都料匠预浩所造也。”所谓都料匠，也就是工匠的总管，又称总工匠。预浩把塔建好后，却是“望之不正而势倾西北”，成了斜塔。大家都奇怪怎么回事，预浩解开了谜团：“京师地平无山，而多西北风，吹之不百年，当正也。”意大利的比萨斜塔闻名于世，但为什么会倾斜，直到今天也不明所以，唯一可以肯定的这并不是设计者的初衷。“年龄”远远大于比萨斜塔的开宝寺塔，则是在充分考虑气候因素前提下的刻意之举。西安小雁塔，更有“三离三合”的神奇，即：三次地震时分裂，又三次自行“复合”。其原理是什么呢？近代在修复小雁塔时发现，当时的工匠根据西安地质情况将塔基用夯土筑成了一个半圆球体，受震后压力会均匀分散，从而使塔身像“不倒翁”一样。古人在建塔时，充分考虑风势地势等原因，精密设计、选材、建造，充分体现“精雕细琢”的革新理念。

中国古代匠人为了生意，都自专其业，穷终身之力，甚至世代相传，不断钻研，达到炉火纯青的地步。例如，古代江南所产漆制品精美绝伦，其中关键工序为擦漆和配料，据有关记载：“擦漆油工，向来甬人独擅其法，纯用右拇指腡面著实推擦之，大约一点漆，著木擦至半小时，……，寻常一方寸之木，穷一人一日之力，往往尚不克完成，其金贵可知矣。”由此可见中国古代工匠“精雕细琢”的程度。

再看另一中国四大发明——造纸术不断革新。纸是汉族劳动人民长期经验的积累和智慧的结晶，人类文明史上的一项杰出的发明创造。

纸的发展也是经过了一个个曲折和不断“精准”的过程。自公元105年发明造纸术后，造纸术就从河南向经济文化发达的其他地区传播。蔡伦被封到陕西洋县为龙亭侯，造纸术就传到汉中地区并逐渐传向四川。据蔡伦家乡湖南耒阳的民间传说，蔡伦生前也向家乡传授过造纸术。东汉末年山东造纸也比较发达，出过东莱县（今掖县）的造纸能手左伯。公元2世纪造纸术在我国各地推广以后，纸就成了和缣帛、简牍的有力的竞争者。公元3~4世纪，纸已经基本取代了帛、简而成为我国唯一的书写材料，有力地促进了我国科学文化的传播和发展。公元3~6世纪的魏晋南北朝时期，我国造纸术不断革新。在原料方面，除原有的麻、楮外，又扩展到用桑皮、藤皮造纸。在设备方面，继承了西汉的抄纸技术，出现了更多的活动帘床纸模，就是用一个活动的竹帘放在框架上，可以反复捞出成千上万张湿纸，提高了工效。在加工制造技术上，加强了碱液蒸煮和舂捣，改进了纸的质量，出现了色纸、涂布纸、填料纸等加工纸。

再看测量仪器的“精准”：中国最早与“精准”相关的测量仪器当属指南针，指南针的发现让人们学会了寻找方向和位置。

东汉张衡制造漏水转浑天仪，用漏壶滴水推动浑象均匀地旋转，一天刚好转一周。北宋元祐三年（1088年）苏颂和韩公廉等创制水运仪象台，已运用了擒纵机构。

计时器，即钟表的发展历史也是人类“精准”革新的历史。

原始人凭天空颜色的变化、太阳的光度来判断时间。古埃及发现影子长度会随时间改变。古代巴比伦人6000年前发明日晷在早上计时，他们亦发现水的流动需要的时间是固定的，因此发明了水钟。古代中国人亦有以水来计时的工具铜壶滴漏，还会用烧香计时。将香横放，上面放上连有钢珠的绳子，作为计时节点。

公元1300年以前，人类主要是利用天文现象和流动物质的连续运动来计时。例如，日晷是利用日影的方位计时；漏壶和沙漏是利用水流和沙流的流量计时。

公元前140~100年，古希腊人制造了用30~70个齿轮系统组成的奥林匹克运动会的计时器。这台仪器被称为“安提凯希拉天体仪”，由29个彼此咬合的铜质齿轮和多个刻度盘构成，大小与一个午餐盒相当。它于1901年在希腊安提凯希拉岛附近一艘古代沉船上被发现，因此得名。现保存在希腊国家考古博物馆。

近代钟表的发展，同样的也是“精雕细琢”的不断革新。

1283年在英格兰的修道院出现史上首座以砝码带动的机械钟。13世纪意大利北部的僧侣开始建立钟塔（或称钟楼），其目的是提醒人祷告的时间。16世纪中在德国开始有桌上的钟。17世纪，逐渐出现了钟摆和发条。它运转的精度得到了很大的提高。乔万尼·德·丹第被誉为欧洲的钟表之父。他用了16年的时间制造出一台功能齐全的钟，被称为宇宙浑天仪，它能够表示出天空中一些行星的运行轨迹，还可以对宗教节日和每天的时间有所反映，它于1364年开始被使用。1657年，惠更斯发现摆的频率可以计算时间，造出了第一个摆钟。1840年，英国的钟表匠贝恩发明了电钟。20世纪，开始进入石英化时期。1946年，美国的物理学家利比博士弄清楚了原子钟的原理。两年后，创造出了世界上第一座原子钟，原子钟至今也是最先进的钟。它的运转是借助铯、氨原子的天然振动而完成的，它可以在300年内都能准确运转，误差十分小。

又如温度计，是通过金属或者液体热胀冷缩原理或者受热体的电参数变化来测量温度变化的革新产物。

大家熟知的体重计也是精准设计的产物，从早期的磅秤，到后来的弹簧式体重计，再到电子体重计，就是利用力传感器，在置物平台上放上重物后使表面发生形变而引发了内置电阻的形变，电阻的形变必然引发电阻阻值的变化，电阻阻值的变化又使内部电流发生变化产生了相应的电信号，电信号经过处理后就成了可视数字。图11–1显示了上述的几种早期发明的精准设计物品。

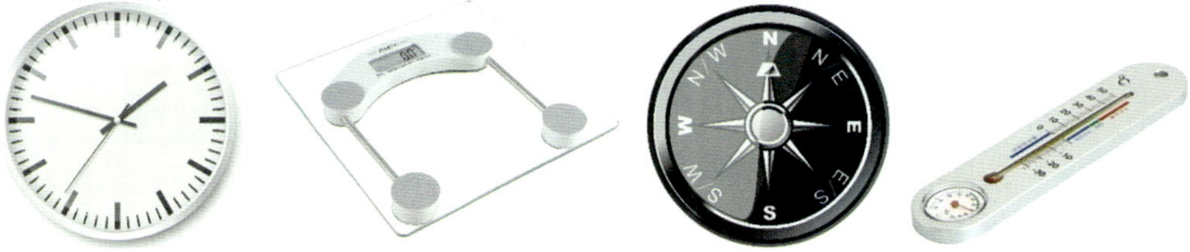

图 11–1　钟表、体重计、指南针、温度计为早期的精准设计产物

当今的大量测量设备和仪器仪表大都属于精准变革的产物，包括三坐标测量仪、电流计、压力表、电阻仪、真空表、流量计、湿度仪、海拔仪等。图11–2给出一些仪器仪表的图片。

图 11–2　电流表、水表、三坐标测量仪、电压表、压力表和湿度计

医疗上的精准设计应用很多，如经常用的血压计、血糖仪、心率仪等，这方面的研究成果越来越丰富，如图11–3所示。

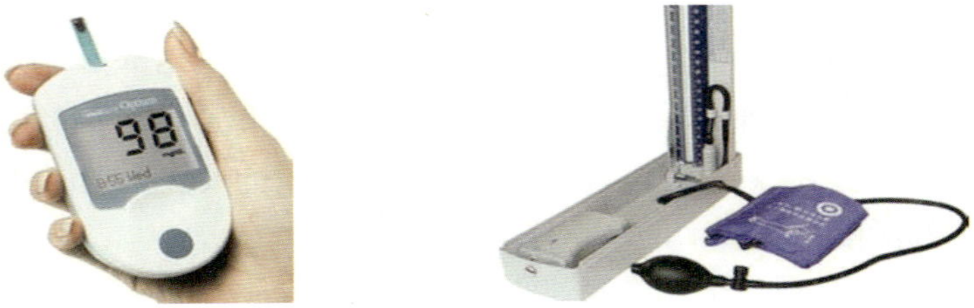

图 11–3　人体测量的仪器——血糖仪和血压计

光是汽车上用的“精准”变革产物就十分多，例如测速仪、测温计、油量计、里程表等。飞机上控制面板上的仪表就更加丰富了，如图11–4所示。

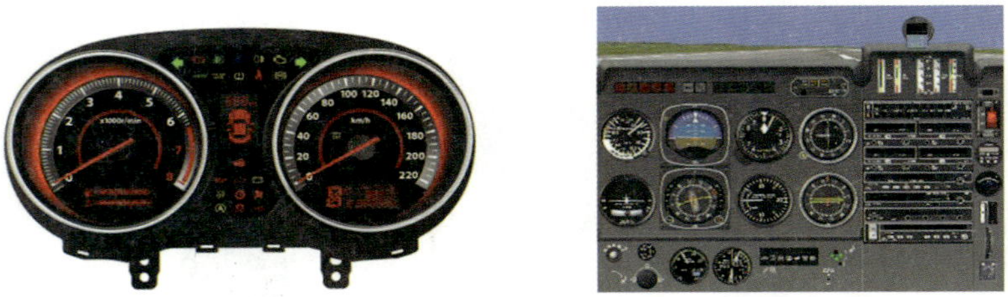

图 11–4　汽车和飞机上控制面板的仪器仪表

伺服电机当属近代工业的重要发明，它可以“精准”地控制电机微小的动作，达到精确的目标。伺服电机（Servo Motor）是指在伺服系统中控制机械元件运转的发动机，是一种辅助马达的间接变速装置。

伺服电机可使控制速度、位置精度非常准确，可以将电压信号转化为转矩和转速以驱动控制对象。伺服电机转子转速受输入信号控制，并能快速反应，在自动控制系统中，用作执行元件，可把所收到的电信号转换成电动机轴上的角位移或角速度输出。简单点说就是：平常看到的那种普通的电机，断电后它还会因为自身的惯性再转一会儿，然后停下。而伺服电机和步进电机是说停就停，说走就走，反应极快。从“精准”角度看，伺服电机是普通电机的一大跨越。

丝杠也是让机械行程更精准的产物，其精度可以控制到双零级，如图11–5所示。

图 11–5　伺服电机与精密丝杠

以上的例子是狭义的“精准”案例，广义的“精准”案例更多。例如人们细分市场，精准地定义客户群，制造适应这类客户群的特定商品。

人们把服装细分为高档、中档和低档服装，或者分为春夏秋冬四季装，或者分为童装、女装、男装、职业装、工装、休闲装、运动装、戏装、礼服等，可以精准地面向不同的着装需求。

人们还把洗涤用品分为洗发、洗面、沐浴、洗衣、洗碗、洁厕、去污等琳琅满目的不同种类商品，精准对接不同客户群。仅就洗发而言，人们还研制了去头屑、柔发、护发、生发、亮发、养发等不同系列产品，让产品细分的精准度越来越高。现在人们通常按用途把纸张细分为六大类：印刷用纸及纸板类；书写、制图及复制用纸及纸板类；包装用纸及纸板类；生活、卫生及装饰用纸及纸板类；技术用纸及纸板类；加工纸原纸类。

如果我们把某一类纸再精准细分，又有很多类型。就拿生活、卫生用纸而言，又可以分为餐巾纸、洁面纸、厕所卫生用纸、厨房卫生用纸等。

洗涤用品和纸的部分“精准”革新的案例如图11-6所示。

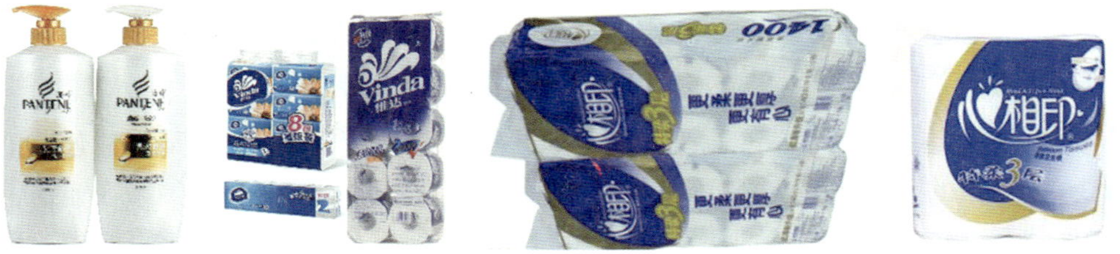

图 11-6 洗发水和卫生纸的“精准”细分产品

快捷酒店业更是“精准”革新的典型。锦江之星的首席运营官回忆当年创业时的环境：“在1995年前后，我们发现在国内旅游者的住宿需求与星级饭店的供给之间存在着巨大的鸿沟。许多国内旅游者抱怨在上海找不到合适的住宿设施，但是奇怪的是我们发现星级饭店的平均出租率还不到60%，非星级饭店的出租率水平甚至还要更低。在经过详尽的市场调查后，发现国内旅游者需要的是一种新产品，这种新产品的质量要比大部分星级饭店的质量高，但是价格要比大部分星级饭店的价格低。”所谓的“一星级的大堂，五星级的大床”是“精准”革新的主打方向，其他包括上网及办公条件的改进，同时舍去了很多奢侈的设施。让原来一家不入流的饭店，通过“精准”定位改造，更好地满足了出差频繁商务人士的实际需求。

精准医疗（Precision Medicine）是最近发展起来的医疗趋势。其本质是通过基因组、蛋白质组等组学技术和医学前沿技术，对于大样本人群与特定疾病类型进行生物标记物的分析与鉴定、验证与应用，从而精确寻找到疾病的原因和治疗的靶点，并对一种疾病不同状态和过程进行精确分类，最终实现对于疾病和特定患者进行个性化精准治疗的目的，提高疾病诊治与预防的效益。

我们再给大家讲一个有意思的“精准”故事。有人在男士用的小便池里印上一只苍蝇的图形，这只“苍蝇”就印在在排水口附近，偏左一点的地方。结果男士们在小便时就更“精准”地对正小便池，不至于流到池外了。还有一种设计就用一个挂着“小足球”的“球门”来引导人们准确小便。这两个发明主要利用心理学原理。如果给小便池的排水口设计为一个标靶，并用箭头作指示，那么势必会引起一些人的逆反心理，将会有一部分人反而故意地不服从上面的指示，故意尿到池外。但是这只无伤大雅的“小苍蝇”或者“足球门”却可以“邀请”大家去“进攻”。设计者是以一种不经意、温和、生动的方式感染和影响人的行为，如图11–7所示。

图 11–7　小便池里的“苍蝇”和“足球门”之精准创意

再给大家讲一个“精准”改变人生的故事。有一位青年在美国某石油公司工作，他所做的工作就是巡视并确认石油罐盖有没有自动焊接好。石油罐在输送带上移动至旋转台上，焊接剂便自动滴下，沿着盖子回转一周，作业就算结束。他每天如此，反复好几百次地注视着这种作业，枯燥无味，厌烦至极。他想创业，可又无其他本事。他发现罐子旋转一次，焊接剂滴落39滴，焊接工作便结束了。一天，他突然想到：如果能得将焊接剂减少一两滴，是不是能节省点成本？于是，他经过一番研究，终于研制出“37滴剂”焊接机。但是，利用这种机器焊接出来的石油罐，偶尔会漏油，并不理想。但他不灰心，又研制出“38滴型”焊接机。这次的发明非常完美，解决了漏油问题，而且节省了焊接剂。不久便生产了这种机器，改用新的焊接方式。虽然节省的只是一滴焊接剂，但那“一滴”却替公司增加了每年5万美元的新利润。这个青年，就是后来掌握全美制油业95%实权的石油大王——洛克菲勒。“精雕细琢”的变革改变了洛克菲勒的人生，能见别人所未见，才能做别人所不能做。

提起“精雕细琢”，我们还要给大家讲一个成功的日本人和日本公司的故事。生于日本兵库县的敷山高中毕业后就职于香川县一家高频处理服务公司。他的主要工作是将多块胶合板合在一起，利用高频加热、压紧。1969年自己租赁了一间小车库成立了自己的公司，叫尼普拉公司，为松下制造以亚克力板为材料的照明用具。后来开始用亚克力板制造鱼缸水槽，这引起了水族馆的关注。他成功地承包的第一个工程是位于屋岛山上的水族馆大水箱。黏合大尺寸的亚克力板要在板与板之间留出3mm的间隙，将黏合剂灌入其中。由于黏合剂冷却时体积收缩，需要随着黏合剂的硬化从两边加压，缩小板与板的间隙。此外，为了减少黏合后的压力变形，需要在黏合之后对板子整体加热再缓慢冷却。如果在黏合加热过程中有灰尘、气泡出现或者破裂，整个水槽将报废，损失巨大。他利用“给冰块之间灌水结冰互相黏结”的原理，将一块块巨大的亚克力板无缝透明地黏结在一起，并且研究开发出以液体亚克力为母材的黏合剂。就是这样精细的工作，敷山承接了冲绳美丽海水族馆和美国蒙特雷湾水族馆以及迪拜的巨大水族箱工程。2002年春天的一天，迎来给水箱注水的日子，精细的安装圆满成功，创造了世界吉尼斯纪录。2008年，迪拜的宽33m、高8.4m、厚75cm的水族箱再一次打破冲绳美丽海水族馆的吉尼斯世界纪录。这可谓“精雕细琢”革新的典型案例。

当今人们热炒的“大数据”技术，就是通过网络进行的“精准”革新技巧。美国的Target百货公司上线了一套客户分析工具，可以对顾客的购买记录进行分析，并向顾客进行产品推荐。一次，他们根据一个女孩在Target连锁店中的购物记录，推断出这一女孩怀孕，然后开始通过购物手册的形式向女孩推荐一系列孕妇产品。这一作法让女孩的家长勃然大怒，事实真相是女孩隐瞒了怀孕消息。

阿里巴巴每天有海量的交易和数据在其平台上跑着，他们通过对商户最近100天的数据分析，就能知道哪些商户可能存在资金问题，此时的阿里贷款平台就有可能出马，与潜在的贷款对象进行沟通。这让贷款的成功率大大提升。

实战课堂

很多工厂里的人都有这样的共识，设备维修可是个精细活。尤其是设备的安装调试，要严格按照出厂设备的标准进行，包括间隙调整、对中、平衡、公差、配合，一丝不差。否则，就会影响设备的运行精度或者平稳性。我们在检维修系统解决方案SOON里，曾对最后的N做了解释，就是要求企业建立设备的维修流程规范、技术规范和验收规范。这就属于管理上的“精准”，或者“精雕细琢”。为什么要有三大规范呢？光有技术规范和标准是不够的，如果对设备拆卸顺序、摆放方式、安装方式、试车调整方式不做规定，可能在检修过程中就会对设备造成伤害。某企业用钢丝绳吊出换热器，细细的钢丝绳将细细的管道都勒扁了，一边拆一边在破坏，这行不行？有的企业自己修设备，自己验收，有的让开设备的工人验收，也没有什么标准，里面的隐蔽工程根本不能发现，这样就草草验收生产了。结果在开车运行没多久就出了问题，造成返修或者严重影响生产进度。所以必须要规定验收的责任主体和验收标准。维修管理上的精细才能保证设备运行的精准。看来“精雕细琢”革新理念处处可用。

妙技锦囊

“精雕细琢”是工匠精神的精髓，也是一种工作技巧。“精”可以创造价值，当然“粗”同样可以创造财富，这是革新的两个方向。我们这里是想引导工匠以“精”取胜，通过“精”达到“准”。我们一方面用“精雕细琢”来引导工匠精益求精的工作风格，追求精准、精确和精细，另一方面想通过这种细微的聚焦来根本改变创造物的本质和功能，从而创造更好的功效和更高的价值。

第12技　伸缩自如

释义：“伸缩自如”是通过缩放、扩大与缩小、延展与压缩、展开与折叠所完成的革新技巧。

标识符号：

“伸缩”的革新例子很多，我们在嵌套给出的一些案例，如照相机伸缩支架、拉杆箱包应该也同时属于“伸缩”的革新技巧范畴。伸缩与嵌套有类似的内容，也有不同之处。

日常生活中有太多伸缩的例子。人们常常佩戴的眼镜，就能够伸缩，我们使用时打开两个眼镜腿架在两个耳朵上，不用时可以折叠缩小放到眼镜盒里。我们用的雨伞，平时就折叠缩小放到伞套里，使用时才打开。我们用的婴儿车，使用时打开，不用时可以折叠缩减占用空间，其他如折叠椅、瑞士军刀、伸缩卷尺，都大量应用了“伸缩自如”的革新技巧，如图12-1所示。

图 12–1　折叠伞、折叠椅、婴儿车、瑞士军刀、眼镜、卷尺的“伸缩”革新

关于伞的发明，说法很多。相传在4000年前，当时的部落首领黄帝与另一个部落首领蚩尤在涿鹿打仗。时值春末夏初，风刮土扬，烈日炎炎。黄帝命人在战车上撑起一个叫做“华盖”的用具，就是用来遮住阳光、挡住风沙。后来，黄帝打胜了。古人迷信，以为是“华盖”保佑的结果，因此视它为荣誉和权力的象征，黄帝走到哪里，华盖跟到哪里。所谓华盖就好像一顶圆形布盖子下边支着一根长棍，不能收拢也不能伸大，比较笨重。盖即伞的前身，只是盖与普通老百姓无缘。南北朝以后，一些官吏富有人家，让工匠仿制盖，采用绫罗丝绸当面料，骨架比盖小，又可撑可收的防雨遮阳的用具——伞问世了。流传较广而又有文字记载的还是那位神通广大的鲁班先师。据说鲁班在乡间为百姓做活，媳妇云氏每天往返送饭，遇上雨季，常常被淋。鲁班在沿途设计建造了一些亭子，遇上下雨，便可在亭内暂避一阵。亭子虽好，总不便多设。云氏突发奇想：“要是随身有个小亭子就好了”。鲁班听了媳妇的话，茅塞顿开。于是他依照亭子的样子，裁了一块布，安上活动骨架，装上把儿。世界上第一把“伞”就这样问世了。而据《玉屑》记载，伞是鲁班的媳妇为关心终日在外劳作的丈夫而发明的。孰是孰非，真是无法考证。

据传，公元前1100年，中国人已经使用伞，那时已经用伞表示身份。伞骨用竹或檀香木制成，上面覆以树叶或羽毛做的伞面。公元12世纪英语才出现“伞”这个词。以前一直只有阳伞，到1733年代，巴黎人用油布做伞面，才制成雨伞。1750年，英国的汉威到外国旅行后带了一把伞回伦敦，轰动一时。又有说，早在公元前1200年，埃及的贵族们外出旅游时常常要奴隶为他们撑太阳伞。罗马人用伞遮挡地中海地区的阳光。在英国，18世纪才开始使用雨伞。佰纳斯伞一度是女性的专用品，表示女人对爱情的态度。把伞竖起来，表示对爱情坚贞不渝；左手拿着撑开的伞，表示“我现在没有空闲时间”；把伞慢慢晃动，表示没有信心或不信任；把伞靠在右肩，表示不想再见到你。到了19世纪男人才开始使用伞。 由于英国多雨，伞是英国生活中不可缺少的一部分，成为传统的英国生活方式的象征，也成为伦敦商人和官员必备之物，英国人的象征——约翰牛就手中拿着雨伞。在文学作品、电影中伞也是不可缺少之物。英国于1969年还建立了伞博物馆。伞还有多种用途。伞有时被当做武器。1978年，一个被流放的保加利亚人在滑铁卢大桥上被刺客用伞尖刺伤，中毒身亡。有的伞柄可以喷洒胡椒粉，用来制止恶狗追咬。有的伞柄里有灯光可照明探路。至于折叠伞的发明，有说是英国人，也有说是德国人，还有说是日本人，的确很难考证，也不是本书研究的重点。我们所关注的只是这种“伸缩自如”变革的技巧而已。

可以伸缩自如的发明一直在不断积累，从早期的折叠帐篷，到四肢伸缩自如的机器人和机器驮驴，无所不在，如图12–2所示。

图 12–2　伸缩自如的帐篷、机器驮驴和机器人

机械类的伸缩最常用的是气缸活塞，无论是早年的蒸汽机、后来的汽车、发电机组、建筑机械、空压机等大量机械设备都应用这一原理。飞机起落架和笔记本电脑也属于伸缩的典型应用案例。图12–3给出了一些有关伸缩的设计案例。

图 12–3　气缸活塞、飞机起落架和笔记本电脑的伸缩革新设计技巧

说起起落架，人们忘不了霍华德·休斯，他并没有发明飞机，而是对客机提出了一系列的创新设计。比如他重新设计了可收放式起落架、连杆和连接件等收进机体内部，从而减小了飞行中的空气阻力。这种创新改进对二战时期的一系列战斗机设计都有影响。

生活中的伸缩设计比比皆是，简单的如可折弯的饮料吸管、日常用的伸缩扶梯（包括上下飞机的移动式伸缩扶梯）、节日用的折叠灯笼、我们平常用的折叠扇都属于此类革新，如图12–4所示。

折扇具有悠久历史。据记载，折扇起源于西汉，有说起源于东晋，也有说起源于南齐，还有说折扇在唐代由高丽传入，也有说是北宋年间由日本进贡传入，说法不一。折扇又名“撒扇”、“纸扇”、“繖扇”、“掐扇”、“摺迭扇”、“摺叠扇”、“聚头扇”、“聚骨扇”、“櫂子扇”、“旋风扇”，是一种用竹木或象牙做扇骨、韧纸或绫绢做扇面的能折叠的扇子。用时需打开，成半规形，聚头散尾。折扇内包含着“伸缩”的革新，也包含着“对称”的变革。

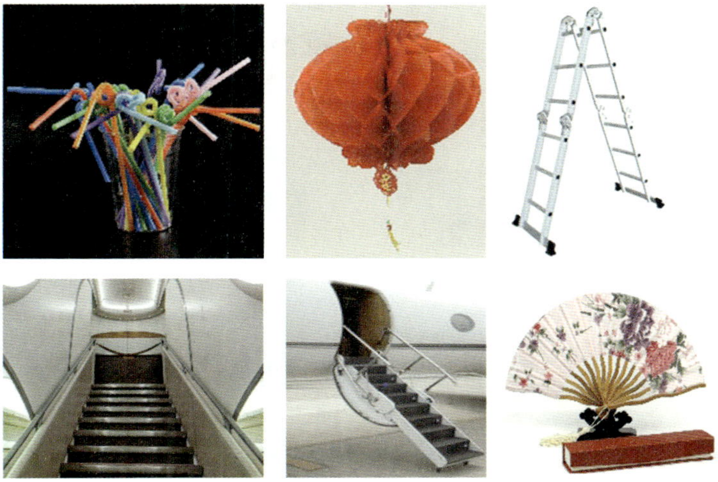

图 12-4　饮料吸管、折叠灯笼、伸缩扶梯和折扇的革新技巧

折叠灯笼在中华民族悠久历史中，扮演着重要的角色，象征着中华文明的灿烂，也象征国家的昌盛繁荣。在古代，其主要作用是照明，后来灯笼就成了中国人喜庆的象征。从种类上有宫灯、纱灯、吊灯等。从造型上分，有人物、山水、花鸟、龙凤、鱼虫等，除此之外还有专供人们赏玩的走马灯。

中国的折叠灯笼起源于1800多年前的西汉时期，每年农历正月十五元宵节前后，老百姓家家户户都挂起红灯笼，以示庆贺。后来灯笼就成了中国人喜庆的象征。灯笼的种类越来越丰富，花样也更多。据史料记载，唐代开元天宝年间的“上元灯节”曾“置百枝灯树，高八十尺，竖之高山，上元夜点之，百里皆见，光明夺月色”，成为当时一大景观。

唐宋时期，随着官定灯节假日的制定，彩灯的制作进入盛世。每逢元宵之夜，家家户户张灯结彩，远远望去，万家灯火，形成“月华连昼色，灯景杂星光”的瑰丽景色。

折叠自行车也属于“伸缩”革新的范畴。一般折叠车由车架折叠关节和立管折叠关节构成。通过车架折叠，将前后两轮对折在一起，可减少45%左右的长度。整车在折叠后可放入登机箱和折叠包内，以及汽车的后备箱。在折叠的过程中也不需要借助外来工具，可手动将车折叠展开。在折叠后通过座杆作为支撑点以使折叠后能立稳。折叠自行车携带、使用方便舒适。

而折叠家具则是突破传统家具的设计模式，通过折叠可以将面积或体积较大的物品尽量压缩。细细品味，会发现一种独特的美感，它们或拥有灵活自由的使用方式，或功能多样化，不仅能为居室腾出不少空间，而且兼具安全、便于整理、多功能、便于运输等优势。

伸缩门也是“缩放”革新的现代产物，被广泛应用，如图12-5所示。

图 12-5　折叠自行车、折叠家具和伸缩门的“缩放”革新

“伸缩自如”在机械制造上的变革，要数气缸活塞的发明最为典型。见过旧式火车的人都清楚，当曲轴旋转时，通过连杆的传动，活塞便做往复运动，由气缸内壁、气缸盖和活塞顶面所构成的工作容积则会发生周期性变化。活塞从气缸盖处开始运动时，气缸内的工作容积逐渐增大，这时，气体即沿着进气管，推开进气阀而进入气缸，直到工作容积变到最大时为止，进气阀关闭；活塞反向运动时，气缸内工作容积缩小，气体压力升高，当气缸内压力达到并略高于排气压力时，排气阀打开，气体排出气缸，直到活塞运动到极限位置为止，排气阀关闭。当活塞再次反向运动时，上述过程重复出现。总之，曲轴旋转一周，活塞往复一次，气缸内相继实现进气、压缩、排气的过程，即完成一个工作循环。

变频器是广义的“伸缩自如”概念，是电参数的“缩放”，同样的原理应用还有变阻器、变容器、音频放大器以及其他电磁参数的“缩放”等。

广义的伸缩——扩大与缩小，内容就更加丰富了。人们将电机用于带动机械运动，早期使用的电机是按照人的比例大小设计的。在不同工况的需求驱动下，人们研制了巨大的电机，也设计制造出各种微电机。人们用牛头刨和铣床来加工平面，当工件巨大时，人们就发明了巨大的龙门刨和龙门铣床。人们还研究了微小的内窥镜深入体内或者机器管道内探测。人们还研究了纳米机械，进入人的血管脏器工作，用于疏通或者微创手术。扩大和缩小都是一种革新，因为无论扩大与缩小都会遇到一些新问题需要解决。图12-6给出几个典型案例的图片。

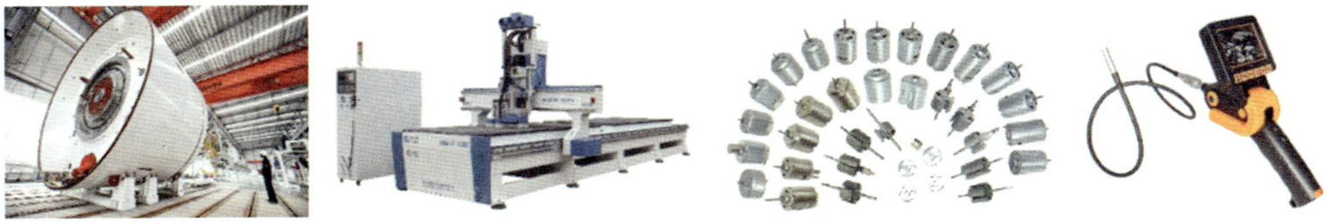

图 12–6　盾构机、龙门刨、微电机和内窥镜图片

另外一类广义的“缩放”是电子数码的压缩和解码技术，包括电子文件的压缩和解码，例如一些存储器的发明，从早期的碟片，到现在的U盘，体积越来越小，而存储量越来越大。VCD的发明也是数码压缩和解码的“缩放”变革案例。

实战课堂

在TnPM体系里，有现场管理四要素，就如同一把四功能可折叠的瑞士军刀。当我们需要清除六源活动时，就将这一模块延伸，重点进行；当我们需要可视化管理辅助，这一模块就可以大展身手。其实检维修系统解决方案也是如此，也有四个模块，而每一模块都可以看成一把小型瑞士军刀。就拿其中的维修策略来说，我们所给出的策略集合有十几种，包括定期维修、事后维修、状态维修、赛车式维修等，每一策略就像是一个可展开、可折叠的工具，视企业的需要而发挥作用。其实从更广的意义上说，TnPM就是一把复合式的瑞士军刀，里面包含了很多工具包，也就是可以展开出许多小军刀，而小军刀又可以折叠展开出一个个小工具。企业要结合自身的实际，做“伸缩自如”的运用。

妙技锦囊

“伸缩自如”革新方法既可以用于有形的伸缩，如体积、面积、重量、长短等，也可以应用于无形的伸缩，包括频率、功率、振幅、能量、强度、照度、磁通量、电量、辐射、黏性等。这里给工匠们留下很多想象和创意的空间。

第13技　留有余地

释义：“留有余地”是设计与革新的容错、给出冗余量、留出冗余方案和手段的手法，避免因为主系统崩溃而造成的更大损害。通过这样的设计对原系统加以补救、加固，提升系统的可靠性和可持续性。

标识符号：

“留有余地”是革新设计的重要原理，为了避免某一机制的失效，采用另外原理机制，另外动力的设计可以加以补充或者补救，即为冗容设计。

越是关系人身安全的设施，这样的设计就越有必要。轮船上的救生船、救生衣、救生圈，飞机上的氧气面罩、救生衣就是属于冗容设计。人们并不希望这些物品真正用上，但必须具备，以防万一。如图13-1所示。

图 13-1　救生船、救生衣、救生圈、飞机滑梯的冗容设计

飞机上的双发动机是冗容设计的另外典型的例子。飞机的双发动机，或者多发动机，目的也是一样的，当其中一台发动机失效，还能保证飞机的动力。战斗机的弹跳仓和降落伞也是冗容设计，当飞机被敌机摧毁，通过弹跳仓将飞行员弹射出机舱，让飞行员跳伞逃生。图13-2给出上述冗容设计的案例。

图 13-2　飞机双发动机、战斗机的弹跳仓设计

汽车上的多原理制动系统。按功能划分为行车制动系、驻车制动系和辅助制动系。行车制动系是由驾驶员用脚来操纵的，故又称脚制动系，它的功用是使正在行驶中的汽车减速或在最短的距离内停车。驻车制动系是由驾驶员用手来操纵的，故又称手制动系，它的功用是使已经停在各种路面上的汽车驻留原地不动。第二制动系是用于在行车制动系失效的情况下，保证汽车仍能实现减速或停车的一套装置。在许多国家的制动法规中规定，第二制动系也是汽车必须具备的。经常在山区行驶的汽车以及某些特殊用途的汽车，为了提高行车的安全性和减轻行车制动系性能的衰退及制动器的磨损，用以在下坡时稳定车速，还设计了辅助制动系。按制动能量传输又可以分为机械式、液压式、气压式、电磁式、组合式。

按回路多少分为单回路制动系、双回路制动系。按能源分为人力制动系、动力制动系、伺服制动系。这些冗容设计都是为了行车的安全。

汽车上还设计了多逃生通道，以便乘客遇到紧急情况时顺利逃生。在出现意外情况下，除了逃生通道，还预备了可以砸碎玻璃的安全锤等，如图13–3所示。

图 13–3　汽车多制动和逃生通道、安全锤设计

另外，楼宇的防火通道、降落伞备用伞包等也属于为保证安全的冗容设计，而飞机洗手池的感应+按键冲水则属于另外情况，目的在于万一感应方式失效，还能够保证手动出水，如图13–4所示。

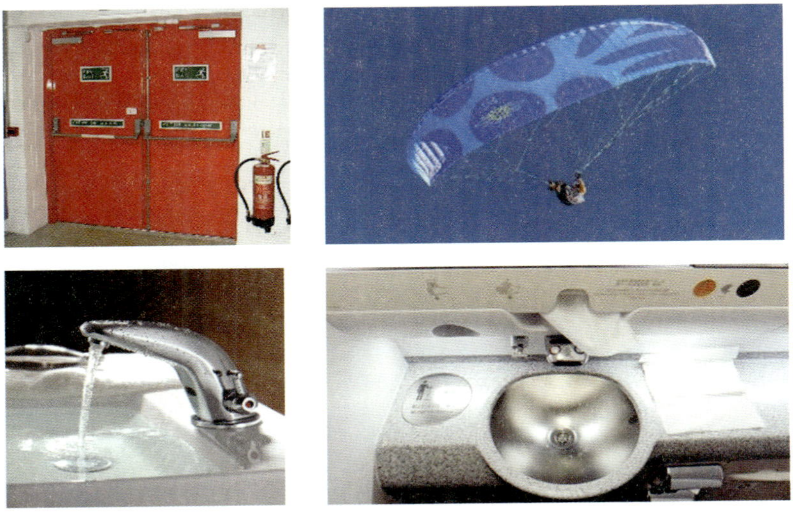

图 13–4　防火紧急逃生门、降落伞备用伞包和感应+按键出水的洗手池

在化工设备系统里常常有一种备机设计，即当一台主机出现问题，另外的备机马上启动，以避免全流程的停机。这种备机设计虽然会造成某些投资冗余，但与全线停机损失比较，其投入产出比还是很高的。

在通信工程中，“冗余”指出于系统安全和可靠性等方面的考虑，人为地对一些关键部件或功能进行重复地配置。当系统发生故障时，比如某一设备发生损坏，冗余配置的部件可以作为备援，及时介入并承担故障部件的工作，由此减少系统的故障时间。“冗容”尤用于应急处理。“冗容”可以存在于不同层面，如网络冗余、服务器冗余、磁盘冗余、数据冗余等。

另外一个“冗余”变革的例子是倒计时红绿灯，它通过计时器告诉过马路的人和车辆红灯剩余的持续时间，可以提醒往来行人及车辆做好准备。最近在哈尔滨大街上还出现了“会说话”的红绿灯。不少行经哈尔滨中央大街、友谊路等地的市民发现，街头竟出现了会说话的信号灯。记者采访获悉，原来这是交警部门安装的“视障人士声响辅助器”，不但能给视障人士提供帮助，对其他行人也是一种提醒和规范。每当行人过街，信号灯为红灯时，就会反复响起“红灯，请留步”的语音提示，当信号灯为绿灯时则提示“绿灯，请过马路”，并伴有急促的提示音。考虑到习惯边过马路边玩手机的市民，这种新型信号灯会及时提醒行人，注意安全。这是安全“冗容”革新的很好例子。

下面给大家讲一个“冗余”服务的小故事。一位顾客到理发店理发，突然下起了大雨，理发到一半时他的手机响了，他的老板让他立即将一份拟好的协议打印出来，送到客户的公司。这下可把那位顾客急坏了，望着窗外的大雨和镜子里刚理了一半的头发，他进退两难，思考再三，他最后还是放弃理发，带着“新发型”跑出去，冒着大雨去打印协议，显得十分狼狈。理发店的老板发现平日来理发的顾客多是周边写字楼里的白领，他们常常是趁工作空闲时偷溜出来理发。于是，一项新的服务很快就在理发店诞生了。经过了策划，理发店老板置办了各种办公设备，包括电脑、打印机、复印机等。如果顾客临时接到任务，或是需要及时处理一些文档，可以在理发店完成。这项服务一推出，就吸引了那些每日工作繁忙的顾客，这样理发时就不用战战兢兢了。理发店反而依靠这个特色服务，赢得了众多白领的口碑和光顾。这也算是一种“冗容”革新吧。

在我们的生活中，为残疾人行走的专用路线，酒店旅馆里的备用雨伞，备用盥洗用品、保险柜、迷你酒吧和冰箱，楼宇里的双电梯加行走楼梯，建筑物里的紧急照明灯，方程式赛车的检修人员，高速公路边上的临时停车道，汽车的临时停车三角路牌和双闪灯，汽车上的备用轮胎，轮船上的救生艇，餐厅里的打包餐盒，工厂里阀门上用的安全锁扣都属于“冗余”设计的内容，如图13-5所示。

“留有余地”也是为人处事的哲理。话说有一个佛门弟子，做事非常认真，日夜参禅，可是收效甚微。一天，他去请教师父，师父听后，给他一个葫芦、一把盐，说：“你把葫芦装满水，再把盐放进去，让它很快地溶化。”弟子立即照办。可过了一会儿，他又来找师父，说：“师父，水太满了，摇不动啊。想用筷子进去搅，可葫芦口又太小了，进不去。所以，这盐都沉到下面去了，化不了啊！”师父听后笑着说：“呵呵，那还不好办嘛，你先把葫芦里的水倒掉一些，然后再用力摇一摇，看看如何？”徒弟又立即按照师父说的去做了。果然是立竿见影，葫芦里的盐很快就溶化了，清水变咸水了。这一下，徒弟终于悟出了其中的“真谛”。原来，留有余地往往有利于事情的成功。

图 13–5　汽车备胎、安全锁扣、安全气囊、应急通道、紧急停车标志以及应急灯的“冗余”设计

话说有这么一天，一只狼发现山脚下有个洞，是各种动物的必经之路。狼非常高兴，它想，守住山洞就可以捕获到各种猎物。于是，它堵上洞的另一端，单等动物们来送死。第一天，来了一只羊，狼追上前去，羊拼命地逃。突然，羊找到一个可以逃生的小偏洞，仓皇逃窜。狼气急败坏地堵上这个小洞，心想，以后看你们往哪里逃！第二天，来了一只兔子，狼奋力追捕，结果，兔子从洞侧面更小一点的洞口逃生。于是，它把这类小洞也都给堵上。心想，这下可万无一失了！第三天，来了一只松鼠，狼飞奔过去，追得松鼠上蹿下跳。最终，松鼠从洞顶上的一个通道跑掉。狼非常气愤，于是，它堵上了山洞里的所有窟窿，把整个山洞堵得水泄不通。狼洋洋得意地等待其他动物来到这个山洞。第四天，来了一只大老虎。这下狼可吓坏了，拔腿就跑。老虎穷追不舍。狼在山洞里跑来跑去，由于没有出口，就是无法逃脱。最终，这只狼被老虎吃掉了。狼堵住了其他动物的出路，也没有给自己留下出路。看来，“留有余地”是有道理的。

实战课堂

TnPM安全宪章提出1%法则和过敏式安全管理，都属于“留有余地”的革新理念。客观世界，1%的疏漏，可能造成100%的损失。挑战者号升空，因为一个小小的密封圈失效，导致7位年轻的宇航员灰飞烟灭！如果我们的制造商再细心一些，如果我们的安装者再仔细一些，如果……如果……我们在过敏式管理方法里指出，如果99次无用的预防行为并没有遇到发生事件的危险，而只有1次真正预防了事件的发生，那100次的预防行为都是值得的。通过这种带有冗余性质的预防式管理，推进TnPM安全管理体系的企业有效地降低了安全事故的发生概率，创造了长周期零事故的卓越纪录。其实不仅是安全管理体系，例如我们在设备管理中设计的点检制度也是如此，100次的巡回检查并未遇到故障的隐患，如果1次让我们的点检人员发现，从而采取措施避免了重大故障的发生，那冗余的99次都是值得的。这种“留有余地”的革新技巧让生命留有生存的余地，让设备留有正常运行的余地。

妙技锦囊

综上所述，无论是哲学思想还是方法技巧，“留有余地”都是重要的行事原则，也同时是工匠革新的重要抓手。“留有余地”是通过冗余、加大保险系数、留有出路、给出空间方式的革新技巧。在关系到人类生命的场合，这种革新的意义尤其明显；除了减少对人类的伤害，“留有余地”还可以用于减少其他方面的损失，包括对环境、野生动物、财产等的影响。“留有余地”的应用潜在空间十分广阔。

第14技　草船借箭

释义：“草船借箭”是通过借能、借势、借力的形式进行变革的技巧。大自然和人造系统蕴含着大量无用的、被浪费的能量，如果手段合适，机巧适宜，完全可以引导过来，为我所用。

标识符号：

“草船借箭”是《三国志》中脍炙人口的故事。当时曹操率大军要征服东吴，孙权、刘备联合抗曹。孙权手下大将周瑜智勇双全，但心胸狭窄，妒忌诸葛亮的才干。因水中交战需要箭，周瑜要诸葛亮在十天内负责赶造十万支箭，哪知诸葛亮只要三天，还愿立下军令状，完不成任务甘受军法处罚。周瑜想，三天不可能造出十万支箭，正好利用这个机会来除掉诸葛亮。他一面让军匠们不要把造箭的材料准备齐全，另一方面命大臣鲁肃去探听诸葛亮的虚实。鲁肃见了诸葛亮。诸葛亮说：“这件事要请你帮我的忙。希望你能借给我20只船，每只船上30个军士，船要用青布幔子遮起来，还要一千多个草把子，排在船两边。不过，这事千万不能让周瑜知道。”鲁肃答应了，并按诸葛亮的要求把东西准备齐全。两天过去了，不见一点动静，到第三天四更时候，诸葛亮秘密地请鲁肃一起到船上去，说是一起去取箭。鲁肃很纳闷。诸葛亮吩咐把船用绳索连起来向对岸开去。那天江上大雾迷漫，对面都看不见人。当船靠近曹军水寨时，诸葛亮命船一字儿摆开，让士兵擂鼓呐喊。曹操以为对方来进攻，又因雾大怕中埋伏，就派六千名弓箭手朝江中放箭，雨点般的箭纷纷射在草把子上。过了一会，诸葛亮又命船掉头逃跑，让船的另一面受箭。太阳出来了，云拨雾散，诸葛亮令船赶紧往回开。这时船的两边草把子上密密麻麻地插满了箭，每只船上至少有五六千支箭，总共超过了十万支。鲁肃把借箭的经过告诉周瑜时，周瑜感叹地说：“诸葛亮神机妙算，非我所及也。”诸葛亮借能、借料，巧妙之极。

我们这里是借用“草船借箭”这个典故来导出的一种革新技巧，引导工匠巧妙地借力使力，为构造物创造功效和价值。

人类古时候用水车车水灌田，用水车舂米都是典型的“借能”革新案例，如图14-1所示。

图 14-1　水车灌溉、水车舂米、驴拉磨以及风车的借能革新

风车是一种带有可调节的叶片或梯级横木的轮子用来收集风力机械能的装置。在中国，使用风车的历史很早。在辽阳三道壕东汉晚期的汉墓壁画上，就画有风车的图样，距今已有1700多年的历史。明代开始应用风力来驱动水车以灌溉农田。

在欧洲，第一架见于记录的风车是公元1180年诺曼底的一个风车，这种风车有一个卧式的主动轴和垂直的帆翼，所以许多人认为这很可能和10世纪有垂直主动轴的东方风车无关，而是欧洲人自己发明的。到19世纪，风车的使用达到全盛时期。据记载，当时仅荷兰就有一万多架风车，美国农村更有一百多万架风车。到20世纪初，丹麦还保留有十多万架风车。在英国、希腊等岛屿国家的乡村中，都广泛地使用风车。在一些动力资源缺乏和交通不便的草原牧区、沿海岛屿，仍然用它的动力来进行一些工作。

瓦特发明了蒸汽机，代表第一次工业革命的开始。蒸汽机其实就是“借能”于加热蒸汽的案例，通过蒸汽推动活塞，通过活塞和连杆带动轮子的转动，出现了第一部蒸汽机车。汽轮机是在蒸汽机基础上发展起来的，原理相近，如图14-2所示。

图 14–2　瓦特发明的蒸汽机、早期的蒸汽机车、内燃机结构与应用的内燃机

人类通过“借能”进行革新的案例十分丰富。例如电的发现，人们通过煤炭的热能转化为蒸汽机，带动发电机发电，我们称之为火力发电。后来发展出燃油发电、燃气（天然气）发电、核电等，更广泛的应用还包括风力发电、光伏发电、海浪发电、水力发电等，如图14-3所示。

图 14-3　火电站、水电站、核电站、风力发电、海浪发电及光伏发电

风力发电机是将风能转换为机械功，机械功带动转子旋转，最终输出交流电的电力设备。

太阳能光发电是将太阳能直接转变成电能的一种发电方式。它包括光伏发电、光化学发电、光感应发电和光生物发电四种形式，在光化学发电中有电化学光伏电池、光电解电池和光催化电池。

前面曾经谈到的降落伞也是“借能”的例子，高空跳伞意味着将势能转化为空气与伞壁的摩擦热能以及动能，也是能量转化的过程。厕所里马桶的水箱浮球，是利用水的浮力来完成一些动作，而吊车与电梯的平衡重物也是利用重力进行作业力的平衡，如图14–4所示。

图 14–4　水箱浮球、起重机平衡重物、降落伞、电梯对重的“借能”革新

自来水笔是利用重力让墨水缓缓流出，用于书写。而机械设计里的冷却系统则是利用空气、水和油液的循环，带走热量，达到输送能量的作用，我们通常称之为空冷、水冷、气冷系统，如图14–5所示。

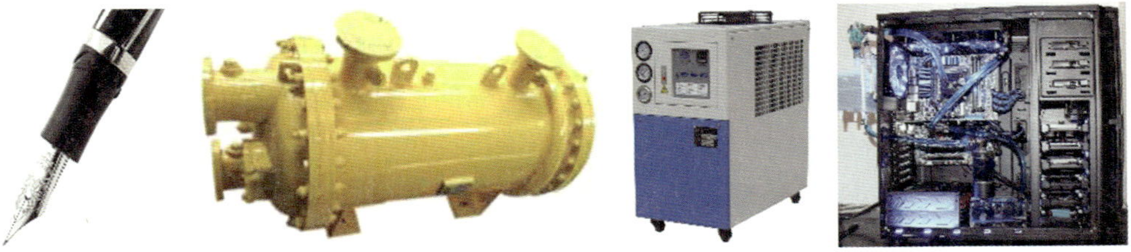

图 14–5　自来水笔、油冷、气冷、水冷系统的“借能”革新

自来水笔的“借能”变革历经曲折。就拿钢笔来说，1809年，英国颁发了第一批关于贮水笔的专利证书，这标志着钢笔的正式诞生。早期的贮水笔，墨水不

能自由流动。写字的人压一下活塞，墨水才开始流动，写一阵之后又得压一下，否则墨水就流不出来了。这样写起字来当然很不方便。1829年英国人詹姆士·倍利成功地研制出钢笔尖。它经过特殊加工，圆滑而有弹性，书写起来相当流畅，深受人们的欢迎。然而，这种笔必须蘸墨水书写，十分麻烦。到1884年，美国一家保险公司的一个叫华特曼的雇员，发明了一种用毛细管供给墨水的方法，比较好地解决了上述问题。这种笔的笔端可以卸下来，墨水用一个小的滴管注入。

最早的能够自己吸墨水的笔出现于20世纪初期，采取了一个活塞来吸墨水。当笔中采用了皮胆后，就要用一个铁片插入一个缝中去挤压皮胆来吸墨水。到1952年，又出现了用一根管子伸进墨水中吸水的施诺克尔笔，直到1956年，才发明了常用的毛细管笔，当压住笔尖时，墨水可以从笔尖的细缝中持续缓缓流出用于书写。

提起自来水笔，还引出另外一个“借能”类型的发明。一名佳能工程师不小心将一个加热过的熨斗放在了钢笔上，墨水从笔尖喷了出来。他随后根据这一原理发明了喷墨打印机。

在水上，我们用气垫船来输送旅客，在空中，人们发明了氢气球用来运输或者从事气象活动，是另外一种借力，借的是水和空气的浮力。而电梯井下的弹簧可以减少在电梯坠落时的损伤，汽车底盘的弹簧可以减少汽车的颠簸，则借的是弹力。如图14-6所示。

图 14-6　气球、气垫船和汽车弹簧的借力设计

棉花与浓硝酸和浓硫酸的混合酸发生作用后，就制成了俗名为火棉的炸药。其原因是硝酸能提供大量的氧，足以使棉花剧烈地燃烧。火棉燃烧时，有大量的热放出去，生成大量的气体——氮气、一氧化碳、二氧化碳与水蒸气。据测定，火棉在爆炸时，体积竟会突然增大47倍！火棉的燃烧速度更是让人大吃一惊，它能够在几万分之一秒内完全燃烧。无色无味的氧气在极低的温度、很高的压力下，会凝结成浅蓝色的液态氧气。把棉花浸在液态氧气里，就成为一种液氧炸药。一旦用雷管起爆，爆炸起来，威力十分巨大。炸药也是典型的“借能”革新，其能量来自炸药里的化学能。

提起炸药，我们会想起不怕死的工匠诺贝尔。1850年，诺贝尔在巴黎学习化学，后随父亲辗转圣彼得堡和瑞典，他开始研究硝化甘油炸药。1862年进行引爆试验，发明了“诺贝尔发火件”，就是导火索的前身。他发现了安全制造硝化甘油的方法，冒着一次次爆炸的危险进行试验改进，在发火件基础上又发明了雷管，相继成功发明了高速爆炸炸药、缓性炸药、特征炸药、兵工炸药、燃烧炸药等，被誉为“炸药之父”。

下面这个故事是广义的“借能”案例。美国西雅图华盛顿大学的校方曾经选择了一处地点，准备在那里修建一座体育馆。消息一传出，立即引起了教授们的强烈反对。没想到，学校很快便顺从了教授们的意愿，取消了修建体育馆的计划。原来，教授们之所以抵制校方的计划，是因为这个拟建的体育馆选定的位置在校园内的华盛顿湖畔。一旦场馆建成，就遮挡了教职工从餐厅欣赏美景的视线。

为什么校方会如此尊重教授们的意见呢？原因是与当时美国的平均工资水平相比，华盛顿大学教授们的工资要低20%左右。为何华盛顿大学的教授们在没有流动障碍的前提下自愿接受较低的工资呢？很多教授之所以留下完全是出于留恋西雅图的湖光山色。西雅图位于北太平洋东岸，华盛顿湖等大大小小的水域星罗棋布，天气晴朗时可以看到美洲最高的雪山之一雷尼尔山峰，开车出去还可以看到一息尚存的圣海伦火山。因为在华盛顿大学教书可以享受到这些湖光山色，所以很多教授愿意牺牲获取更高收入的机会。他们的这种偏好，被华盛顿大学的经济学、心理学教授们戏称为“雷尼尔效应”。由此看来，华盛顿大学教授的工资，80%是以货币形式支付的，而20%是由美好自然环境的“风景能”来补偿的。如果因为修建体育馆而破坏了这种景观，就意味着工资降低了20%，教授们就会流向其他大学。那样的话，华盛顿大学就不能以相对低的货币工资聘请到高水平的教授了。这种广义的“借能”，是借助自然旖旎风光的能量来留住人才，也很值得好好研究。

实战课堂

TnPM是以设备为主线的管理体系，主导这项工作的自然是工厂的设备管理部门。但体系的推动常常是借力使力，充分调动其他相关职能部门的积极性，发挥他们的主动性，共同参与进来。例如一些工厂将体系中的一点建议OPS交给工会负责；将全员参与的一点课程OPL交给人力资源部门负责；将自主维护AM交给生产部门或者车间负责；将检维修系统解决方案SOON体系放在设备部门；而将TnPM的绩效评价与激励放在企管部门。这样，各个职能部门与自己的本职工作紧密结合，能够各自发挥自己的特长，让体系的推进有声有色。在一些国有企业，我们还提出“党政工团”四位一体的推进模式，让党团工会组织在体系活动中推波助澜，效果十分突出。这应为管理创新上的“草船借箭”。

妙技锦囊

“草船借箭”是通过借能、借势、借力方式的革新技巧。三国诸葛亮的“草船借箭”蕴含着大智慧，包括对气候的了解、对敌人的熟悉等。“草船借箭”会让我们的工匠开拓思路，主动思考如何利用大自然和周围环境中被遗弃浪费的资源，创造价值。在全球资源紧张、能源匮乏的当今时代，“草船借箭”的革新技巧一定会大有用武之地。

第15技　五味俱全

释义：“五味俱全”即通过味道、气味以及气体浓度的变化进行的革新技巧。这一革新主要针对人的嗅觉、味觉、触觉以及除了声、光之外的其他感官，通过给感官带来的享受或者刺激，产生某种功效。

标识符号：

人类在利用气味、味道和浓度的变化革新历史悠久，而且内容十分多彩。

所谓气味：气味 = 气 + 味。气就是气体，挥发物，它是一种物质，通常是小分子，所以容易变成气体。味是感官感知，相当于传感器，是指分子作用在感官表面后产生物理量的改变，产生的信号通过神经传到大脑。所以，气味不是指一种物质，而是物质之间相互作用的过程。

北魏贾思勰《齐民要术·蔓菁》中写道：“九英，叶根麤大，虽堪举卖，气味不美。” 唐杜甫《谢严中丞送青城山道士乳酒一瓶》中：“山瓶乳酒下青云，气味浓香幸见分。” 宋梅尧臣《答王德言遗柑》中：“ 荆州持大橘，亦自名黄柑；忽得洞庭美，气味何可参。”这些都是古人对“气味”的描述。

大家都知道法国巴黎的香水十分有名，却不知300年前的巴黎，空气中散发着阵阵腐臭，路易十四死后摄政的奥尔良大公菲利浦的母亲在一封信中写道：“大街上臭气熏天，由于酷暑鱼肉腐烂，再加上成百上千的人在大街上随处小便，令人作呕。” 那时巴黎的空气中散发的恶臭还与腐败的尸体有关。18世纪的巴黎是一个拥有60多万人口的大都市，当时死者的遗体只是埋入土中，任其自然腐败。由于墓场与居民区和市场相邻，腐烂的尸体臭味，非常难闻。从18世纪末开始，巴黎当局花了两年时间才把以往积累的两百万具遗骸转到巴黎南部的采石场深埋。

另一个臭源来自身体。据传，法国国王路易十四64年间才洗过一次澡，这一惊人纪录保留在路易十四的御医每天为他做的身体状况的详细笔记上。根据当时的常识，洗澡是一种医疗手段，如果没有医生的吩咐，就是巴黎上流社会的绅士、淑女也绝不轻易洗澡。当时的医学常识认为，体臭越强烈说明身体越健康。在这种“时尚”推动之下，今天看来雍容华贵的巴黎社交界，其实气味并没那么高雅。尽管体臭是优异的标志，但毕竟难闻，于是用来与体臭抗衡的香水便应运而生。那时最受欢迎的是动物性香料，如龙涎香、麝香、麝猫香一类。

到18世纪中叶以后，动物性香料由于气味过于呛人而逐渐失去巴黎人的青睐，于是巴黎人的兴趣又转向了植物性香料。柠檬、橘子、玫瑰花等都可以制成香袋、香水。法国南部的里维埃拉沿海气候湿润，当地小镇格拉斯就成了用来制成香水的各种鲜花的栽培中心。直到今天，这里仍是制造香水的重要地区。风靡世界的香奈儿5号香水就诞生于此。它也为法国赢得了“香水之国”的美誉。

说起香奈儿5号香水还有段传奇故事。菲律宾的一个渔夫，走进一家昂贵的精品店里，他没有开口说任何话，只是沉默地伸出五根手指，就买到了他所想要的一瓶香水。香奈儿的5号香水，让5号成为香水界的一个魔术数字，代表一则美丽的传奇。为什么命名为5号呢？5是香奈儿女士的幸运数字；在调香师恩尼斯波呈现给香奈儿女士的众多香水样品中，她选择了第5支；而5号香水的发表日期，恰在5月25日，正好与香奈儿第5场时装发表会同时举行，因此，“5”成为一个与香奈儿密切相关的传奇数字。

由梦工厂和百代出品的犯罪奇幻电影《香水：一个谋杀犯的故事》曾经有这样的情节描述：在繁华城市角落深处，肮脏的贫民窟里却诞生了一位嗅觉天才让·马普蒂斯特·格雷诺耶。事实上，普通人平均能够辨识出4000种气味，而格雷诺耶则出奇般地可以辨识出上万种物质的气味。这个从肮脏恶臭的鱼贩子肚子里爬出来的小子，在被母亲无情地抛弃在鱼摊下面的死鱼堆之后，凭借着顽强的生命力活了下来。并且从小在孤儿院长大的他对任何事都漠不关心。整日沉浸在鼻子对各种气味的狂热地探求当中。他甚至能记住闻过的任何气味，而且能根据微弱的气味感受到周围很远处的东西——苹果中的虫子、藏在砖后的钱、甚至几个街区之外的女人的香味。凭借着对香味的无比热忱和一次送皮货上门的机会，已经长大成人的格雷诺耶成了巴黎一位著名的香水制作大师巴尔蒂尼的学徒，跟他学习制造各种气味的奇妙技术，这份工作无疑进一步助长了他对气味的迷恋。当他爱上青春期少女散发出的神秘体香之后，保存这种香味的欲望很快导致他走上了杀手的道路。由于没有留下任何踪迹和气味，格雷诺耶轻易逃过了法律的制裁。13个如花般的少女被他疯狂地接连杀害。他那梦寐以求的“最伟大香水”也就此完成。愚昧的世人在享受这伟大香气的同时居然忘情地无所顾忌，一向自大的主教也折服于这香气面前，连环杀手也差点成了被害人家属的至亲。故事的结尾，目睹了“最伟大香水”无敌魔力的格雷诺耶却最终与这终极香气一同飘散在了巴黎肮脏的空气中。这是一个和“味变”相关的动人故事。

产生气味的香料，历史也很悠久，可以追溯到5000年前。黄帝神农氏时代，早有采集树皮、草根作为医药用品来驱疫避秽。当时人类对植物挥发出来的香气已经非常重视，又加以自然界花卉的芳香，对它产生了美感。因此，在上古时代就把这些有香物质作为敬神拜佛，清净身心之用，同时也用于祭祀和丧葬，后逐渐用于饮食、装饰和美容上。我国在夏、商、周三代前就开始了对香料的使用。

在1897年，开掘公元前3500年埃及皇帝曼乃斯古墓时，发现美丽的油膏缸内，其膏质仍有香气，似是树脂或香膏。该物品现可在美国和开罗博物馆内看到。当时的僧侣可能是采集、制造和使用香料、香油或香膏者。印度、希腊等文明古国也是最早使用香料的国家。

与香料类似的还有香精、香水、清新剂、除臭剂等物质，如图15-1所示。

图 15-1　香水、空气清新剂及除臭剂的“味变”革新

研究表明很多植物液是可以消除异味的，例如鹿蹄草提取液可以消除烟草味，柏木提取液可以消除腐臭味。植物液除臭过程是很复杂的，但是基本原理是通过离子力结合后，再气相溶解，然后发生化学反应。经过雾化后的植物液进入空中后形成薄雾，小液滴表面带有静电将臭气分子吸引或吸附从而完成消除异味分子的过程。

有一类“味变”是反向的，例如有些家庭用的煤气或者天然气是无味的，一旦泄漏将会导致人不知不觉地中毒。为了警示作用，这种可燃气体的供应部门将供应的气体故意加入一些无毒有臭味的气体。一旦泄漏，人们更容易识别。

煤气泄漏报警器是非常重要的燃气安全设备，是“味变”革新的产物。它通过气体传感器探测周围环境中的低浓度可燃气体，通过采样电路，将探测信号用模拟量或数字量传递给控制器或控制电路，当可燃气体浓度超过控制器或控制电路中设定的值时，控制器通过执行器或执行电路发出报警信号或执行关闭燃气阀门等动作。

再说一则关于乙醚的反向“味变”故事。有一天，一位中年男子喊着牙痛进了医院让莫顿医生拔牙。奇怪的是，这位中年男子说没拔牙时痛得要命，而拔牙时反而觉得不痛了。莫顿也觉得奇怪，环顾一下四周，莫顿看见装乙醚的瓶子没盖，是不是因为乙醚的缘故呢？后来，莫顿发现，的确患者闻了乙醚味就不会感到疼痛了。于是，每次为患者拔牙时，他都用一块浸了乙醚的手帕盖在患者的鼻子上。结果，找他来拔牙的人络绎不绝。经过多次试验证明，乙醚可以用于多种外科手术，从此以后，乙醚麻醉法便走向世界并一直使用到今天。

谈到“味变”，也有一种不让人愉快的发明，那就是催泪瓦斯，也称催泪弹。催泪弹中装有镁铝、硝酸钠和硝酸钡等物质。引爆后，镁在空气中迅速燃烧，放出含紫外线的耀眼白光，同时放出的热量使硝酸盐分解，氧又进一步促进镁、铝燃烧。里面还装有易挥发的液溴，它能刺激人的敏感部位——眼鼻等器官黏膜，催人泪下。有时还装有毒剂——西埃斯，它会引起大量流泪、剧烈咳嗽、喷嚏不止，令人难以忍受，严重的可导致死亡。

每个人的生活中都充满了笑，这种笑是受感情支配的。可有这样一种气体，只要你一闻到它，就会情不自禁地大笑起来。这种气体被称为“笑气”。这就是一氧化二氮，又称氧化亚氮。这是一种无色有甜味气体，在室温下稳定，有轻微麻醉作用，并能致人发笑，能溶于水、乙醇、乙醚及浓硫酸。氧化亚氮是人类最早应用于医疗的麻醉剂之一。“笑气”也是一种“味变”革新的发明。

中国明代名医李时珍尝百草，编《本草纲目》的故事，在中国几乎家喻户晓。1552年李时珍开始编写《本草纲目》，为此他穿上草鞋、拿上药锄，踏遍山山水水，遍访民间百姓，尝遍百草滋味，绘制草兽图谱，记录百草药性，几次差点中毒身亡。经过半生耕耘，终于在1578年，61岁的李时珍经过三次大修改，编写成功并出版了《本草纲目》。在编撰中，他参看了800多种书籍，走了几万里路，请教了几万人次，记下几百万字笔记，历时27年，完成了52卷、190多万字的巨著《本草纲目》。他把中药分为16部62类，收载药物1893种，载入药方11096个，并附有动植物插图1110副。《本草纲目》对中医的贡献巨大，对人类医学的潜在贡献尚未被世界所认识。笔者相信，将来一定会被越来越多的人所认识，其贡献会更加巨大。

除了满足人们嗅觉的“味”，另外满足人们舌尖味蕾的革新产品也有很多，如我们常常接触的调味料、味精、酱油、鸡精、糖果、甜味剂等，如图15-2所示。

谈到味精的发现，也有一段历史。1907年，日本东京帝国大学的研究员池田菊苗的妻子因一次忘了买菜，急将黄瓜和海带放在一起给丈夫做了一份汤，结果备受丈夫的赞扬，最后，池田菊苗拿了一包海带去实验室进行分析，最后终于发现汤之所以美味，是因为海带里含有一种叫“谷氨酸钠”的物质，就是海带汤蒸发后留下的棕色晶体。这些晶体，尝起来有一种难以描述但很不错的味道。这种味道，池田在许多食物中都能找到踪迹，尤其是在海带中。池田教授将这种味道称为“鲜味”。继而，他为大规模生产谷氨酸晶体的方法申请了专利。池田教授将谷氨酸钠称为“味之素”。这种风靡整个日本的“味之素”，很快传入中国，改名为“味精”。不久，味精风靡全世界，成为人们不可缺少的调味品。

图 15-2　调味料、酱油、醋、豆瓣酱、鸡精以及各种糖果

提到调味，另外一大发明是糖精。一位叫法尔贝里的化学家从实验室里回来，没有洗手就坐上桌子吃饭。他发现所吃的马铃薯格外甜，他想到自己手上沾上的物质，饭都没吃完就回到实验室。经过实验，法尔贝发明了糖精。糖精就是用煤焦油里提炼出来的甲苯，经过磺化、氯化、氨化、氧化、结晶、脱水等步骤制成的。糖精，也称糖精钠，是最古老的甜味剂，糖精的甜度为蔗糖的300～500倍，它不被人体代谢吸收，在各种食品生产过程中都很稳定。糖精钠很多年来都是世界上唯一大量生产与使用的合成甜味剂，但对糖精的安全性一直存在争议。1972年，在一次试验中，发现大量的糖精可导致雄性大鼠患膀胱癌，从此糖精的使用在国际上日益减少。

酒水、饮料是另外一类满足人类味觉享受的革新，如行销全球的可口可乐、各种白酒、洋酒等。可口可乐的由来还有以下这段小故事呢。美国小镇上，一天一个小孩去药店要买一瓶治头痛的药。药剂师看见已经无货了，只好自己来配，他将一瓶类似治头痛的药水，配上苏打水、糖浆交给了买药的小男孩。刚过一会儿，小孩又来购买此药了，药剂师和老板经过无数次的反复配比，一个月过后，终于配成了一种味道奇特，而且又非常可口的深红色饮料，这就是最早的可乐。

可口可乐是美国可口可乐公司生产的世界著名的碳酸饮料之一。据统计，现在可口可乐公司日生产量居世界各种饮料产量之冠，如图15-3所示。

图 15-3 可口可乐、白酒、洋酒等“味变”革新

人类的味觉享受花样繁多，例如各种各样的点心、食品，以及无穷无尽的烹调花样和菜系，为了味觉享受，人们学会了烹调，做出了丰富多彩的菜肴。国际上著名的菜系有中国菜、法国菜、意大利菜、德国菜、日本菜和韩国菜等。

烹调，是通过加热和调制，将加工、切配好的烹饪原料熟制成菜肴的操作过程，其包含两个主要内容：一个是烹，另一个是调。烹就是加热，通过加热的方法将烹饪原料制成菜肴；调就是调味，通过调制，使菜肴滋味可口，色泽诱人，形态美观。

中国的“味变”革新更加多样化，早在春秋战国时期的中国，饮食文化中南北菜肴风味就表现出差异。到唐宋时，南食、北食各自形成体系。到了宋代，北咸南甜的格局形成。发展到清代初期时，川菜、鲁菜、粤菜、苏菜成为当时最有影响的地方菜，被称作“四大菜系”。到清末时，浙菜、闽菜、湘菜、徽菜四大新地方菜系分化形成，共同构成汉民族饮食的“八大菜系”。

除八大菜系外还有一些在中国较有影响的菜系，如潮州菜、东北菜、本帮菜、赣菜、鄂菜、京菜、津菜、冀菜、豫菜、客家菜、清真菜等菜系，都具有独特的风味。

最近有一本书，《舌尖上的中国》卖得十分火。作者通过每个人舌尖上的故乡构成了整个中国，并且形成了“吃”的文化，得以传承。中国人用智慧巧妙地从自然界获取美味，这一切之所以能够实现，都得益于他们对上天和食物的敬畏以及对自己深爱的那片土地的眷恋。《舌尖上的中国》还提供了主要食材的相关资料、全书美食地图以及多篇名家说美食的随笔散文，让读者对于中国美食文化、风土人情有更深入的体会。这本书名为介绍美食，实则勾勒众生，让读者深入体会美食带给中国人的集体记忆和超越食物的家国情怀。

图15-4显示了各种点心、烹调和菜品。

图 15-4　点心、布丁、烹调和菜品

与“味变”相似的是通过某种气体浓度的变化完成某种功能的革新。例如用纯氧消毒，用臭氧杀菌，通过真空无菌包装食品，给食品保鲜。人们利用富氧气瓶潜水，保持呼吸中足够的氧量都是很典型的例子，如图15-5所示。

图 15-5　臭氧消毒、真空包装食品、富氧气瓶潜水革新案例

按照遗传代谢理论的研究，某些病症的临床表现是可以通过闻气味来进行初步诊断的。因为代谢的原因，一些遗传代谢病的患儿会发出特殊气味，比如苯丙酮尿症会有鼠尿味、异戊酸血症会有汗脚味、枫糖尿症会有烂白菜味。通过气味诊断疾病，也是“味变”革新的一个经典。

“品茶”是一种人类的口感的享受，是温感和味感的融合。日本历史上的名将石田三成未成名之前曾在观音寺谋生，有一天幕府将军丰臣秀吉口渴到寺中求茶，石田热情地接待了他。在倒茶时，石田奉上的第一杯茶是大碗的温茶；第二杯是中碗的稍热的茶；当丰臣秀吉要第三杯时，他却奉上了一小碗热茶。丰臣秀吉不解其意，石田解释说：“这第一杯大碗温茶是为解渴的，所以温度要适当，量也要大；第二杯用中碗的热茶，是因为已经喝了一大碗不会太渴了，稍带有品茗之意，所以温度稍热，量也要小些；第三杯则不为解渴，纯粹是为了品茗，所以要奉上小碗的热茶。”丰臣秀吉被石田三成的体贴入微之举深深打动，于是将其选在自己幕下，使得石田成为一代名将。

我们在“五音六律”和“五光十色”里重点介绍了人类在声音和色彩感知方面的革新技巧。除了味觉，人类在触觉感官方面的创新内容也有不少，例如暖炉、暖气、冷气、空调的发明，是满足人们对环境的感知需要。各种衣服、鞋帽的发明是满足人们皮肤和身体的享受。一些按摩、推拿、热敷、足浴用品、仪器设施是为了满足人类皮肤、肌肉和身体方面的感知需要。这些革新内容我们不做另外划分，就归类在“五味俱全”里一并描述。这个“味”也代表身体的感知“滋味”。

实战课堂

在设备点检活动中，涉及“五味俱全”的革新案例主要是以下内容：一是对于有害气体泄漏的检测。最简单的方式就是“闻”。人们在巡检中，闻到硫化氢的臭味，闻到某种介质发出特殊的气味，就可以检测到管道、容器或者反应釜的密封有问题，或者是存在腐蚀、穿孔等缺陷，采取措施及时处理。因为人的嗅觉毕竟受当时个体身体状况的影响，除了通过人的鼻子，还有一种气体泄漏仪器，可以辨别某种气体的泄漏。另外就是通过点检中对烧焦气味的辨识，发现电气系统的短路或者某些热加工设备的过热、过烧现象。在食品、饮料、烟草、医药、香料、日化等行业，因为行业的特殊性，设备的劣化一定会反映到产品或者周边环境的“气味”或者“味道”上来。

妙技锦囊

“五味俱全”是一种专注于“味道”、“气味”和“感官刺激”方向的革新。所谓的五味是指酸甜苦辣咸这五种滋味，广义的“五味”还包含香臭酸臊膻等五味。更广义的五味，还包括涉及人类触觉、温感等方面的革新。在人类历史上，工匠们已经通过“五味俱全”手段，做了大量的发明创造。在这个领域，还有不小潜在的革新空间。因为人类对于“五味”的追求永远不满足，这“五味”还远远未达到“俱全”的程度。

第16技　须弥芥子

释义：“须弥芥子”是通过“维变”来进行的革新方法。我们所指的“维变”是广义的，既有通过升维、降维手段进行的革新；又有通过增强、消减、变速、减速、突变、蜕变手段进行的革新，旨在给创造物脱胎换骨，从而改变功效、创造价值。

标识符号：

“须弥”一词原是梵文音译，相传是古印度神话中的名山，在佛经中也称为“曼陀罗”。据佛教观念，它是诸山之王，世界的中心。而“芥子”是芥菜的种子，极其微小。“须弥芥子”，言偌大的须弥山纳于芥子之中，反之亦然。“须弥山”与“芥子”可互相转化、相互包容。这里，我们用此成语寓意事物的“维度”变换。“须弥芥子”的“维变”是变革创新的一种非常奇巧的技能，就是一种变维度的变革，从某一维度跳跃到另外维度，或者让一维空间的事物转变成二维、三维、四维乃至多维空间。反之，也可以将多维变成少维。

世界上维变的例子很多，就拿打印来说，原来只能黑白打印，通过“色变”的革新技巧，让打印出现色彩，变得更漂亮。

平面上的打印还是二维的，当三维打印技术的出现，打印变成立体的，这就是我们常说的从2D打印到3D打印的“维变”。

原来我们的电视属于平面电视，也就是2D的电视，只能看平面图像，随着立体电视，或者3D电视的出现，我们可以看到逼真的立体图像了，如图16-1所示。

图 16-1　打印机转化为3D打印机，平面电视变成3D电视

物理世界可以进行“维变”革新，商业世界其实也有类似的变革。例如过去我们消费是到商店里见到实物商品，进行体验式消费，随着网络的发达，体验消费逐渐被非体验式的网络消费所取代。人们越来越多地依赖二维画面对商品的了解，而非三维体验，这也是属于降维的“维变”革新案例。

当今时代“维变”创新的商业模式越来越多，原来我们写信需要信封、信纸、邮票，还要邮筒、邮局、邮递员，才能完成信息传递，现在电脑上的数字信息传递十分快捷，“降维”了，但成功了。原来购物需要到银行取钱，用钱购物，现在可以用支付宝、微信支付；原来发红包需要红纸袋装上钱，现在用手机就解决，还是“降维”变革成功的案例。

青岛的“红领”服装，实施的是C2M商业生态，其含义就是消费者（即C）在终端提出个性化的服装需求，跨过传统中间渠道，即一层层的批发商和零售商，直接对接工厂(即M)，工厂快速完成服装定制，包括邮寄时间，这个过程一般只需要7天，既节省了时间，又让制造商和消费者双双获益。

其实这种变革也是不容易的。“量产”和“定制”原本水火不容，但经过十余年的探索，红领终于在业内率先实现了“大规模定制”。每天，有2000件完全不同的定制服装在“红领”的工厂加工完成。这种定制，变成用户直接面向生产厂，省略了批发商、零售商、体验购物等诸多环节，是典型的“降维”革新，如图16–2所示。

图 16–2　红领的服装定制化革新

谈到商业模式变革，海底捞也是一个很好的案例，他们的服务是“升维”的。从餐前服务、候餐服务、用餐服务都做到无微不至和超值享受。他们的管理却是“降维”的，普通干部可以审批200万元的支出，还给普通员工打折、换菜和免单权，员工还可以免费送顾客一道菜——积极推动员工创意营销，这“一升一降”的“维变”极大促进了其事业的发展，如图16–3所示。

图 16–3　海底捞的管理“维变”革新

常规、普遍化的“维变”设计还如中国古代中药房里的多层抽屉、立体仓库、多层印刷线路板等，如图16–4所示。

图 16–4　中药房抽屉、立体仓库、多层印刷线路板的“维变”革新

下面谈谈眼镜的“维变”革新历程。苏州是我国眼镜的发源地，苏州生产眼镜不仅历史悠久，明代崇祯初年（1628年），苏州眼镜史上山现了一位杰出的技师，名叫孙云球，字文玉，又字泗滨，原籍吴江。他从小勤奋好学，当时他看到视力不健的人很痛苦，但“单照”镜之类又使用不方便，于是他就精心研制一种可常架在眼镜框上的镜片，由“单照”变为“双照”。后来，孙云球又发明研制了不同用途的光学镜头，有百花镜、鸳鸯镜、放大镜、多面镜、幻容镜等数十种之多。

如果我们把传统眼镜看成是“二维”的，那么增强现实或者虚拟现实眼镜要算是“三维”的了。智能制造时代“维变”创新生动的例子，就是“增强现实”或者“虚拟现实”眼镜的出现。这种眼镜可以将实在的现实与“虚拟现实”结合起来。

广义地说，增强现实技术，就是一种将真实世界信息和虚拟世界信息“无缝”集成的新技术，是把原本在现实世界的一定时间空间范围内很难体验到的实体信息，如视觉信息、声音、味道、触觉等，通过电脑等科学技术，模拟仿真后再叠加，将虚拟的信息应用到真实世界，被人类感官所感知，从而达到超越现实的感官体验。真实的环境和虚拟的物体实时地叠加到了同一个画面或空间同时存在。

视觉的增强现实技术，不仅展现了真实世界的信息，还可以将虚拟的信息同时显示出来，让两种信息相互补充、叠加。用户利用头盔显示器或者眼镜，把真实世界与电脑图形多重合成在一起，便可以看到真实的世界围绕着他。

这种技术可以应用于尖端武器、飞行器的研制与开发、数据模型的可视化、虚拟训练、娱乐与艺术等领域等，而且由于其具有能够对真实环境进行增强显示输出的特性，还可应用在医疗研究与解剖训练、精密仪器制造和维修、军用飞机导航、工程设计和远程机器人控制等领域。在医疗领域，医生可以利用增强现实技术，轻易地进行手术部位的精确定位。在军事领域，部队可以利用增强现实技术，进行方位的识别，获得实时所在地点的地理数据等重要军事数据。在古迹复原和数字化文化遗产保护领域，文化古迹的信息以增强现实的方式提供给参观者，用户不仅可以通过头盔看到古迹的文字解说，还能看到遗址上残缺部分的虚拟重构。在工业维修领域，通过头盔式显示器将多种辅助信息显示给用户，包括虚拟仪表的面板、被维修设备的内部结构、被维修设备零件图等。在网络视频通信领域，使用增强现实和人脸跟踪技术，在通话的同时在通话者的面部实时叠加一些如帽子、眼镜等虚拟物体，在很大程度上提高了视频对话的趣味性。在电视转播领域，增强现实技术可以在转播体育比赛的时候实时地将辅助信息叠加到画面中，使得观众可以得到更多的信息。在娱乐、游戏领域，增强现实游戏可以让位于全球不同地点的玩家，共同进入一个真实的自然场景，以虚拟替身的形式，进行网络对战。在旅游、展览领域，人们在浏览、参观的同时，通过增强现实技术将接收到途经建筑的相关资料，观看展品的相关数据资料。在市政建设规划，采用增强现实技术将规划效果叠加真实场景中以直接获得规划的效果。在交通旅游领域，通过增强现实显示器（最终看起来像一副普通的眼镜），信息化图像将出现在您的视野之内，并且所播放的声音将与您所看到的景象保持同步。图16-5和图16-6给出部分增强现实技术应用的情景。

图 16-5　医疗、教学、游戏应用的增强现实技术

图 16-6　增强现实头盔以及在旅游、时装方面的应用

在设备点检和维护领域，工人在巡检时看到设备的同时，可以在眼镜上看到如何点检、如何保养的指导说明或者动作示范。这无疑又是“维变”的另一创举，如图16–7所示。

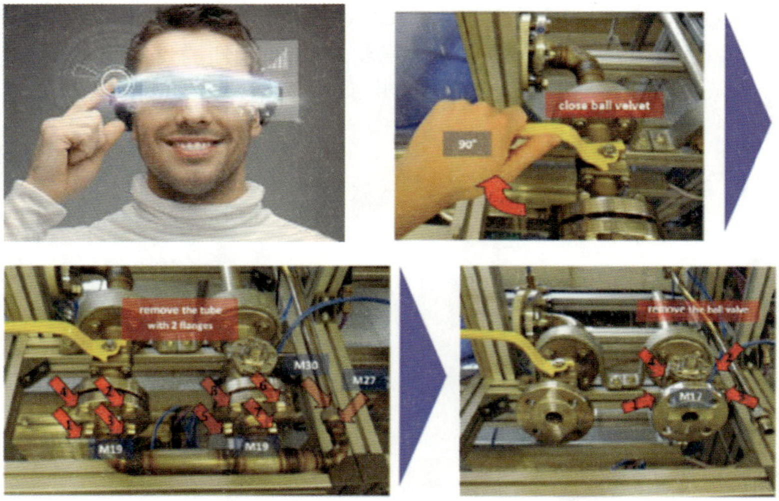

图 16–7　佩戴智能眼镜的工人眼前出现的虚拟影像

再谈谈3D电视的发展。最近出现的不需戴眼镜也能呈现3D效果的电视，能够将已存在的电影和视频资料快捷转换为3D立体资料，又能同时和2D 画面兼容。它利用人的双眼观察物体的角度略有差异，能够辨别物体远近，产生立体的视觉这个原理，把左右眼所看到的影像分离，从而令用户无需借助立体眼镜即可裸眼体验立体感觉。

3D立体电视利用了眼睛的视觉特性来产生立体感。人眼的立体视觉特性是立体电视与立体电影的共同基础。人类在观看周围世界时，不仅能看到物体的宽度和高度，而且能知道它们的深度，能判断物体之间或观看者与物体之间的距离。

至于在娱乐场所被追捧的动感4D电影，更是“维变”革新的代表作，如图16–8所示。

图 16–8　动感4D电影的真实场景

“维变”往往来源于思维的变革。如果将互联网思维比作“高维”，那么工业思维就是“低维”。当“高维”的入侵者去毛利率、去库存、去渠道、去营销、去管理，将这些独立的维度都降为零，“低维”领域所受的攻击无疑是毁灭性的。互联网时代的企业需要更多地接触用户、粉丝与市场，它的组织形式注定是更为扁平化、去中间化的，将实现管理和产品合一，内部和外部合一，像红领集团推进的C2M无疑也是“降维”革新。

下面我们介绍一下“突变”概念。著名的洛仑兹提出“蝴蝶效应”现象，是指事物发展的结果对初始条件和边界条件具有极为敏感的依赖性。初始条件极小的偏差将会引起结果的巨大差异。

1979年12月29日，洛仑兹在华盛顿美国科学促进会上说：“一只蝴蝶在巴西扇动翅膀会在得克萨斯引起龙卷风吗？”引起世界对“突变”的思考。

2003年北美历史上发生了最严重的大停电事故，造成了60亿美元的直接损失。经联合调查小组的专家证实，不过是一些长得过分茂密的树丛使俄亥俄州克里夫兰附近的电线短路。

突变理论、蝴蝶效应会给客观世界发展带来了重大的影响。一点细微的变化，都会引起世界更大的突变性和不可控制性。

一条不引人注目的小道消息，通过互联网可能会迅速传遍世界，蝴蝶效应使越来越多的个体被莫名其妙地卷入危机的旋涡，甚至因此而走向崩溃；相反，也可能因为一件独特的小事、一个点子被大肆渲染，一夜走红，闻名天下，进而被模式化、标准化、连锁化而坐收渔利。

了解“突变”理论，对于我们的“维变”革新具有很好的推动和指导意义。

智能手机就是一个多维度聚合产物。其中某个维度的增强，或者添加，或者消失，都会影响手机在用户那的体验，从而改变其商业命运。例如，我们增强电池续航能力，也许就会让用户青睐，提升销量；例如，我们增强摄影像素和拍摄清晰度，就会迎来大量粉丝；例如，我们提升手机下载速度和存储量，也会吸引大量人群，我们为老年人设计“降维”手机，增大字体、减少操作难度，会开拓这一新市场；我们让手机测量血压、心跳和血糖，这样的手机会给那些患者人群带来方便，赢得他们的青睐。

实战课堂

TnPM体系推进最注重以点带面式的推动。瀑布式展开推进模式就是先从某一机台开始，我们称之为先行机台，然后扩展到先行生产线，再扩展到试点车间，最后再推广到全厂。这是典型的“须弥芥子”式不断升维的推进方法。而并行式推进则是由工厂的若干项目小组来领导，自上而下推进，是降维式的推进，也不乏成功的案例。

TnPM主张管理重心下移，主张自主维护设备，全员参与设备管理，实际上是运用了降维技巧，让基层员工更主动、更积极地参与到日常设备管理活动之中，而非依赖专业维修团队和上一维度的指令。至于全员参与的清除六源、有氧活动和六项改善，更是发动全员参与，是降维管理的积极运用。

妙技锦囊

“须弥芥子”的革新方法，是通过“维变”以及“突变”的方式来改变世界。世界本来处于频繁的“维变”或者“突变”状态，动物由单细胞进化为多细胞；矿物由单晶体演变为多晶体，临界状态的微小变化引起事物巨变；人类的综合过程就是不断的升维过程，而人类的解析过程又是不断的降维过程。西医喜欢肢体解剖，而中医喜欢脏腑辩证，一个降维，一个升维。中西医的结合也许最能够让未来的医学焕发光彩。“须弥芥子”革新在当今世界无疑有着广阔的应用空间，应该成为当代工匠们用心思考和广泛应用的革新技巧。

第17技　滴水成冰

释义：“滴水成冰”是指通过相位转化、物理变化、化学反应而完成的革新技巧。

标识符号：

“滴水成冰”原指天气寒冷之意。我们引入此成语意指水结冰的“相变”在变革中的举一反三的作用，广义的“相变”还包括物理、化学的变化。

“相变”原来是物理学的词汇，我们这里做了一些广义的延伸，除了涵盖传统物理的相变意义之外，物理形态的变化以及化学反应变化也可以包含在内。例如，在电学里模拟量和数字量的相互转化、不同种信号的转换、不同材料化学和物理结构的转换也都包含在内。“滴水成冰”的“相变”革新与“格物穷理”的“理变”革新有雷同之处，他们之间的边界是模糊的，但侧重点各有不同，“理变”更多是针对“机制和原理”的变化，而“相变”更多指物质“理化形态”的变化。

典型的相变是物理形态的变化，如水在一定条件下变成冰，在另外条件下变成蒸汽。人们利用这种“相变”发明了很多东西，早年人们冬天从冰冻的河里凿出冰块深埋在地下，夏天挖出来用于清凉和食品保鲜；人们制作了冰棒、冰淇淋供炎热的夏天食用，制作冰袋用来给高烧的病人降温，人们发明了冰箱用于食品冷冻和保鲜等。冰箱的原理就是典型的利用介质的液气相变过程循环带走热量，不断制冷。人们发明蒸汽机作为动力，人们还发明加湿器，通过水蒸气来增加干燥空气的水分和湿度。酒心巧克力的制作很有意思，人们将酒结成冰，在巧克力里蘸一下，就将酒包入巧克力中，在常温下，巧克力是凝固的，而酒却是液体的，吃起来口感很好。几个典型的发明如图17–1所示。

图 17–1　冰淇淋、空气加湿器、冰袋、冰棒、冰箱及酒心巧克力

制造业利用“相变”的例子就更多了，利用我们把空气低温加压变成液体，再利用空气中不同气体，如氢气、氮气、氧气、二氧化碳等气体的不同沸点，分离出这些纯净气体，工业制氧、制氢就是这个原理。我们还把一些气体变成液体，便于运输，或者用于特殊场合。例如我们把天然气、煤气液化装罐，便于输送。我们将液态氮用于医疗，包括去除纹身。我们还通过超低温把二氧化碳制成干冰，用于各种降温或者制造舞台烟雾等。图17–2给我们几个案例。

图 17–2　液态氮用于去除纹身、干冰的舞台烟雾效果、制氧设备

金属的冶炼成型过程也有大量“相变”例子，如我们炼铁、炼钢最后冷却成型，不同的相位有不同的组织结构，有不同的金属特性，便于加工成型，便于改变其力学性能。钢铁在加热和保温、冷却过程会形成奥氏体、珠光体或是马氏体组织，让钢铁具有不同的硬度、耐磨性、可加工性等。图17–3给出一些钢铁金相组织图片。

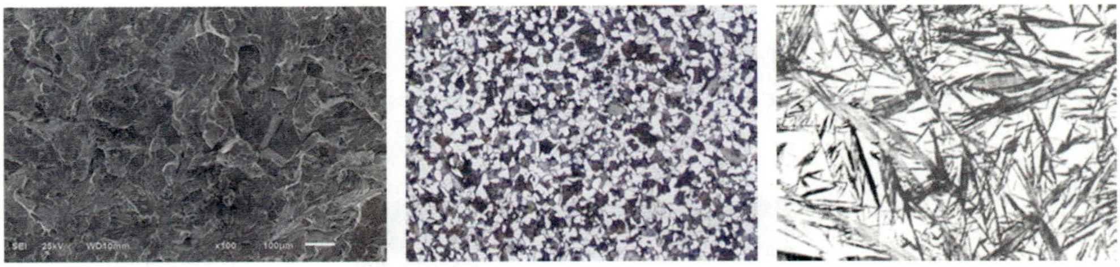

图 17–3　钢铁的奥氏体、珠光体和马氏体金相组织

当代社会应用最多的是电的相变，如模拟量和数字量的转化。典型的例子是电报机、电话机和留声机的发明。人们把点点停停的机械动作变成电信号传递出去，再转化点点停停的动作，通过莫尔斯码翻译成为人们要表达的意思，于是发明了电报。人们利用声音的振动压迫石墨片，转化成为强弱不同的电信号，再逆转成为振动发出声音，于是电话机就诞生了。人们将声音、歌唱、音乐引起的振动刻在塑胶圆盘上，然后再将细针顶住盘上的纹路，转变成振动，再放大成声音，于是发明了留声机。这算是20世纪最有名的一些发明了，如图17–4所示。

图 17–4　电报机、电话机和留声机

电话机是美国人贝尔于1876年发明的。他用两根导线连接两个结构完全相

同、在电磁铁上装有振动膜片的送话器和受话器，首先实现两端通话。但通话距离短、效率低。1878年出现了炭精送话器，使电话机送话器效率大大提高，受话器的结构也有改进。最早的电话机是磁石电话机，靠自备电池供电，用手摇发电机发送呼叫信号。1880年出现共电式电话机，改由共电交换机集中供电，省去手摇发电机和干电池。1891年出现了旋转拨号盘式自动电话机，它可以发出直流拨号脉冲，控制自动交换机动作，选择被叫用户，自动完成交换功能。从而把电话通信推向一个新阶段。

留声机诞生于1877年。世界上发明留声机的人就是誉满全球的发明大王——托马斯·阿尔瓦·爱迪生。爱迪生根据电话传话器里的膜板随着说话声会引起震动的现象，拿短针作了试验，从中得到很大的启发。说话的快慢高低能使短针产生相应的不同颤动。那么，反过来，这种颤动也一定能发出原先的说话声音。于是，他开始研究声音重发和再生的问题。1877年8月15日，爱迪生让助手克瑞西按图样制出一台由大圆筒、曲柄、受话机和膜板组成的怪机器。爱迪生指着这台怪机器对助手说："这是一台会说话的机器"，他取出一张锡箔，卷在刻有螺旋槽纹的金属圆筒上，让针的一头轻擦着锡箔转动，另一头和受话机连接。他摇动曲柄，对着受话机唱起了"玛丽有只小羊羔，雪球儿似一身毛……"唱完后，把针又放回原处，轻悠悠地再摇动曲柄。接着，机器不紧不慢、一圈又一圈地转动着，唱起了"玛丽有只小羊羔……"，与刚才他唱的一模一样。在一旁的助手们，碰到一架会说话的机器，竟然惊讶得说不出话来。"会说话的机器"诞生的消息，轰动了全世界。1877年12月，爱迪生公开表演了留声机，外界舆论马上把他誉为"科学界之拿破仑·波拿巴"，是19世纪最引人振奋的三大发明之一。爱迪生在1877年设计的留声机，成为世界上最早的录音装置。

电报、电话、留声机都算是典型的"相变"革新。

值得一提的是，在制造业应用广泛的一种"相变"发明，我们不会忘记传感器，这个小小的东西，让我们把各种各样物理信号采集下来，直接转换为电子信号，通过数字传递出去，才让各种各样的系统可控。传感器是控制系统的鼻子、眼睛、耳朵和舌头，是人类五官的延伸，如图17-5所示。

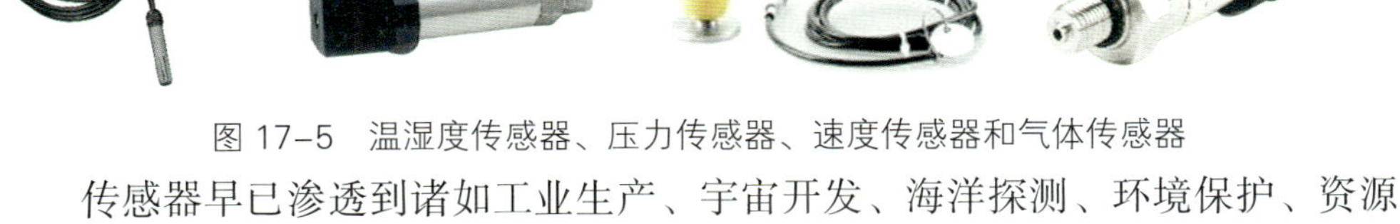

图 17-5　温湿度传感器、压力传感器、速度传感器和气体传感器

传感器早已渗透到诸如工业生产、宇宙开发、海洋探测、环境保护、资源调查、医学诊断、生物工程，甚至文物保护等极其广泛的领域。可以毫不夸张地说，从茫茫的太空到浩瀚的海洋，以至各种复杂的工程系统，几乎每一个现代化

项目，都离不开各种各样的传感器。传感器一般由敏感元件、转换元件、变换电路和辅助电源四部分组成。敏感元件直接感受被测量，并输出与被测量有确定关系的物理量信号；转换元件将敏感元件输出的物理量信号转换为电信号；变换电路负责对转换元件输出的电信号进行放大调制；转换元件和变换电路一般还需要辅助电源供电。

说到20世纪人类的伟大发明，我们也不会忘记水泥，水泥的凝结和硬化，是一个复杂的物理—化学过程，其根本原因在于构成水泥熟料的矿物成分本身的特性。水泥熟料矿物遇水后会发生水解或水化反应而变成水化物，由这些水化物按照一定的方式靠多种引力相互搭接和联结形成水泥石的结构，产生强度。简单说就是水泥粉末在与水接触之后发生的复杂“相变”，最后变得十分坚硬，成为建筑上不可或缺的材料。

生活中还有一些“相变”革新的例子，例如人们以前洗手、洗脸、洗澡都用肥皂，现在都变成液体，人们将“洗”进行了细分，发明了洗手液、沐浴露、洗发水、护发素等。过去人们用肥皂洗衣，有了洗衣机，人们发明了洗衣粉，后来又用洗衣液代替了洗衣粉。如图17-6所示。

图 17-6　肥皂、洗手液、洗衣粉、洗衣液、沐浴露和洗发水的固态、液态的变革

给大家讲一个洗涤方面通过“相变”革新的小故事。大家可能听到老一辈提到过“胰子”这个词。从前每到过年杀猪时，人们把猪胰脏捣碎，制成“胰子”洗手洗脸用。所谓“胰子”就是我们现在所说的肥皂。那么最早的肥皂是谁发明的呢？传说古埃及有个庄园主请了一个厨师做饭，小厨师因太忙没时间仔细洗脸，黑糊糊的。有天晚上不小心，把灶下的一盆羊油踢翻了，全部浇在炭灰里，小厨师怕被主人责骂，连忙用手将混有羊油的炭灰一把一把地捧了出去，以免被

人发现。他捧完炭灰后在洗手时，忽然发现手上竟然出现了一些白糊糊的东西，而且手洗得特别干净，甚至连以前很难洗掉的污垢都不见了。原来，这“白糊糊”的东西就是“胰子”，也就是我们所说的肥皂。肥皂是由易溶于油的亲油基和易溶于水的亲水基所组成。这两个基团分别溶于油和水中，降低了油水的界面张力，从而把油水本不能互溶的两种物质连接起来不使其分离，被肥皂乳化后的油以微小的粒子分散于水中而不分层。肥皂的这种性质，能显著降低界面张力，这种化合物统称为表面活性剂。由于肥皂和其他表面活性剂有这种性质，因此产生润湿、渗透、乳化、分散、起泡和去污等作用。过去的肥皂是在大锅里熬出来的。制皂工厂的大锅里盛着牛油、猪油或者椰子油，然后加进烧碱用火熬煮。油脂和氢氧化钠发生化学变化，生成肥皂和甘油。因为肥皂在浓盐水中不溶解，而甘油在浓盐水中的溶解度很大。因此，可以用加入食盐的办法把肥皂和甘油分开。当煮到一段时间后，倒进去一些食盐细粉，大锅里便浮出厚厚一层黏糊的膏状物。用刮板把它刮到肥皂模型盒里，冷却以后就结成一块块的肥皂了。

下面给大家讲一个变色太阳镜的“相变”革新例子。夏天烈日当空，阳光非常刺眼，为了保护眼睛不受刺激，我们可以戴上太阳镜，这样可以把损害眼睛的紫外线过滤。这种眼镜在室内和普通镜子没什么区别，在阳光或强光下会变黑，镜片会变色，这是为什么呢？究其原因，只是因为这种特殊的镜片在熔化的玻璃中加入氯化银和氯化铜而已。原理在于氯化银在阳光的照射下进行了氧化还原反应：氯离子被氧化为氯原子，而银离子则被还原为银原子。这样，银原子便会把镜片变黑，遮挡阳光。在变色镜片中加入一种特殊的感光剂——硫化银，它是一种化学物质，能够以微小的晶体状态均匀地分布在镜片中。一旦强光照射，这些颗粒状的晶体对光线立即形成反射或散射，使镜片变黑、变暗；光线变暗时，镜片又能自行恢复成原有的透明状态。

大家都知道人造金刚石吧，人们在陨石里发现了石墨和碳，又发现天然的金刚石里也夹杂着石墨和碳。于是人们得出结论，金刚石是石墨和碳在不同的条件下转化成的。原理归原理，但要使石墨和碳变成金刚石，谈何容易。人们用各种各样的方法对石墨和碳进行加压，挤压不行，撞击也不行……最后，人们终于想到利用“热胀冷缩”的方法给它加压，人们设计了一种特殊的装置，在熔化的铁液中掺入少量的碳，使碳和铁液混在一起，然后把烧红的铁液一下子倒入冷水中，水立即产生了强烈的嘶鸣声，一团团水蒸气迅速升腾着。熔化的铁立即变成了固体，同时，内外产生了非常强大的压力，使金属铁中的那些碳变成一颗颗很小的亮晶晶的结晶体，这就是人类历史上最早的人造金刚石。人造金刚石不像天然的金刚石那样有光泽，但具有超硬特性和优异的物理、化学性能。这可是通过“相变”革新完成“点石成金”的很好例子。

第二次世界大战中，德国占领了丹麦，下达了逮捕著名科学家、诺贝尔奖获得者玻尔的命令。玻尔被迫离开自己的祖国。为了表示他一定要返回祖国的决心，并防止诺贝尔金质奖章落入德国法西斯手中，他机智地将金质奖章溶解在一种特殊的液体中，在纳粹分子的眼皮底下巧妙地保存下来。二战结束，玻尔重返家园，从溶液中还原提取出金，并重新铸成奖章。原来，金的化学性质不活泼，它不受空气和水的作用，也不溶于一般的化学溶剂中，这个能够溶解金子的液体就是王水。而这个“相变”革新的化学反应就让玻尔成功骗过了德国人。

实战课堂

设备管理规律性的东西虽然具有普适性，但随着区域的不同、气候条件的不同，一定要进行适应性的变化。我们下面给出的例子就是和“相变”密不可分的。例如同样的石油化工装置，一个在北方的哈尔滨，一个在广东茂名，在安装时的要求就要有所不同。在哈尔滨，涉及水或者一些油气管道必须要深藏地下或者在地面部分要加上厚厚的保温层防护，否则在-30℃的严冬，这些管道就会冻裂，造成泄漏。而在终年都在5℃以上的广东茂名一带，这些管道就可以浅藏地表或者完全裸露在地面，便于检修。反过来，这里对装置的防腐、防锈就必须加强。因为沿海海水蒸气影响加上雨水较多，金属锈蚀会变得十分严重。

我们在TnPM里推出润滑六定、二洁、一密封、三过滤管理，其中六定代表了定点、定人、定质、定量和定周期（或者状态）。在严寒的北方，夏季和冬季所加的油脂应该有所区别，因为气温差异巨大，会造成油脂蒸发或者凝结，影响润滑效果。因此，同样的“六定”运用，就要考虑季节、气候的变化。

看看另外一个有意思的管理“相变”例子。最近山东一家工厂研制出来的智能自动加油系统，可以按照短周期、高频率对设备自动加油润滑，比传统人工加油效果好多了。因为整个加油过程是自动的，系统是封闭的，六定、二洁、一密封和三过滤的环节完全可以通过自动加油系统来实现，这就像模拟量向数字量的转换过程，彻底颠覆了传统的润滑管理模式。

妙技锦囊

“滴水成冰”是通过固体、液体和气体的“相变”或者从模拟量到数字量的变化等这种广义的“相变”所进行的革新。如果将这些狭义和广义“相变”背后所蕴含和延伸出来的物理形态、化学结构变化都算在内，其想象的余地的确十分丰富，这无疑会给工匠提供广袤的开拓和创新空间。

第18技　偷梁换柱

释义："偷梁换柱"这一技巧就是通过材料、原料变化来实现的功能变化、功效变化的革新技巧。

标识符号：

"偷梁换柱"一般指将某种事物改变为其他替代物的伎俩，最早出自红楼梦。与之相近的成语还有偷天换日、偷龙换凤等。按照成语的原意是指以次充好，以劣充优，我们这里去掉其贬义，是通过发明物材质的变化来改变其功效的革新手段。这种变革在人类文明进步中十分明显。

例如，早期人们穿草鞋，后来发明了布，改成布鞋，发明了橡胶又采用橡胶做面料，出现了胶鞋，为了美观耐用，人们用动物皮革做面料，制成了皮鞋，如图18–1所示。

图 18–1　制鞋材料的演变——草鞋、布鞋、胶鞋和皮鞋

提起草鞋，还有文化在其中蕴含，也有不少"材变"的经历。草鞋的编织材料各种各样，有稻草、麦秸、玉米秸，东北有乌拉草。草鞋是中国山区居民自古以来的传统劳动用鞋，穿着普遍，相沿成习。无论男女老幼，凡下地干活，上山砍柴、伐木、采药、狩猎等，不分晴雨都穿草鞋。草鞋既利水，又透气，还轻便、柔软、防滑，而且十分廉价，并有按摩保健作用。特别是夏天走长路，穿上草鞋清爽凉快，软硬适中，步履敏捷，两脚生风，给人一种惬意感；雨天穿着它，既透水，又防滑；冬雪天内穿一双厚袜子，外套满耳子草鞋，既保暖，又防滑，如遇冰雪，再套上铁制的脚码子，防滑效果更好。草鞋已成为中国山区人装束的一个显著民俗特点。20世纪30年代中期，工农红军在陕北建立根据地，开展游击战，战士们靠穿草鞋，小米加步枪，翻山越岭，打了不少胜仗。草鞋在中国

起源很早，历史久远，可算是中国人的一项重要发明。它最早的名字叫“扉”，相传为黄帝的臣子不则所创造。由于以草作材料，非常经济，平民百姓都能自备。据史料记载，古代的侠客、隐士似乎以穿草鞋为时髦：“竹杖芝鞋轻胜马，一蓑风雨任平生。”电视剧中的大侠也大抵是如此装束，的确显得十分飘逸、洒脱、超然。《三国演义》中的刘皇叔就是卖草鞋出身。说明草鞋在古代不仅平民百姓普遍穿用，连皇帝、侠客们也穿草鞋。从文献和先后出土的西周遗址中的草鞋实物，以及汉墓陶俑脚上着草鞋的画像证实，可确知早在3000多年前的商周时代就已出现了草鞋。草鞋在中国社会生活中形成了一种文化，那就是草鞋文化。它体现了勤劳和智慧，表现了勇气和奋斗。

殷商时，随着礼制的出现，已有各种鞋履，可说皮、绵、布、草俱全。据《实录》中说：“夏商舄履皆以皮为之。”哈密市五堡墓地出土的3000年前的长筒皮靴，就是很好的证明。其靴长12.7cm，宽9.4cm。由靴面、靴底、靴腰三部分，以细皮条缝制而成。自靴底毛靴腰最上部约19.5cm，靴尖上翘，并在其上及跟、靴内外两侧各附一铜扣装饰。

商代贵族，脚穿翘头船式样的翘尖鞋，而商代武士穿的则是薄底翘尖皮履。从河南安阳出土的商代玉人，也见已着履，并有鞋翘。其实，在殷商时，人们已熟练地掌握了丝织技术，丝织物和纺织物已普遍流行。当时在贵族阶层中，除穿皮履外，还普遍地穿着各种麻鞋和丝鞋了。

在日用材料方面，人类也在不断发明和进步之中，例如建筑，我们从使用钢材，到铝材，到塑料，再到复合材料，如图18-2所示。

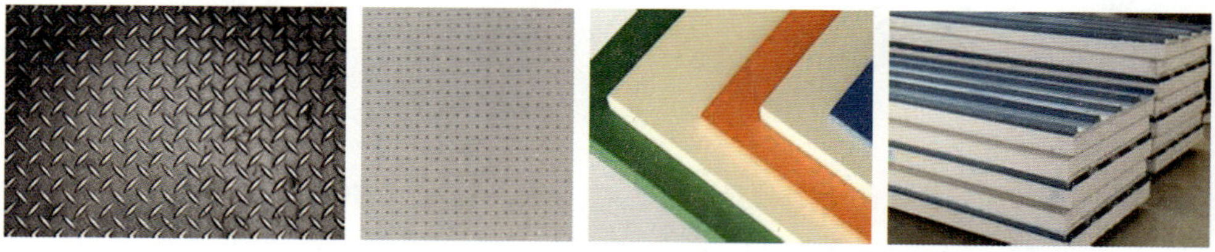

图 18-2　钢材、铝材、塑料及复合材料

复合材料的诞生虽然历史悠久，但其应用近年来十分热门。所谓复合材料，是由两种或两种以上不同性质的材料，通过物理或化学的方法，在宏观（微观）上组成具有新性能的材料。各种材料在性能上互相取长补短，产生协同效应，使复合材料的综合性能优于原组成材料而满足各种不同的要求。复合材料的基体材料分为金属和非金属两大类。金属基体常用的有铝、镁、铜、钛及其合金。非金属基体主要有合成树脂、橡胶、陶瓷、石墨、碳等。增强材料主要有玻璃纤维、碳纤维、硼纤维、芳纶纤维、碳化硅纤维、石棉纤维、晶须、金属丝和硬质细粒等。复合材料的主要应用领域有航空航天领域、汽车工业、化工、纺织和机械制造领域。

谈到复合材料，21世纪前后它们在民用飞机上的用量更是大幅度增长。例如，一架A380所用的复合材料重达30t，占飞机结构重量的25%；波音787上复合材料用量占飞机结构重量的50%。波音787采用全复合材料的机身，其机翼、短舱及内装饰都用了大量复合材料。复合材料的不断出现是未来“材变”的主要方向，包括机器制造材料、建筑材料、生活用品材料等。

谈到设备的轻型化，就让人想起铝。铝是最环保的绿色金属，具有良好的加工性能、物理性能、力学性能及抗腐蚀性。因其优异的综合性能，大到重要的航空航天器，小到包装容器、锅碗瓢盆，都离不开铝。

近代“材变”革新的最突出产物应属塑料的发明。塑料可以替代木材、建材、铝材、铜材、钢材、玻璃、布料、纸张等，成为生活中离不开的“万能”材料，广泛应用在日常生活用品、机械制造、建筑、装饰、服装鞋帽、医疗等各行各业，如图18–3所示。

图 18–3　各样的塑料制品

随着人类文明的进步，早期我们用树皮书写，后来改成竹简，再后来发明了纸张，现在我们有了电子书写板，如图18–4所示。

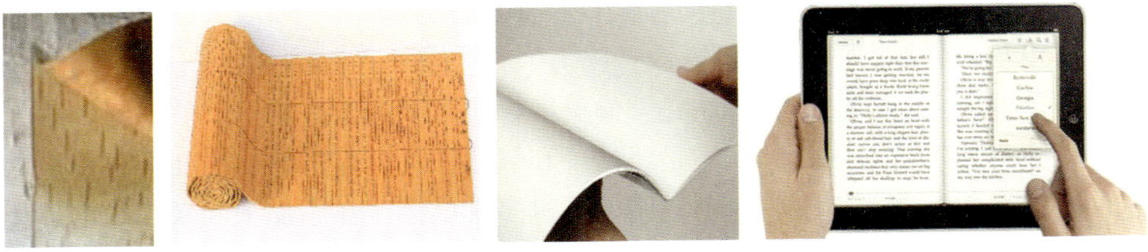

图 18–4　人类书写从树皮到竹简、纸张、电子书写板的变化

1986年甘肃天水放马滩出土的西汉文帝时期（公元前179~前141年）的纸质地图残片，表明了当时的纸可供写绘之用。从纸的质量来看，西汉初年的造纸技术已基本成熟。中国造纸术的革新已在“第11技——精雕细琢”中讲述，此处不再赘述。

建筑材料的“材变”就更是层出不穷。就拿常用的水泥来说，有普通水泥、高强度水泥，后来又发明彩色水泥，以及可以防水的密封水泥。我们的墙砖也从普通的烧结砖瓦变成空心墙砖，如图18–5所示。

图 18-5　建筑材料墙砖材料的变化，从普通砖到空心砖和瓷片

说起建筑材料，人们不会忘记瓷砖。瓷砖的历史应该追溯到公元前，当时，埃及人已开始用瓷砖来装饰各种类型的房屋。人们将黏土砖在阳光下晒干或者通过烘焙的方法将其烘干，然后用从铜中提取出的蓝釉进行上色。中国是陶瓷艺术的中心，早在商殷时期就生产出一种精美的白炻器。

在中世纪伊斯兰时期，所有瓷砖的装饰方法在波斯达到了顶峰。随后，瓷砖的运用逐渐盛行全世界，在瓷砖的历史进程中，西班牙和葡萄牙的马赛克、意大利文艺复兴时期的地砖、安特卫普的釉面砖、荷兰瓷砖插图的发展以及德国的瓷砖都具有里程碑式的意义。

工业上“偷梁换柱”的革新例子也不少。例如煤渣，工业固体废物的一种，火力发电厂、工业和民用锅炉及其他设备燃煤排出的废渣，又称炉渣。主要成分是二氧化硅、氧化铝、氧化铁、氧化钙、氧化镁等。根据成分的不同，还可用于制造水泥、砖和耐火材料等。废煤渣的具体用途包括制造砌筑砂浆和墙体材料、水泥混合材料、作轻混凝土骨，将煤渣和石灰按3:1的比例混合，可作为屋面保温或室内地基材料。煤渣还可作筑路材料、喷砂用砂等。“煤渣”既可“变废为宝”，也是“材变”的革新产物。

玻璃的发明与不断改善，也是“偷梁换柱”革新的很好例子。玻璃制造业的历史至少有2000年。古代的配方是将沙子和氧化铁混合起来，这样产生一种蓝绿色，造出来的玻璃有点模糊，不透明。经过多次试错，在添加了蕨灰、草木灰、石灰石和锰之后，人们终于制造出透明度较高的玻璃。尽管如此，这种玻璃的品质依然不是很高，而且制造过程复杂。中世纪制造窗户玻璃的方法是：用一根管子将熔化的玻璃吹出来，迅速地旋转管子，做出玻璃板的形状；然后用石板来压平这块炙热的玻璃板，再把它分切成小块。然而这个生产过程非常缓慢不说，成本还特别高。由于窗户玻璃十分珍贵，贵族每逢出行，都将他城堡的窗户拆下来带走。那时候普通人家的窗户往往并没有装上玻璃，而是蒙着一层油纸。

当时的人特别想要透明的大玻璃窗，因为玻璃窗不但可以遮风挡雨，还能隔断街路上的臭气。17世纪末期，在亚伯拉罕·泰瓦尔的指导下，法国圣日耳曼玻璃厂的工人掌握了制造大片玻璃的诀窍。到了18世纪初期，用来加热玻璃的熔炉也得到改善，制造大片窗户玻璃的成本也已经降得很低。

在医疗领域，也有不少“材变”的例子。人们发明创可贴和透明包扎带，可随时查看伤口愈合状况，如图18–6所示。

图 18–6　普通绷带、创可贴和透明绷带

提起创可贴，还有一段充满爱的故事。在20世纪初，埃尔·迪克森太太刚结婚，对烹调毫无经验，常在厨房切着手或烫着自己。埃尔·迪克森那时正在一家生产外科手术绷带的公司里工作，他很快就能熟练地为太太包扎。他想，要是能有一种包扎绷带，在太太受伤而无人帮忙时，她自己能包扎就好了。

于是，他开始做起实验。如果把纱布和绷带做在一起，就能用一只手来包扎伤口。他拿了一条纱布摆在桌子上，在上面涂上胶，然后把另一条纱布折成纱布垫，放到绷带的中间。但是有个问题，做这种绷带的粘胶暴露在空气中时间长了就会干。迪克森试了许多不同布料盖在胶带上面，期望找到一种在需要时不难揭下来的材料。后来他发现，有种粗硬纱布能很好地完成这个任务。当迪克森太太又一次割破手时，就自己揭下粗硬纱布，把她聪明丈夫发明的绷带贴在伤口上。

迪克森发明的这种备好的绷带使他工作的美国J&J（强生）公司发达起来。工厂的主管凯农先生将它命名为Band-Aid。Band指的是绷带，而Aid是帮助急救的意思。以后，J&J公司就把Band-Aid（邦迪）作为各种急救和手术绷带产品的名称，后来也成了绷带的同义词。

医疗材料还有很多“材变”的新发明，骨水泥就是很好的例子。经过多年研究，可以黏结人类骨骼的骨水泥在20世纪60年代初终于问世。为了便于保存、运输，骨水泥由白色粉末和无色带刺激气味的液体两部分制剂组成。使用时，只要按一定比例，将它们倒在一起调和，即可在室温下发生聚合反应。开始像砂浆，进而如同稀粥，接着变成面团一样，可以揉捏、挤压成任意形状，最后逐步固化，整个过程只有十几分钟。医生在其硬化前，将它置于准备更换关节的部位，随即安上人工关节。等到反应结束，局部温度稍微升高。摸上去有些发烫。此时，与优质建筑水泥同样坚固的骨水泥便成功地将人工关节与人体骨骼镶嵌，并牢牢地固定了。手术后经过短期康复，换上的关节即可发挥作用，如为人工髋关节置换，一段时间后便可下地行走。这种固定相当牢靠，可保持十几年，乃至二十几年。

类似的医疗材料，包括钛合金的骨骼、陶瓷义齿、不锈钢的心脏支架、人工血管、人工假肢、可被人体吸收的肠衣手术缝线等，可以列举不少。

下面给大家讲一个利用“材变”成功的例子。美国莱福公司的实验人员发现，二氧化矽研磨料可以使牙膏变成一种半透明的胶状物，而这种研磨料从未用于牙膏的生产。于是，他们推出了CLOSE-UP牌牙膏，这种著名的淡红色胶状牙膏很快登上了当时美国牙膏销售的第三把交椅。莱福公司后来又在CLOSE-UP牙膏中加入氟，使它具有了防蛀牙功能，莱福公司的经理们为这种以6至12岁儿童为对象的牙膏起名为“艾姆”。孩子的喜好往往能够左右一个家庭对于牙膏的偏好，这两种产品曾一度占据了美国20%的牙膏市场。

实战课堂

TnPM的可视化管理最能体现“材变”的革新。不少企业的管理看板由原来的普通白板变为有磁性的白板，便于动态信息的植入和更换。有的工厂为了显示电机温度，引进了一种变色贴纸，当温度超标时，纸的颜色就会改变。员工在点检时，很容易发现设备异常。在井下作业，许多安全提示、设备信息提示都采用了带荧光或者反光的材料，以便在黑暗中指示目标。有些容易磨损后易于脱落的标志物，往往会用一些耐磨、耐酸、耐热或者耐腐蚀的材料来替代，这样可以保持长久。

在润滑“三过滤”管理中，一些通过滤网过滤的内容逐渐被带滤芯的过滤设备取代，以提升油品的清洁度。

提起润滑，通过“材变”革新的例子更是不胜枚举。全球范围润滑剂的研发和更新速度很快，企业的“定质”加油，也要与时俱进，不断选用性能更优的润滑油脂或者添加剂，取得更好的润滑效果，创造更大的价值。

妙技锦囊

“偷梁换柱”，去其贬义，取其精华，实为工匠革新的重要手段。在很多工科大学里都设有材料科学这样的专业，可见其重要性。工匠可能会发明新材料，也可以通过不同的现有材料、成熟材料的相互替代、组合，有的是为了节约成本，有的是为了提高性能，有的是为了便于制造加工，有的是为了减轻重量，无论是出于哪种目标，都是为了让创造物产生新的功效，带来新的价值，这里大有文章可做。

第19技　上下左右

释义："上下左右"是指通过位置变化、方向变化、角度变化而进行的革新技巧。

标识符号：

"革新"有时候很简单，只要方向、角度、位置上有所变化，就带来一种新功能和效果。

人们在生存过程中创造了很多劳动技巧和狩猎技巧，也许算是最早的"位变"革新了，为了争夺、战争以及竞技娱乐，人类发明了很多拳法，包括中国著名的武当、少林等拳法，流行于韩国、日本的柔道、跆拳道等；为了强身健体，人们还发明了太极拳、瑜伽、体操、击剑等。

现在人们更关心健康，为了锻炼身体，除了各种球类活动，人们还发明了跨栏、吊环、单双杠、平衡木、鞍马等。

从竞技体育到健身，人们发明了越来越多的器材，如跑步机、各种锻炼和拉伸肌肉、让身材更健美的塑形器械，都应该算作"位变"革新的产物，如图19-1所示。

图 19-1 跑步机及各式健身器材

早期，人们通过“位变”，还创造了很多娱乐手段，最早的位变就是中国人创造的九连环，比较典型的当属多米诺骨牌，比较复杂的是魔方，如图19-2所示。

图 19-2 多米诺骨牌、魔方和九连环

风筝也是一种“位变”革新产物，利用风力吹起形态各异的漂浮物，带给人们娱乐的享受。风筝古称“鸢”，著名的风筝产地潍坊又称鸢都，可见潍坊制作风筝历史的悠久。用竹子扎制骨架，高档丝绢蒙面，手工绘画。工艺与美术的结合，体现了风筝的玩赏价值。潍坊风筝和京式风筝、津式风筝等交相辉映，鼎足而立。

潍坊风筝的源头可以追溯到鲁国大思想家墨翟制作的第一只“木鸢”，至今已有2000多年的历史，但真正开始兴盛走向民间却是在明代。到清朝中叶，潍坊开始出现专门从事风筝制作的民间艺人。相传有位姓陈的哑巴艺人（这可算扎风筝的工匠）扎的风筝新颖好看，放得又高又稳，远近闻名。这时，清明节前后竞放风筝也成了当地的踏春风俗。据《潍县志稿》载：“本邑每逢寒食，东门外，沙滩上……板桥横亘，河水初泮，桃李葩吐，杨柳烟含，凌空纸鸢，高入云端。”“清明，小儿女作纸鸢、秋千之戏，纸鸢其制不一，于鹤、燕、蝶、蝉各类外，兼作种种人物，无不惟妙惟肖，奇巧百出。”曾做过七年潍县县令的大诗人兼书画家郑板桥曾写过这样的诗来怀念潍县：“纸花如雪满天飞，娇女秋千打四围。五色罗裙风摆动，好将蝴蝶斗春归。”把潍县的风筝特点和放风筝的风俗描写得淋漓尽致。“一百四日小寒食，冶游步上白浪河。纸鸢儿子秋千女，乱草新来春燕多。”这是潍县诗人郭麟对他家乡清明寒食放风筝的真实描写。风筝的造型模仿自然事物、社会生活以及神话传说中的形象，都寄托着“吉祥”和“吉庆”、兴趣和理想。那绚丽多彩的颜色，与其说是所模仿事物的标志，毋宁说是人们对美好生活的向往。据史料记载，早在清代，潍县城里的风筝作坊和店铺就有30余家，清明时节在集市上摊的有数十户，外地客商在这里络绎不绝，生意十分兴隆。潍坊风筝选材讲究、造型优美、扎糊精巧、形象生动、绘画艳丽、品种繁多、起飞灵活。在中国的风筝家族中，潍坊风筝历史悠久，题材最丰富、广博。以其材料的奇特选用，设计的夸张变形，画工的年画技法，以及放飞的巧用力学原理，构成了浓郁的乡土气息和独特神韵，蜚声古今中外，如图19-3所示。

提起“上下左右”这种“位变”革新，我们早年使用的压水井也是一个例子。我们用的压水井，上面有一个活塞，下面有一个阀门，这个活塞和阀门都是一个单向阀，使空气往上走而不往下走，压水的把手连着活塞，下压把手让活塞往上提时，阀门开启，可以将下面管子里的空气抽到上面空腔来；上提把手，让活塞往下走时，阀门关闭，空气从活塞边上冒出来，如此循环将下面管子里抽成真空，水就在大气压的作用下，被抽上来了。但有时密封不好，活塞往上走时外面的空气会漏进去，活塞往下走时，空腔的空气也可能从阀门处漏进下面的管子里，这样就很难将管子抽空了。由于水有一定的密封作用，我们在上面加上水后密封效果就提高了，很快就能抽上水来，这就是引水的作用。

图 19-3　风筝——典型的“位变”革新产物

中国古代农业发展史上最重大发明——铁犁，也算“位变”革新的产物。第一次出现铁犁可能是在公元前4世纪，在汉代由当时的朝廷推广开来，成为了当时很受欢迎和常见的农耕工具。这项发明最重要的就是开发出了一个可调节的支柱，用来改变刀片和梁的距离，可以精确地调节犁地的深度。这项“位变”革新技术一直被大家所忽略，后来在17世纪引入英国和荷兰，使得当地的农产品量大幅提升。

中国发明磁石罗盘大概是在公元前4世纪的时候。他们的罗盘是用来占卜或者为远行的人指明方向。在公元前4世纪的时候，鬼谷子写的书中记载“有磁石可以吸铁”。把用磁铁制作的勺子放在一块刻有方位的铜板上，用来指明方向，也就是原始的指南针。通过磁力改变方向、指示方向，这可是重要的“位变”发明。

帆船是利用风力前进的船，也属于“位变”革新的产物。帆船是继舟、筏之后的一种古老的水上交通工具，已有5000多年的历史。中国宋、元、明、清时代使用过的帆船有平底沙船、尖底的福船、广船和快速小船，以及大型战船楼船和运粮的漕船。帆船主要靠帆具借助风力航行，靠桨、橹和篙作为无风时推进、靠泊与启航的工具。15世纪初期，中国明代郑和率领庞大船队7次出海，到达亚洲和非洲30多个国家，所使用的都为风力驱动的帆船。

当然，帆船也同时属于“草船借箭”革新的成果，如图19-4所示。

中国古代的围棋、西方人创造的国际象棋、中国的象棋都属于让“位变”给人们带来乐趣，同时也辅助人们锻炼智力的一种发明，如图19-5所示。

图 19-4　“位变”革新产物——帆船

图 19-5　围棋、国际象棋和中国象棋

提起国际象棋，还有一段传奇故事。这是印度的一个古老传说，舍罕王打算重赏国际象棋发明人、宰相西萨·班·达依尔。这位聪明的大臣跪在国王面前说：“陛下，请您在这张棋盘的第一个小格内，赏给我一粒麦子，在第二个小格内给两粒，第三格内给四粒，这样下去，每一小格内都比前一小格加一倍。陛下，把这样摆满棋盘上所有64格的麦粒，都赏给您的仆人吧！”“爱卿，你所求的并不多啊。”国王说道，心里为自己对这样一件奇妙的发明赏赐的许诺不致破费太多而暗喜，“你当然会如愿以偿的！”国王命令如数付给达依尔。计数麦粒的工作开始了，第一格内放1粒，第二格内放2粒，第三格内放4粒……还没有到第二十格，一袋麦子已经空了。一袋又一袋的麦子被扛到国王面前来。但是，麦粒数一格接一格飞快增长着，国王很快就看出，即便拿全印度的粮食，也兑现不了他对达依尔的诺言。这些麦子究竟有多少？打个比方，如果造一个仓库来放这些麦子，仓库高4m，宽10m，那么仓库的长度就等于地球到太阳的距离的两倍。而要生产这么多的麦子，全世界要2000年。尽管印度舍罕王非常富有，但这么多的麦子他是怎么也拿不出来的。这么一来，舍罕王就欠了宰相好大一笔债。要么是背负不能履行承诺、欠债给达依尔的名誉损失，要么就干脆砍掉他的脑袋。结果究竟如何，可惜史书上没有记载。

很多复杂的机械设备，都离不开最简单的结构，如齿轮、蜗轮蜗杆、连杆等，而这些简单的机构，“位变”革新十分普遍。

通过涡轮与蜗杆作用，改变机械转动的方向，由纵向轴转动改变成横向轴的转动，让转动变化了90°。类似的还有伞齿轮，也是转动轴方向的改变，可以让动作变为垂直或者所需要的角度，如图19-6所示。

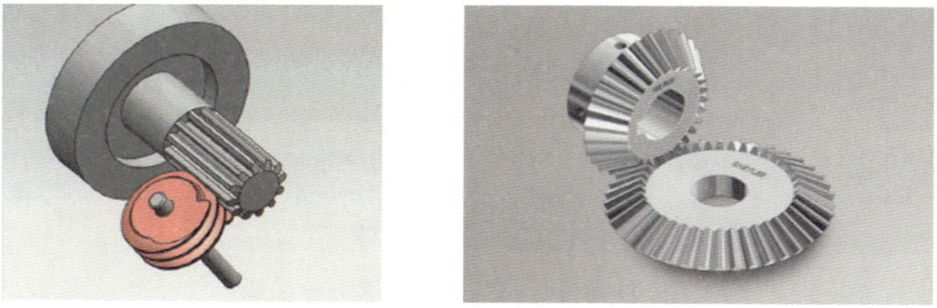

图 19-6 涡轮、蜗杆和伞齿轮的“位变”设计

最初的汽车是用舵来控制驾驶的。把汽车行驶中产生的剧烈振动传递给驾驶者，增加其控制方向的难度。当发动机被改为安装在车头部位之后，由于重量的增加，驾驶员根本没有办法再用车舵来驾驶汽车了。方向盘这种新设计便应运而生，它在驾驶员与车轮之间引入的齿轮系统操作灵活，很好地隔绝了来自道路的剧烈振动。

另外一种位变是齿轮与齿条，让转动变成平动，反之亦然。而凸轮的作用又有所不同，它是通过转动一个凸轮，周期性顶起某一机械零件，起到推动作用。传统蒸汽火车的曲轴也是如此，都可以起到由平动到转动的作用。曲轴是气缸产生的平动不停的驱动轴的转动，从而带动车轮的转动让机车行走的，如图19-7所示。

图 19-7 齿轮与齿条，涡轮、凸轮、蒸汽机车以及曲轴的平动变转动原理

实战课堂

我们在TnPM体系推进中，曾提出现场管理四要素的概念，就是生产现场的6S、清除六源6H、可视化和定置化管理。其中定置化管理就是运用空间想

象力，对人、物和空间进行最合理的安排和标示。例如，根据使用频率，生产现场经常用的工具要做到手边化，高度要恰当，要符合人机工学原理，减少搬动疲劳。而不常用的物品放在距离较远或者车间角落；更不常用的物品，放在厂区某处。员工们还创造了有一定斜坡的备件存放位，利用重力作用，一边领用一边向下滚动、滑动，做到先进先出；为了防止配件、工具的变形，人们发明了很多吊挂工具，利用垂直重力，保持工具配件不变形；为了防止某些圆柱体的滚动，员工还发明了一些托架、托垫以防止滚动；定置管理还要告诉人们“此处是何物？何处是何物？此物是何状态？何人在何处？何处有何物？”等信息。员工还发明了可以转动、可以拉伸移动的指示牌，或者可以将带磁性的标识（或小人）挪动到不同位置的指示牌，便于随时对变化的情景进行变更指示。为了便于寻找，提升工作效率，即使是经常流动的工具，如小车、铲车等，都要求有固定置位，一旦不用，一定要归位。人们在对阀门进行指示时，还发明了能够旋转变化指示阀门开、闭、常开、常闭的指示牌；为了准确反映设备状况，人们设计了可插拔变化指示设备“正常”、“故障”、“停机”、“检修中”等指示牌；人们为了指示会议室的利用状况，设计了“会议中”、“空闲中”以及反映会议室计划利用信息的指示牌。定置管理可是充分运用了“上下左右”的革新技法。

妙技锦囊

“上下左右”代表了方向、位置、角度的变化，通过此类变化引导工匠们让他们的创造物改变功效、提升价值，就是我们这一革新方法的主旨。如果说重构、重组是逻辑顺序的革新，而“上下左右”则代表了方位的变化。工匠要充分运用空间想象能力，发挥立体几何效应，让革新更充满活力。

第20技　曹冲称象

释义：“曹冲称象”是通过变参照物、变参数、变数量、变强度、变参照系的革新方法。

标识符号：

我们用大家熟悉的典故“曹冲称象”这一成语和典故来描述这种改变参照物、改变参数的变革方式。三国时期孙权送来了一头巨象给曹操，曹操想知道这象的重量，询问属下，都说不出称象的办法。曹操的小儿子曹冲说：“把象放到大船上，在水面所达到的地方做上记号，再让船装载其他东西，当水面也达到记号的时候，称一下这些东西，那么比较下就能知道了。”曹操听了大喜，马上照这个办法做了。这是一个典型的改变参照物的例子。大象太重无法称量，而石头却可以称量，用等重的石头做参照物，自然就知道大象的重量了。

所谓的“曹冲称象”也称为“参变”革新手法，是指让参数变化或者参照物的变化的手段，广义的“参变”也包括数值、强度的变化等。

古诗“两岸青山相对出，孤帆一片日边来”，以及现代电影《闪闪的红星》里“小小竹排江中游，巍巍青山两岸走”，则是对“参变”现象最好的描述。众所周知，判断一个物体是运动还是静止，首先要选取一个物体作为标准，这个被选作标准的物体称为参照物。参照物可以任意选定。选择不同的参照物来描述同一个物体的运动状态，可能得出不同结论。所以运动和静止都是相对的。怎样解释法国飞行员在空中能顺手抓住一颗飞行的子弹？射出的子弹在空中飞行时，由于受到阻力影响，速度将逐渐减小，当子弹到达飞行员和他驾驶的飞机（驾驶舱不封闭）旁边时，如果子弹正好与飞机同向，且飞行的速度相同（或差不多），选飞机为参照物，因子弹与飞机之间没有位置变化，所以子弹相对于飞机来说就是静止的，飞行员顺手把它抓住自然就不会受到伤害。

电影片放映原理就是参照物变化的例子，利用人眼睛的视觉暂留特点，每一帧图片微小的变化连续起来就完成一个完整的动作。我们在地铁看到的涵洞墙上动态广告也类似，因为列车在行驶，每帧图片的动作连接起来，就让图片动了起来。

自1839年出现照相术后，欧美许多国家的发明家再接再厉，为记录和再现活动影像进行了不懈地努力。其中，对形成电影贡献最大的是美国的伊斯曼、爱迪生和法国的卢米埃尔兄弟。依斯曼于1889年发明了将感光乳剂涂布在赛璐珞长条上的感光胶片，从而不仅便于拍摄长时间的活动影像，而且使透视或放映这些影像成为可能。爱迪生发明了使用感光胶片连续拍摄的摄影机，并于1891年发表了他制作的可供一个人通过放大镜观看活动影像的活动视镜。法国的卢米埃尔兄弟则在依斯曼和爱迪生成就的基础上，研制成功采用新传动方式的电影机，1895年2月13日获得“摄取和观看连续照相试验用的机器”的首项专利。同年3月30日，机器改进后再获专利，并正式定名为“电影放映机”。1895年12月28日，在巴黎大咖啡馆的印度厅首次把影片放映在银幕上供许多人观看。后来就把这一天视为电影诞生之日。《火车到站》《工厂大门》《水浇园丁》等短纪录片的摄制上映表明电影完成了发明阶段。

进入1896年后，在短短半年的时间里电影放映风靡欧美许多国家。远离欧美的中国也于1896年8月11日在上海首次放映了法国电影，当时称为“西洋影戏”。1905年，曾在日本学过照相技术的沈阳人任景丰，从北京东交民巷的德国商人手中购得法国制的木匣手摇摄影机及胶片14卷，在他开设的丰泰照相馆，利用日光在露天拍摄了著名京剧演员谭鑫培的舞台纪录片《定军山》，这是中国人自己拍摄的第一部影片。

另外一种“参变”是“模拟驾驶”，又称为驾驶仿真，或虚拟驾驶。模拟驾驶让体验者在一个虚拟的驾驶环境中，使其感受接近真实效果的视觉、听觉和体感的汽车驾驶体验。模拟驾驶游戏让玩家在无限趋近真实环境的城市里模拟驾驶汽车，汽车类型包括轿车、卡车、救护车、赛车、公共汽车等各种车型，甚至还可以设计一辆属于自己的车辆。除了模拟驾驶汽车，火车、轮船、飞机都可以开发出模拟驾驶软件和硬件设施。驾驶模拟培训具有效果逼真、节能、安全、经济，不受时间、气候、场地的限制，驾驶训练效率高、培训周期短等优势，在新车型开发和驾驶培训方面应用十分广泛，如图20–1所示。

图 20–1　模拟驾驶汽车游戏和模拟驾驶训练

当代流行的赛车电子游戏就是通过参照物背景的变化，将赛车的情景模拟出来，出现一个个惊险的画面，也模拟撞车或者飞出路面的场景，形成对游戏者的视觉刺激。而游戏者可控的部分以画面上自己“驾驶的车”为主，这样一个互动过程是对实际情景的模拟，但完全不是实际的情景。

仿照这种游戏的原理，人们研究了模拟飞机驾驶舱，因为实际驾驶舱会很昂贵，模拟驾驶舱是通过画面让驾驶员感受飞机的飞行、起落情景，通过控制“驾驶舱”的模拟控制按钮和器件，让飞行员掌握飞行技巧。这比一个真实飞机的训练风险小、成本低得多。一旦这种模拟训练合格，飞行员才在实际的飞机上进行真实的飞行训练。图20–2给出一些案例图片。

高速公路被拉长的提示字，也是“参变”的例子，因为要提示运动中的车子，字体就故意拉长，如图20–3所示。

图 20-2　电影放映、模拟飞行训练和赛车电子游戏

图 20-3　公路上拉长的提示字

提到“参变”革新，改变数字、强度的例子就更多，在电器系统里我们遇到的变频调速、变阻调光、变压输电虽然应用的电学原理并不相同，但其“革新”技巧基本类似，都是通过某一参数的变化引起某事件物理特性变化，从而达到某一目标。变频调速就是通过改变输入电的频率，让马达速度降低或者升高，同时达到节电的功能；而变阻调光则是通过调节线路的电阻，从而改变线路的电流，控制灯光亮度，达到调光的目标；变压输电则是通过调高输电的电压，让输电过程中的能耗降低，在输出端再将电压调低，达到应用的标准，如图20-4所示。

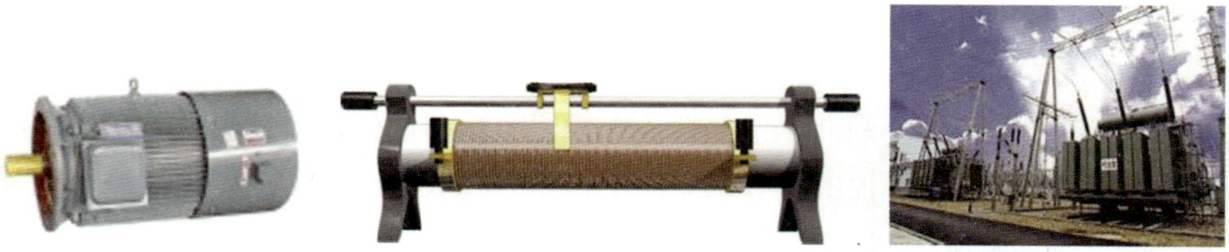

图 20-4　变频调速电机、变阻器和变压输电系统的“参变”革新

在电器家族里，这种改变参数的调节系统比比皆是，例如让声音变化的功率放大装置，让温度变化的变热控制系统，让电流变化的变流器，让光管颜色变化的变色系统都是典型的例子。一个音乐喷泉，既让水流喷射的强度方向不断变化，又让灯光和音乐随之变化，更是一种综合的多维“参变”系统。

讲到“曹冲称象”，给大家讲另外一个中国古代故事，名为“刻舟求剑”。

有一个楚国人出门远行，他在乘船过江的时候，一不小心，把随身带着的剑落到江中的急流中。船上的人都大叫："剑掉进水里了!"他马上用一把小刀在船舷上刻了个记号，然后回头对大家说："这是我的剑掉下去的地方。"众人疑惑不解地望着那个刀刻的印记，有人催促他说："快下水去找剑呀!"楚国人说："慌什么，我有记号呢！"船继续前行，又有人催他说："再不下去找剑，这船越走越远，当心找不回来了！"他依旧自信地说："不用急，不用急，记号刻在那儿呢。"直至船行到岸边停下后，这个楚国人才顺着他刻有记号的地方下水去找剑。可是，他怎么能找得到呢。船上刻的那个记号是表示这个楚国人的剑落水瞬间在江水中所处的位置，掉进江里的剑是不会随着船行走的，而船和船舷上的记号却在不停地前进。等到船行至岸边，船舷上的记号与水中剑的位置早已风马牛不相及了。这个楚国人用上述办法去找他的剑，不是太糊涂了吗？他在岸边船下的水中，白费了好大一阵工夫，结果毫无所获，还招来了众人的讥笑。这则寓言告诉我们，剑对于其参照物——刻痕的位置发生变化，那个楚国人却以为是静止不动的，当然不能成功了。

与"曹冲称象"类似的例子是爱迪生求解灯泡容积的故事。一天，发明家爱迪生把一只灯泡交给他的助手——普林斯顿大学的数学系毕业生阿普顿，要他算出玻璃灯泡的容积。阿普顿拿着灯泡琢磨了好长时间，于是用皮尺在灯泡的左右、上下量了一阵，又在纸上画了好多的草图，写满了各种尺寸，列了许多道算式，算来算去还未有个结果。爱迪生见他算得满头大汗，就对他说："我的上帝，你还是用这个方法算吧！"他在灯泡里倒满了水递给阿普顿说："把这些水倒进量杯里，看一看它的体积，就是灯泡的容积了。"助手听了顿时恍然大悟，于是照法很快就算了出来。

这两个例子都是"参变"概念的运用。当我们无法称量大象，我们改变参照物，想办法称量与大象等重的可称量物品，也就是小小曹冲想起的办法——称量石头，碎石头和大象让船下沉的深度相同，就意味着等重量了。爱迪生测量灯泡容积也是如此，因为灯泡形状不规则，很难测量，于是就改变参照物，测量与灯泡等容积的水，因为水具有可塑性，可以与灯泡形状完全吻合，水又可以被塑造成容易度量的立方体形状，变得易于度量。

另外一类类似于"曹冲称象"的革新是失重试验、风洞试验和高压氧舱试验。

大家知道，在航天飞行中，航天员长期处于失重状态，为了了解和适应这种失重状态，要创造模拟太空的失重情景。在地面上主要是在深水池中利用浮力做失重训练，这也是航天员最初做的训练，另一种是在离心机上做超重训练。航天员进行失重训练主要有两种方式，一是利用失重飞机，二是利用失重水槽。失重水槽是目前世界各国航天员进行出舱活动训练的重要设施。目前，美国、俄罗斯和日本均建有失重水槽。

设计飞机、高速列车或者汽车，要模拟高速运动时的各种情景，如外形对空气阻力的影响等，风洞实验就应运而生了。风洞试验的理论依据是运动相对性原理和流动相似性原理。根据相对性原理，飞机或者列车在静止空气中飞行所受到的空气动力，与飞机或者列车静止不动、空气以同样的速度反方向吹来的作用是一样的。就飞机试验而言，飞机迎风面积比较大，如机翼翼展小的几米、十几米，大的几十米，使迎风面积如此大的气流以相当于飞行的速度吹过来，其动力消耗将是惊人的。根据相似性原理，可以将飞机做成几何相似的小尺度模型，只要保持某些相似参数一致，试验的气流速度在一定范围内也可以低于飞行速度，并可以根据试验结果推算出真实飞行时作用于飞机的空气动力。风洞实验的理论依据是流动相似原理。

大家知道，氧气是由血液携带的，氧气进入到肺里就会立刻溶解到血液中，溶解的过程就像将一勺白糖放到水中很快就被溶解了。正常人的血液中所溶解氧气量与环境压力有关系，我们生活在一个大气压的环境下，由于空气中的氧气只有1/5，所以人血里溶解的氧气很少，满足不了人体的需要。氧气容易进入到红血球中并随红血球移动而运输，溶解在血里的氧很少却非常重要。因为红细胞携带的氧气比溶解到血中的氧气高几十倍，所以正常人能满足运送氧气的吸氧量。1956年荷兰的科学家将小猪身上的血从动脉抽出后再从静脉注入盐水，然后放到高压氧舱中并加上三个大气压的氧气，小猪在这个高压氧舱中活了15分钟，把血重新输入到小猪的身上后它活得还是很好，小猪是靠溶解氧而继续活着的，科学家将此实验命名为无血液的生命。经过多次实验后得出结论：人在高压氧舱中溶解在血液中的氧随着氧舱的压力增高而增加。在两个大气压的氧舱里吸纯氧后溶解在血里的氧气增加了14倍，而在三个大气压下就增加了21倍。于是人们就开始研究高压氧对疾病的治疗，经过多年的摸索实践，人们发现高压氧可以适用于以下疾病的治疗：煤气、硫化氢、沼气等有害气体中毒，脑血栓、脑出血、脑外伤、神经炎，脉管炎、糖尿病坏疽、难愈合的溃疡、胎儿发育不良、新生儿窒息，急性气栓症、减压病、高原病，突发性耳聋、美尼尔综合征、眩晕症。与普通吸氧相比，高压氧的力度更大，效果更好，能够直接利用氧量解决缺氧问题，高压氧还具有抗菌等效果。这可是利用“压力与氧量”参数变化的革新案例，如图20–5所示。

图 20-5　风洞试验、失重试验和高压氧舱的“参变”革新

“曹冲称象”这类革新方法十分有用。时下流行的“增强现实”和“虚拟现实”技术也是令人瞩目的“参变”应用领域，有着广阔的拓展前景。无论是在娱乐领域还是工程领域，工匠们运用此方法可以开启无穷的创新空间。

实战课堂

优秀设备管理的形成需要通过合理的激励和引导才能实现。很多工厂的设备管理处于低水平的状态，这往往是企业高层领导长期以来重生产、重工艺，而轻设备造成的。这种状态的转变不是一蹴而就的，需要慢慢来。TnPM的五阶六维评价体系，以及后来集中了上百人智慧形成的中国设备管理体系标准就是通过渐进式、五星级的方式引导企业设备管理的进步。区别于质量体系的二值逻辑，五星级、渐进式的引导就是对企业由松到紧、由低到高的阶梯式要求，是逐渐改变参照体系的引导，这就便于企业接受，也给企业以进步的信心。

我们的很多企业，由于历史的原因，检修人员薪酬普遍低于生产操作人员，这就造成检修人员流失，青黄不接，无以补充的被动局面，甚至某些工厂将表现不好的员工调到检修岗位充数，这进一步导致设备检修质量的低劣，设备状况的恶化，系统进入了恶性循环。如果有人主张提升检修人员的薪酬，就有人站出来反对，认为这些检修人员水平很低，没理由给他们加薪。聪明的企业就换一个参照系来思考，他们大胆的变革，就让这些“不怎么样”的检修人员薪酬高于生产岗，一些不服气的人看到这些原来被他们瞧不起的人薪酬高于自己，认为自己进入检修岗位一定会比他们出色，这反倒促进了检修岗位人员的回流，逐渐让检修队伍的质量越来越高。这不能不说是管理领域的“参变革新”。

妙技锦囊

“曹冲称象”是指通过“参照物变化”所达成的革新。我们经常说：“换一个角度看问题，结果就完全不同”、“退一步海阔天空”，这些就是一种“参变”的概念。我们看见一只长得像猫一样大的老鼠，惊呼“好大一只老鼠！”见到一只像羊一样小的大象，惊呼“好小一只大象啊！”从绝对的大小来看，到底是哪个更大？因为是参照物不同而已。这种变换参照体系的思维会给我们带来不少革新的启示。工匠要善用不同的参照体系来看这个世界，从而引导出意想不到的革新成果。

第21技　五光十色

释义：“五光十色”是通过改变创造物的颜色、改变其色彩的方式进行的革新技巧。

标识符号：

没有光源就没有色彩感觉。光是电磁波，波长在380~780nm之间的电磁波才能引起人们的色知觉。低于或者超出这个范围的光人们就看不到了，我们称之为红外线或者紫外线。物体之所以有颜色是因为不同物质对七色光中不同色光的吸收和反射不同。因为不同物体具有不同的反光曲率，人们称为色素。

色彩包括不同色系，再细致可划分为色调、色度、明度、饱和度、色值、浅色泽、暗色泽等，这些是如何影响我们对于颜色的感受，这也是色彩学所涉及的范畴，这里我们并不展开讨论。

从人类对色彩的感知而言，暖色包含红、橙、黄以及这三种颜色的变种。它们分别是烈焰、落叶以及日出和日落的颜色，它们通常象征活力、激情和积极。

冷色系包含绿色、蓝色和紫色，相对暖色，强度要弱。它们是夜、水和自然的代表颜色，通常给人的感觉是舒缓，放松，以及有一点冷淡。

基本色以及暖色系和冷色系如图21-1所示。

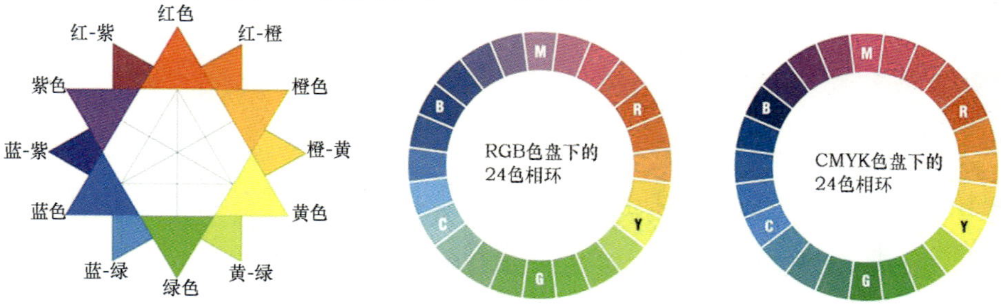

图 21–1　基本色以及暖色系和冷色系示意

颜色和人类的感觉密切相关。天寒地冻，世界的色彩偏于蓝白色，我们称之为冷色；温暖炎热，天地变得金黄或者火红，我们称之为暖色。人们在布置自己的房间时会因为自己的喜好而选择颜色。图21–2分别给出了暖色和冷色房间的布置。

图 21–2　暖色和冷色的房间布置

色彩也与人类情感和习俗密切相关。某种颜色会唤起某人的情绪反应，但是同样的颜色对于另外一个人而言，唤起的可能就是另一种完全不同的情绪反应。这与个人偏好有关，又与文化背景和宗教习俗有关。文化的差异则让一种色彩在某国象征幸福或者愉悦，而在其他的国家则变成了压抑。

红色与愤怒有关，不过它也与盛大的事件有关，红色也预示着危险。

在西方以外的地方，红色有不同的含义。譬如，在中国，红色是象征繁荣和幸福，它用来谋求幸运的降临。在东方文化中，红色是结婚日新娘着装的颜色，不过在南非，红色则是丧服的颜色，这个差异还不小呢。

橙色是一种充满生气和活力的颜色。柔和的橙色让人联想到大地以及秋色。因为它与季节的变换有关，橙色一般用来表现变化和运动的感觉。

因为橙色也与同名的水果有关，它也让人联想到健康和活力。通常认为橙色更友善和诱人，不像红色那样具有挑衅性。

黄色被认为是最明亮、最具活力的暖色。它让人联想到快乐和阳光，不过，黄色也与欺诈和懦弱有关。黄色还与希望有关，在一些国度里，家中有亲人参军打仗的人家会挂黄丝带。黄色也与危险有关，不过没有红色那么强烈。

在一些国度，黄色有完全不同的含义。比如，在埃及，黄色是奔丧的颜色，而在日本，黄色代表勇气。在印度，黄色则是商人的颜色。

绿色是一种非常务实的颜色。它可以象征新的开始和成长，它也意味着新生和富饶。另外，绿色也可表示嫉妒和猜忌，代表缺乏经验，就像我们常说某个青年显得十分青涩；绿色还继承了蓝色所具备的平静的属性，但是它也吸收了一些黄色的活力。绿色有一种平衡和协调的效果，并且很稳定。亮绿色更具活力和生机，而橄榄绿则更多表示自然界。

蓝色通常与忧伤有关。蓝色也广泛用来象征冷静和责任，浅蓝色有一种非常清新和友好的感觉，而深蓝色则是更多表示可靠和力度。蓝色也与和平有关。在许多文化中，蓝色有灵魂和宗教上的寓意。

一直以来，紫色都与高贵有关。它是红色和蓝色的合成色，具有这两种颜色的一些属性。它也与创造力和想象力有关。在泰国，紫色是寡妇的丧服色。深紫色则通常与财富和忠诚有关，而浅紫色则更多让人想到浪漫。

黑色是最强烈的中性色。往好的方面看，它通常与力量、高雅以及严谨有关；从坏的方面看，它也与邪恶、死亡以及神秘有关。黑色是许多西方国家葬礼色。在一些文化中，它与叛乱关系紧密，并且也与万圣节和玄学有关。

在光谱上，黑色对立面就是白色，不过跟黑色一样，它能与其他任何颜色搭配得很不错。白色通常与纯洁、干净、贞操联系起来。在西方，白色通常是新娘在婚礼上穿的颜色。白色通常也与医疗行业有关。尤其是跟医生、护士、护理联系起来。白色也与上帝有关，天使就被人认为是身着白色的。

灰色是一种中立色，通常是在光谱冷色区一端。有时，灰色被视为是忧郁或是压抑，灰色一般都显得保守和正式，不过也可以显得很现代。有时它被视作是哀悼色。

褐色通常与大地、树木和岩石扯上关系。它是彻头彻尾的自然色和暖系中立色。因其坚定和质朴的性质，褐色也与信赖和可靠联系起来。它也可以被视作迟钝和无趣。

遗憾的是，少数人对颜色的分辨并不敏感，色盲检验板就是检验人们对色彩是否敏感的手段，如图21-3所示。

图 21-3　色盲检验板

自然界是色彩的最伟大创造者。鸟类利用美丽的羽毛来吸引异性，变色龙以及大量的动物都利用颜色的变换来掩护自己，还有一些动物利用变换的颜色来吓跑天敌。

人类在生活中创造了很多通过色彩进行安全提示的标志物。动物颜色就具有警告性，一些凶猛的、有毒刺毒针的动物往往长有红色黄色的斑纹或者条纹，这些颜色给人们以启示，如图21–4所示。

图 21–4　有毒或者凶猛动物的色彩启示

人们在长期实践中，定义了红色代表禁止，黄色代表警示，蓝色代表安全提示，而绿色代表一般性安全提示。老虎线也称为警戒线，是对危险边界的提示，如图21–5所示。

图 21–5　安全提示和警戒线的安全提示

国家明确统一的安全警示标志牌是保证安全的一项重要举措。按照规定，为便于识别，防止误操作，确保运行和检修人员的安全，采用不同颜色来区别设备特征。在电力系统方面的应用，如电气母线，A相为黄色，B相为绿色，C相为红色，明敷的接地线涂为黑色。在二次系统中，交流电压回路用黄色，交流电流回路用绿色，信号和警告回路用白色。安全警示标志牌分为颜色标志和图形标志。颜色标志常用来区分各种不同性质、不同用途的导线，或用来表示某处安全程度。图形标志一般用来告诫人们不要去接近有危险的场所。为保证安全用电，必须严格按有关标准使用颜色标志和图形标志。我国安全色标采用的标准，基本上与国际标准草案（ISD）相同。一般采用的安全色有以下几种：

（1）红色：用来标志禁止、停止和消防，如信号灯、信号旗、机器上的紧急停机按钮等都是用红色来表示“禁止”的信息。

（2）黄色：用来标志注意危险，如“当心触电”、“注意安全”等。

（3）绿色：用来标志安全无事，如“在此工作”、“已接地”等。

（4）蓝色：用来标志强制执行，如“必须戴安全帽”等。

（5）黑色：用来标志图像、文字符号和警告标志的几何图形。

因为红色光谱穿透的距离最远，人类通过红绿灯进行交通提示，这一革新成果对人类生活的影响十分深远，每年拯救了大量发生在马路交叉路口的生命，如图21-6所示。

图 21-6　交通路口的红绿灯设计

交通信号灯俗称红绿灯，它的诞生还有一段故事。19世纪初，在英国中部的约克城，红、绿装分别代表女性的不同身份。其中，着红装的女人表示我已结婚，而着绿装的女人则是未婚者。后来，英国伦敦议会大厦前经常发生马车轧人的事故。受到红绿装启发，1868年12月10日，机械师德·哈特设计制造了高7m、挂着一盏红、绿两色的提灯——煤气交通信号灯，这是城市街道的第一盏信号灯。在灯的脚下，一名手持长杆的警察随心所欲地牵动皮带转换提灯的颜色。后来在信号灯的中心装上煤气灯罩，它的前面有两块红、绿玻璃交替遮挡。不幸的是只面世23天的煤气灯突然爆炸自灭，让一位正在值勤的警察断送了性命，但警察的死并没有停止红绿灯的使用。

经过改良后，增加了一盏黄色的灯，红灯表示停止，黄灯表示准备，绿灯则表示通行。之所以采用这三种颜色，用这三种颜色作为交通信号也和人们的视觉结构和心理反应有关。人的视网膜含有杆状和三种锥状感光细胞，杆状细胞对黄色的光特别敏感，三种锥状细胞则分别对红光、绿光及蓝光最敏感。由于这种视觉结构，人最容易分辨红色与绿色。虽然黄色与蓝色也容易分辨，但因为眼球对蓝光敏感的感光细胞较少，所以分辨颜色，还是以红、绿色为佳。

染织和服装设计是人类应用色彩最多的方式。人们把不同色彩染在布上，做出漂亮的服装，色彩的变换无穷无尽，如图21-7所示。

图 21-7 传统的蜡染和不同色彩的服装

很多染料的发现也是“色变”革新的产物，这种发现往往是偶然而得。帕金读大学的时候，教授霍夫曼让他研究一种治疗疟疾的药——金鸡纳霜。这天他像往常一样做实验，将重铬酸钾加进煤油里提炼出来的苯胺里，无意中发现试管底部有些黑暗的沉淀物。他叹了一口气，刚想把沉淀物从试管里倒进垃圾箱，可转念一想，觉得这种物质很奇怪，便萌生了探究一下的念头。于是，帕金把这黑色的沉淀物放入酒精中，摇了摇，却惊奇地发现它竟变成了紫色。帕金顺手将身边的一块绸子，放在这种溶液里浸泡，绸子居然也成紫色的了。第二天，他将这块染色的绸子，用肥皂清洗，然后放在太阳光下暴晒，令人惊奇的是，紫色不但丝毫不褪，色泽还鲜艳如初。无心插柳柳成荫，这个意外让帕金发明了紫色的染料。

服装设计有三大要素，包括款式、面料和色彩，其中色彩变化是设计中最醒目的部分。服装的色彩最容易表达设计者的情怀，同时易于被消费者接受。火热的红、爽朗的黄、沉静的蓝、圣洁的白、平实的灰、坚硬的黑，服装的每一种色彩都有着丰富的情感表征，给人以丰富的内涵联想。除此之外，色彩还有轻重、强弱、冷暖和软硬之感等，当然，色彩还可以让我们在味觉、嗅觉、感性上浮想联翩。

绘画也是人类利用色彩变化进行创作的最普遍形式，如图21-8所示。

一般认为，从古埃及和中国等东方文明古国发展起来的东方绘画，与从古希腊、古罗马发展起来的以欧洲为中心的西方绘画，是世界上的两大绘画体系。这两大绘画体系在历史上互有影响，对人类文明都作出了各自独特的重要贡献。绘画本身的可塑性决定了它具有很大的自由创造度，它既可以表现现实的空间世界，也可以表现超时空的想象世界，画家可以通过绘画来表现对生活和理想的各种独特的情感和理解，因为绘画是可视的静态艺术，可以长期对画中具有美学性的形式和内容进行欣赏、玩味、体验，所以它是人们最容易接受而且最喜爱的一种艺术。

图 21-8　人类通过色彩变化进行绘画创作

已知最古老的绘画位于法国肖维岩洞（Grotte Chauvet），部分历史学家认为它可以追溯至3200年前。那些画经由红赭石和黑色颜料作雕刻及绘画，主题有马、犀牛、狮子、水牛、猛犸象或是打猎归来的人类。石洞壁画在世界各地均十分常见，例如法国、西班牙、葡萄牙、中国、澳大利亚及印度等。

中国的绘画工艺十分古老，可以上溯到原始社会的新石器时代，距今至少有7000余年。最初的中国绘画，是画在陶器、地面和岩壁上的，渐而发展到画在墙壁、绢和纸上。使用的基本工具是毛笔和墨，以及天然矿物质颜料。在无数画家不断探索、创新的努力之下，逐渐形成了鲜明的民族风格，并有着自己独立的绘画美学体系。中国原始绘画技巧虽幼稚，但已掌握了初步的造型能力，对动物、植物等动静形态亦能抓住主要特征，用以表达先民的信仰、愿望以及对于生活的美化装饰。中国绘画又名国画，它包括卷轴画、壁画、年画、版画等各种各样的门类。有时特指以中国独有的笔墨等工具材料按照长期形成的传统而创作的绘画。中国画现分为三大画科：人物画、山水画、花鸟画；有工笔与写意两大种画法；有卷、轴、册、屏等多种装裱形制。

谈到“色变”，有一个非常有名的故事，这就是四色猜想，堪称是世界近代三大数学难题之一。四色问题的内容是：“任何一张地图只用四种颜色就能使具有共同边界的国家着上不同的颜色。”用数学语言表示，即“将平面任意地细分为不相重叠的区域，每一个区域总可以用1、2、3、4这四个数字之一来标记，而不会使相邻的两个区域得到相同的数字”。这个问题经历了100多年的和无数数学家的证明，都没有很好解决。电子计算机问世以后，由于演算速度迅速提高，加之人机对话的出现，大大加快了对四色猜想证明的进程。美国伊利诺大学哈肯与阿佩尔合作编制了一个很好的程序，就在1976年6月，他们在两台不同的电子计算机上，用了1200h，作了100亿判断，终于完成了四色定理的证明，轰动了世界。这是100多年来吸引许多数学家与数学爱好者的大事，当两位数学家将他们的研究成果发表的时候，当地的邮局在当天发出的所有邮件上都加盖了“四色足够”的特制邮戳，以庆祝这一难题获得解决。

下面讲一个降妖巫婆剑刺草人流血的“色变”故事。大家知道，只有有生命的物质才可能有血液，但降妖的巫婆只需将宝剑在圣水中一点，就可以将身穿黄表纸衣服的草人刺出血来，大家目瞪口呆，以为巫婆真的刺死了妖怪。这是怎么回事呢？其实，巫婆的剑根本不是什么宝剑，那圣水只不过是普普通通的纯碱溶液。草人穿的黄表纸是用天然染料染过的，这种染料是从姜黄中提取出来的。剑上沾有纯碱溶液，碰到姜黄这种物质就会发生化学反应，使黄色立即变成红褐色，看上去就像血一样。化学上，把像姜黄这类能够以本身颜色的变化来指示某些物质的酸碱性的称为指示剂。常见的有石蕊指示剂，酚酞指示剂等。我们把液体用洁净的玻璃棒蘸取，滴入紫色石蕊试液，如果试液显红色，说明液体呈酸性；如果试液显蓝色，则说明液体呈碱性；如果溶液不变色，则是中性。酚酞作为一种常用指示剂，也被广泛使用于酸碱滴定过程中。通常情况下酚酞遇酸溶液不变色，遇中性溶液也不变色，遇碱溶液变红色。

谈到石蕊，也有一段发明小故事。波义耳买了一束紫罗兰插在花瓶里，这时，他的助手拿了几瓶盐酸进来，在花瓶附近，助手将盐酸倒进小玻璃瓶里，只见一股烟雾立即在室内弥漫开来，波义耳见状害怕浓雾会腐蚀花儿，就把花儿放在清水里洗了一下，忽然，他发现一种有趣的现象，紫罗兰变成了红色的。“会不会是在盐酸的作用下才改变颜色的呢？”波义耳又连续做了几次试验，结果依旧，于是他依此发明了检验酸溶液的石蕊试纸。

谈到“色变”革新，人们不会忘记烟花和信号弹。在电视或电影里，我们经常看到军队作战时，靠信号弹传递消息。信号弹发射后，会发出五颜六色的焰火。这些信号弹里装的是普普通通的化学药品——金属盐类。原来，许多金属盐类在高温下能够发出各种彩色的光芒。例如，硝酸钠与碳酸钠会发出黄光，硝酸镁发出红光，硝酸钡发出绿光，碳酸铜、硫酸铜会发出蓝光，铝粉、铝镁合金会发出白光。这种现象，在化学上叫做焰色反应。我们平时放的烟花，里面装有燃烧剂、助燃剂、发光剂和发色剂。燃烧剂也是用黑色火药做的。正因为黑色火药燃烧时能够产生大量的热与光，人们用它来把发光剂与发色剂引燃，并使焰火爆破，使发光剂向四面八方散开去。助燃剂由硝酸钾、硝酸钡等组成。硝酸钾、硝酸钡等一受热就分解，放出大量的氧，使燃烧剂烧得更猛。发光剂是铝粉或者镁粉，这些金属的粉末能够猛烈燃烧，放出强烈的光芒。发色剂是利用金属盐来实现的。音乐喷泉也会有美丽的光彩效果，使用的原理不同，但其“色变”革新的意义是一样的，如图21–9所示。

图 21–9　彩色信号弹、烟花和音乐喷泉的“色变”革新案例

有一种化学武器叫“烟幕弹”。引爆后，会产生大量的烟雾，形成云海。以前的战争中，这种武器经常被拿来使用以迷惑敌人。为什么烟幕弹会产生这么多有毒的烟呢？原来烟幕弹里装有黄磷，引爆后黄磷迅速燃烧而产生的五氧化二磷与水蒸气生成偏磷（有毒）和磷酸的液滴，这些液滴又会与五氧化二磷颗粒悬浮于空中，形成“云海”。这也算一种类似“色变”的发明吧。

同时，“变色眼镜”也属于“色变”革新的例子，已在“第17技——滴水成冰”中讲述，此处不再赘述。

提起“五光十色”的革新，我们不会忘记迪士尼。迪士尼1922年创办了欢笑动画公司，制作出一部叫《小欢乐》的动画片。由于制作成本高，推销员携款潜逃，刚刚完成《爱丽丝卡通国》短片的制作，公司就倒闭了。迪士尼卖掉摄影机，提着一只行李箱、几件绘画工具和40美元来到洛杉矶。中间又完成了《幸运兔子奥斯华》《疯狂的飞机》《疯狂的高卓人》《糊涂交响曲》等系列动画片，并把米老鼠的形象搬上银幕，米老鼠也逐渐家喻户晓。但因为迪士尼的得力助手被挖走，迪士尼自己也重病一场，公司却停止了米老鼠动画的制作。迪士尼没有就此止步。1932年重整旗鼓，完成彩色动画片《花儿与树》，米老鼠的形象还获得奥斯卡特别奖。此后又推出《三只小猪》《白雪公主》《小鹿斑比》《幻想曲》等一系列经典动画片，这时又创作出可爱的卡通角色唐老鸭。迪士尼先后获得三次奥斯卡特别奖。从此，迪士尼的创作便源源不断，一个个经典卡通片问世，包括《仙履奇缘》《睡美人》《森林王子》等。晚年的迪士尼没有停止脚步，开始最大的冒险项目——建造迪士尼乐园。很多人并不看好他的冒险，他甚至压上了个人的人寿保险去圆自己的梦。1955年7月，世界上第一个迪士尼乐园在加州落成，公园开放6个月就有300多万人蜂拥而至。迪士尼“五光十色”的革新创意造就了今天迪士尼王国“五光十色”的辉煌。

实战课堂

TnPM的现场管理四要素之一是可视化管理，这是最能发挥想象力和创造力的领域，企业实际上也创造了大量的管理案例。例如，为了提示和防止螺母松动，工人给螺栓、螺母上下划上彩色线条。为了提醒人们注意调整皮带松紧度，在皮带轮之间固定一个带有上下限的标尺，一旦发现皮带低于下限，就要进行调整。为了防止油液或者某种介质量太低，他们还在显示液面的部位标定上下限加以提醒。在定置管理中，一些定置位的摆放就是通过区域线来指示的。为了在点检中，发现仪表显示的参数是否超标，工人们将仪表的正常区域标识为绿色，异常区域标识为红色加以提醒。在检修管理中，人们发明了红牌、绿牌和黄牌，分别代表紧急抢修，当日完成的修理和机会修理，给修理的紧急程度排出优先序。最近出现的增强现实眼镜，还可以在不方便悬挂点检标准、检修标准或者保养流程的设备前面，虚拟显示实景式的规范提示，辅助现场员工的作业。可视化管理不仅限于对设备状况的管理，还广泛地应用于生产计划看板、安全管理、仓储管理、质量管理、环境管理、职业健康管理、物流管理、办公室管理等多种场合。在TnPM的可视化管理领域，“五光十色”革新真可以大放异彩。

妙技锦囊

综上所述，“五光十色”作为革新方法，表面看起来其内涵并不十分丰富，其外延却十分多彩，实际上应用的情景更是十分广泛。我们希望工匠娴熟地运用“五光十色”的革新技巧于日常的生产和创造活动，尤其是善用电子化的手段，以“色变”来创造价值。

第22技　千形万态

释义："千形万态"是指通过改变形态、形状以及样式所进行的革新方法。这种变革不是"质"的变化，而是"形"和"型"的变化，由此给创造物增加功效和价值。

标识符号：

"形变"是很多革新的基础。中国传统工匠——铁匠，应该是这种"千形万态"革新的古老行业了。铁匠，俗称打铁的，红炉、风箱、铁砧、铁锤、铁钳、鸡嘴錾、鸭嘴錾等应该是铁匠的全部家当了。铁匠上炉开工一般是三人一组，俗称"铁三锤"，师傅左手拿火钳，右手握小锤，也称"带路锤"。第二个人称为"第二锤"，也叫"打下锤"的，或叫"拿大锤"的，多由有一定经验、快满师的大徒弟担当。第三人被称为"打帮锤"的，由刚学艺不久的小徒弟担当，其工作最苦，要给炉子加碳，拉风箱，还要忙里抽空打"第三锤"。打铁时，师傅手握扁平直角梯形小锤，不用很大力，主要用来掌握方向和力度，指挥"第二锤"打，小锤指到哪里，辅锤打到哪里。轻重缓急也都由主锤指挥，而且收尾的细活都由主锤完成。大锤轻则10来斤，重则20多斤，锤把柔软，一般人是使不了的，所以"打大锤"既是个力气活，又是个技术活。就这样，各样的工具物件，"千形万态"，包括锄镰镢锹就在这些能工巧匠手里打成了。

中国传统工匠——木匠，也是"千形万态"革新的高手。木匠讲究工具，俗称"三分手艺，七分工具"，斧、锤、锯、刨、钻、凿、墨斗、角尺、曲尺等，大小成套，五花八门。仅是木工刨子就有几十种，如平木刨、外圆刨、内圆刨、槽口刨、线条刨、光刨、细刨、弯刨、座刨，还有三尺长的板凳刨、不足两寸长的镗刨以及由多片"刨舌"组成的蜈蚣刨等，真是琳琅满目，且用料讲究，做工精细，件件精致。在木匠手里，大到亭台楼阁，雕梁画栋；小到桌椅板凳，箱笼柜橱无所不能。因此，他们也是"千形万态"的高手。

从字面上讲，物体发生的伸长、缩短、弯曲等变化都称为形变。形变有弹性形变和塑性形变两种。物体的形变是由于外因或内在缺陷，在外力作用下物质的各部分的相对位置发生变化的过程。凡物体受到外力而发生形状变化谓之"形变"。形变的种类有纵向形变、体积形变、切变、扭转、弯曲，还包括弹性材料的应变、塑性材料的永久形变和液体的流动等。

“形变”是这个世界上最丰富的变化内容，天上的云彩几乎随时都在变化着其形状和形态，地上的万物每天都在变化着，植物由绿芽长高长大，开花结果，到枯萎腐烂；而动物也不断循环着这个由生，到年轻，再到中年，再走向死亡的形态变化过程。即使是没有生命的高山、河流也是如此，每天在变化着其形状与形态。

人们始终不甘寂寞，不满足于静止，而追求着变化。就拿时装设计和鞋帽设计来说，从古至今，国内国外不知在“形变”方面翻新了多少花样，而且这种变革也永远不会停止，如图22-1所示。

图 22-1　服装与鞋帽的“形变”革新

以鞋子的“形变”作为特写，也演绎出不少有趣的变革故事。对于残疾人、老人等行动不便的特定群体，穿鞋是一件很麻烦的事，为了解决这个棘手问题，有人设计了一款没有传统的鞋带、直接两腿一蹬就穿上、不分前后向、也没有左右脚区别的鞋子，使穿鞋这件事变得更为简单。更为重要的是它通过一种无差别的方式来解决弱势群体的问题，它没有传统的老弱病残专用的那些标签，相反它是每个人都可以用的，甚至是一双很潮的鞋，实现使用方式上的平等。从功能层面到心理层面的设计，十分难得。

另外一对双头拖鞋的设计灵感来源于中国传统文化中的太极阴阳哲学，鞋子两头呈圆弧状，外形类似花生壳，一条S形曲线将鞋子一分为二，体现了东方哲学。其分开的两条拖鞋带体的长度各为拖鞋本体总长度的4/5，要穿时无需顾及拖鞋的鞋头方向，只要用脚轻触拖鞋带体将脚深入即可穿上，而拖鞋带体材质也十分柔软，脚踩下去又方便又舒适，如图22-2所示。

图 22-2　鞋的个性化“形变”设计革新

服装设计有一种称为仿生物形态的设计，强调对生物外部形态美感特征与人类审美需求的结合。例如仿蝴蝶、蝙蝠的时装设计，仿花草植物的设计。这里面也包含无穷无尽的变化，通过并置、层叠、镂空、肌理等方法表现出不同生物的美感，从而衬托和展现人的美。

小电器设计以及各种日用品设计也是一个不断变化的过程， 永无止境，层出不穷，如图22–3所示。

图 22–3　小家电和层出不穷的日用品“形变”设计

人类的窠臼就是房屋建筑。不像是鸟巢，相对单一，建筑设计包含着人类文明进步的结晶，也是创意无穷的产物，如图22–4所示。

图 22–4　千变万化的建筑“形变“设计

提起建筑设计上的“千形万态”，中国人恐怕对北京的古建筑印象十分深刻，从金碧辉煌的故宫，到秀美恢弘的颐和园，到天坛、北海和圆明园，都是出自著名的“雷氏家族”之手。雷氏从康熙年间起，共有7代人在260年间为清朝皇室设计建造宫廷、园林、庙宇和陵寝。为了传承家族手艺，从第五代雷景修起，开始将祖上图纸、设计文案、平样、烫样及各种手艺诀窍收集起来加以保留，形成极其庞杂的建筑体系。大到宫殿、城门，小到屏风、石碑，无不有其独特的设计规矩，所以被誉为“样式雷”。这种传承的工匠将中国建筑的“千形万态”表现得淋漓尽致，如图22–5所示。

图 22-5　故宫、颐和园、北海和圆明园的“千形万态”设计

家具设计更显现人类的智慧，“形变”是让家具变化的主要手段，如图22-6所示。

图 22-6　家具的“形变”设计

类似的“形变”设计不计其数，就拿书写笔来说，从古代的毛笔，到铅笔，到钢笔，笔头由尖笔头变为圆珠笔头，通过“形变”让书写更流畅，如图22-7所示。

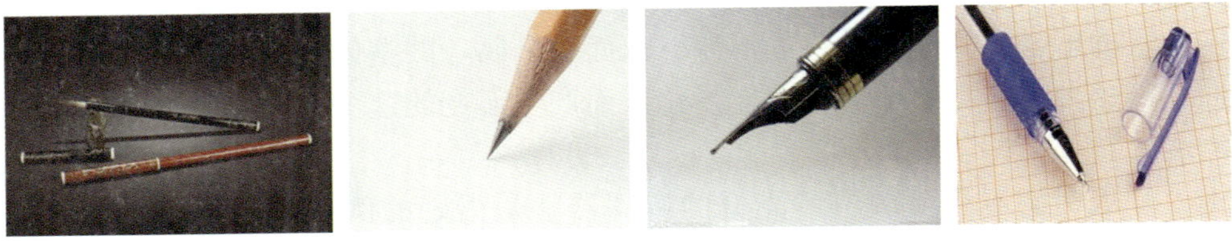

图 22-7　毛笔、铅笔、钢笔和圆珠笔的“形变”设计历程

这里还有一些例子，椅子腿加转滚轮，这种“形变”可以让搬动更便捷；普通楼梯变成旋转楼梯，可以节省室内空间，如图22-8所示。

图 22-8　便于移动的椅子、旋转楼梯可节省空间

还有一些个性化的巧思“形变”设计，如图22-9所示。

图 22-9　蒜形碗、折纸灯、书架台灯、建筑物的“形变”革新

在工业上这样的例子还有很多，例如一字形螺丝帽改为星形螺丝帽，让紧固更给力；圆头螺母变为六角螺母，外六角改为内六角螺母，让紧固更方便。热敏开关——就是利用双金属片各组元层的热膨胀系数不同，当温度变化时，主动层的形变要大于被动层的形变，从而双金属片的整体就会向被动层一侧弯曲，则这种复合材料的曲率发生变化从而产生形变的这个特性来实现电流通断的装置。

开水煲的温控开关、日光灯的启辉器就是很好的例子。一般带加热的电器都要用到这个部件。它的原理就是双金属片“形变”的原理，如图22-10所示。

图 22-10　为方便紧固不同“形变”的螺母以及利用热“形变”的热敏开关

在“迭代”和“渐进”的革新技巧中我们曾经提到乐高积木的故事，同时也是利用“形变”给人们带来乐趣的革新，如图22-11所示。已在“第4技——更新换代”中讲述，此处不再赘述。

图 22-11　乐高积木和积木堆成的建筑

另外一种“形变”革新的产物就是魔方。魔方与中国人发明的“华容道”、法国人发明的“独立钻石”一起被称为世界三大智力运动。而魔方受欢迎的程度更是智力运动界的奇迹。

魔方，也称鲁比克方块，是匈牙利布达佩斯建筑学院厄尔诺·鲁比克教授在1974年发明的，也应属于“形变”革新的典型。英文名为Rubik’s Cube。如图22-12所示。

图 22-12　拆开的三阶魔方、二阶与三阶魔方、三阶四阶与五阶魔方

中国早在西汉时期就出现了以大麻和少量苎麻纤维制造的纸张，折纸艺术起源于中国，它也是“形变”革新的产物之一。折纸又称“工艺折纸”，是一种以

纸张折成各种不同形状的艺术活动。在大部分的折纸比赛中，要求参赛者以一张无损伤的完整正方形纸张折出作品。折纸与自然科学结合在一起。折纸不仅成为建筑学院的教具，还发展为现代几何学的一个分支。折纸慢慢发展为一项儿童玩具，有益身心、开发智力和思维的活动，折纸是一个和平与纪念的象征手段，也是一个极佳的消遣方式。

日本最早出现纸是隋炀帝大业六年，多才多艺的高句丽高僧昙征把造纸术传到了日本，昙征本人也被日本人称为“纸神”。从那之后，折纸在日本很快兴起并且被广泛运用到了佛教礼仪当中。在公元1200年左右，日本出现了比较复杂的纸模型。当时的日本武士流行一种礼仪，交换自己的刀和一种特殊折法折出的纸花来证明友谊。并且纸模型被用于庆祝婚礼。到了室町幕府时期，纸成为廉价品，折纸开始流传到社会各个阶层，这一时期在日本的传统节日女儿节，母亲们开始折出各种纸偶用于祭祀，并且一直流行到今天。然而在日本，关于折纸文物最早的记载也是18世纪以后，江户时代的一些浮世绘作品反映了折纸在日本的情况，1797年，三重县桑名市长円寺的僧人义道一円写出了世界第一部折纸书《秘传千羽鹤折形》并将之出版。

现代折纸已经不再只是儿童的玩意。它可以是一种既富挑战性又能启发思维的有益身心的活动。折纸当然也属于“形变”革新的重要案例，如图22-13所示。

图 22-13　纸折的龙和蜻蜓

“形变”的另外一个具有历史意义的案例当属“结绳”了。古人通过结绳记事，是那个时代非常先进的记录方式，配合语言使用，会起到事半功倍的效果。结绳记事一旦掌握方法，实际上可以终生不忘。

从颜色上，人类至少可以用七种色彩以及黑白两色，共九种颜色赋予其涵义。

从材质上，绳子可以用动物毛线绳、树皮绳、草绳、麻绳等，各种材质的绳子，有几十种类别。

从粗细上，最少能够分成粗、中、细三种不同规格的绳子。

从经纬上，有横向绳子，也有纵向绳子，有主绳，也有支绳。

这样，就能构成最基本的几百个绳结词汇，组合起来能够完整有效地记载生活中发生的事物。

但结绳记事最大的问题，就是表达繁琐和麻烦，编制需要时间，而且保存困难，表达的意思又实在有限，相对于甲骨文都显得过于臃肿繁琐，所以最终被淘汰，如图22-14所示。

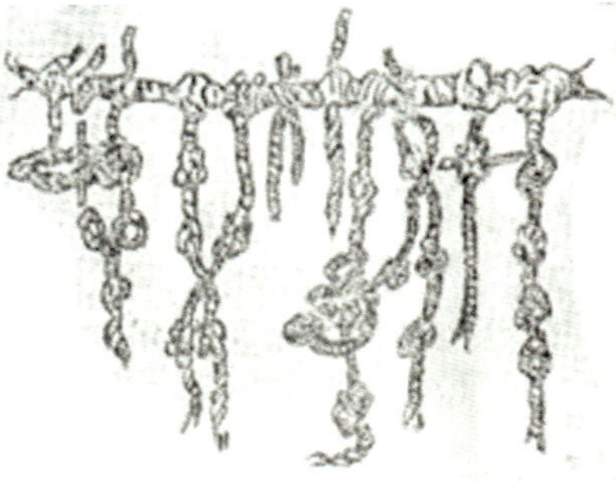
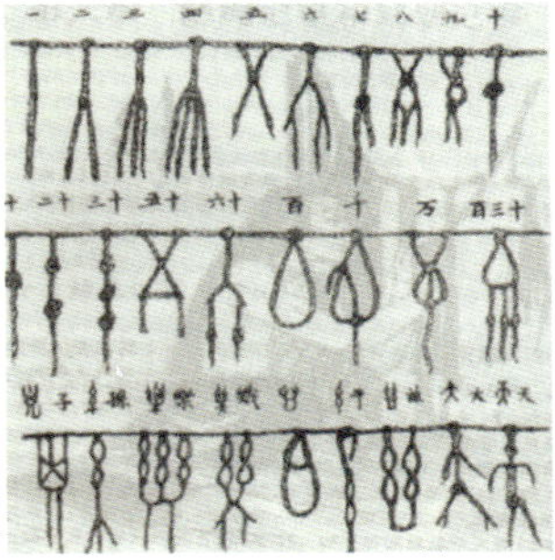

图 22-14　古代通过“形变”进行结绳记事

我们还有一个关于“形变”的小故事，在生活中我们发现有些玻璃或玻璃器皿上有很多花纹，这是用一种叫氢氟酸的物质刻的。原来，氢氟酸的腐蚀性较强，能轻而易举地“吃”掉玻璃，被称为玻璃的“天敌”。具体操作过程是：先在玻璃上均匀地涂好一层致密的石蜡，然后用工具在石蜡上写字、作画、标刻度，使要雕刻的部分露出玻璃，再用适量的氢氟酸涂在上面，让它把玻璃“啃”去一层。氢氟酸涂得多，玻璃就“啃”得深，涂得少，就“啃”得浅，这样，玻璃器皿上就出现了人们想要的花纹和图案了。这类“形变”是通过化学变化来实现的。

中国古代灯具的变化就记载了“形变”革新的轨迹。

中国最早的灯具发明和使用可追溯到公元前7万年。那时，没有金属和铜可以用来制作灯，人们就用中空的石头和贝壳取而代之。这些中空的石头里被放满了苔藓和其他植物，然后浸在动物脂肪里。动物脂肪可以代替油，第一盏灯就是这么诞生的。在中国，据出土的甲骨文记载，人类早在殷商时期，就会使用松脂火把照明。到了周朝时期，青铜器和陶器的大量使用，为灯具的出现创造条件。春秋战国时，照明用的灯具开始出现，豆就是当时照明所用的工具，它是依照当时的食器——豆的形状制成。瓦豆灯是最早的灯具实物。当时人们是用豆脂作为燃料，将豆脂盛放在陶制的小碗里，放上一根灯芯，点燃照明。从古体字的“燈”就能看出，灯是从豆演变而来的。古籍中有记载：“灯源于豆，瓦豆谓之登。”战国时期的灯具以青铜质为主体，多为贵族使用器，陶质灯因为与传统的陶豆无异，往往被称为陶豆，并没有归于灯类，这类灯为下层社会所用。战国时期的灯具除了个别多枝灯外，还出现了人俑灯、仿日用器形灯、雁足灯等，如图

22-15所示。

图 22-15 战国前后出现的灯具“形变”

到了秦代，灯具铸造极其华丽。《西京杂记》卷三记载：“高祖初入咸阳宫，周行库府。金玉珍宝，不可称言。其尤惊异者，有青玉五枝灯，高七尺五寸。作蟠螭，以口衔灯。灯然，鳞甲皆动，焕炳若列星而盈室焉。”

两汉时期，我国的灯具制造工艺又有了新的发展，并且由于这一时期盛行“事死如生，事亡如存”的丧葬观念，使本为日常生活用具的灯具也成了随葬品中的常见之物。

在我国的灯具史上，成就最高的釭灯也是出现在西汉。这种灯是供宫廷贵族使用的青铜灯，灯的火苗上方带有连着烟管的烟罩，灯烟可以经由罩和管排入蓄水的灯身里达到“取光藏烟”的环保效果。其中最著名的釭灯就是1968年河北省满城县出土的“长信宫灯”。如图22-16所示。

图 22-16 我国秦汉时代的灯具“形变”革新

我们常说，很多发明是在不经意之中实现的。在二战期间，美国政府需要大量的飞机轮胎以及军靴等橡胶制品。通用电气工程师詹姆斯·怀特（James Wright），当时试图用硅制作一种橡胶替代品，因为这种元素在自然界中广泛存在。在对硅油进行测试时，他向其中添加了硼酸，结果变成了一种带有弹性和黏性的物质。尽管没有人能够为其找到实际用途，但它却成为了一种有趣的玩具。这就是流行的“形变”儿童玩物——橡皮泥，如图22-17所示。

图 22-17　橡皮泥的“形变”革新

比当今的橡皮泥更早的“形变”活动应该追溯到人类的陶器和瓷器时代了。古代制作陶罐最简单的方法是：将黏土捏成长条，沿着平碟的边缘，一圈又一圈地叠起来。后来出现了一项小小的创新，就是把切掉上半截的葫芦放在平碟下面，这样陶匠在将黏土一圈圈地叠起来时，可以更方便地转动陶罐。这项创新虽小，但其实等于迈出了很大的一步，意味着陶匠开始使用转轮了。这项创新于公元前4000年在如今的伊拉克地区就出现了，大约在公元前2500年传到地中海地区。大约从公元前1000年起，希腊的陶匠开始使用转轮，那时木头或者石头做成的圆碟，放在磨尖的石头基座上。陶匠的助手稳稳地波动转轮，而陶匠则用双手塑造黏土的形状。转轮的动力意味着一种全新的制造方法，陶匠再也不用先把黏土捏成长条了，他可以将一整块湿土直接做成陶罐。这样做出来的陶罐虽然小，但它是整体成型的。将几个在转轮上做出的罐身拼接起来，就可以做出更大的陶罐。无论大小，在陶罐干燥以后，陶匠会把它们放在转轮上，一边旋转一边用刮刀去掉多余的黏土。

实战课堂

如果将TnPM的开放性特征加以诠释，这将是一个很具有柔性化的管理体系。因为当代的生产要更多适应变化的、个性化的客户需求，自然需要更加柔性化的制造，就是小批量、多品种、常变换的个性化生产。例如，某些服装企业甚至推出一人一款的网上个性化服装定制生产模式。这种生产组织和管理的变化必然要求设备管理的柔性化设计。TnPM管理体系也是随着企业不同，企业生产方式的转变，企业设备的技术进步和社会的技术进步而变化，这种变化包括对设备信息采集方式和手段的变化、维修策略的变化、维修资源配置形式的变化以及维修标准的变化，还包括备件管理方式的变化、润滑形式的变化。社会化的备件合作社和云储备，3D打印备件以及3D备件修复，利用增强现实眼镜的点检体系，自动加油系统对润滑六定、二洁、一密封、三过滤的颠覆，以及设备管理的小微创客群等，都将导致TnPM的深度形变。TnPM的柔性化或者广义的“千形万态”将主导着TnPM的未来发展。

妙技锦囊

“千形万态”的革新方法是启发工匠通过外表和形态的变化来获取创造物功效和价值变化的革新手段。自然造物，给了这个世界十分丰富的形变奇观。遍布全球的旅游景点，给我们提供了无数个鬼斧神工的形变造型启示。人类历史的发展，又积累创造了无数的形变革新案例。为了这种“形变”，工匠可能要用到其他的变革方式加以辅助，如“偷梁换柱”、“层出不穷”、“伸缩自如”等方法，最终达到“千形万态”的革新目标。

第23技　五音六律

释义：“五音六律”是通过声音变化、音调变化而进行的革新方法。

标识符号：

所谓“五音六律”是指中国古代对音律的界定，五音是指宫、商、角、徵、羽五个音阶；六律是指定乐器的标准。《尚书·益稷》：“予欲闻六律，五声，八音，在治忽；以出纳五言，汝听。”《孟子·离娄上》：“不以六律，不能正五音。”十二律又分为阴阳两类，凡属奇数的六种律称阳律，偶数的六种律称阴律。另外，奇数各律称“律”，偶数各律称“吕”，故十二律又简称“律吕”。五音六律中的六律是指阳律。我们提出的“五音六律”是指通过音律的变化所完成的创造与革新。

据史料记载，在夏代已经有用鳄鱼皮蒙制的鼍鼓。商代已经发现有木腔蟒皮鼓和双鸟饕餮纹铜鼓。受青铜时代影响，商代还出现了编钟、编铙乐器，它们大多为三枚一组。各类打击乐器的出现体现了乐器史上打击乐器发展在前的特点。始于公元前5000余年的体鸣乐器陶埙从当时的单音孔、二音孔发展到五音孔，它已可以发出十二个半音的音列。这些中国古代乐器如图23-1所示。

和“音变”相关的，中国传统也有一种职业，叫做“更夫”，也就是夜间敲竹梆子或者敲锣为百姓报时的人。古代因为缺少计时工具，靠燃香计时，更夫入夜时点上一炷香，一炷香燃尽时开始出外打更，转圈再燃上一炷香，自己倒头便睡，等这一炷香快燃烧完，他们习惯就醒来，再出去打下一圈更，每两个小时一个更段，也就是一炷香的燃烧时间。每次打更的敲梆子方法不一样，通过“慢一慢”、“快一快”、“一慢两快”、“一慢三快”、“一慢四快”的咚咚声来区别不同时段。

图 23-1 中国古代乐器——编钟、萧、陶埙和双鸟饕餮铜鼓

类似于更夫的敲梆子，古时沿街叫卖的卖货郎也使用一种叫“拨浪鼓”的东西招徕顾客。拨浪鼓鼓身扁平，有一长柄，双耳用绳子系有小球，鼓面、鼓身漆以彩绘，转动手柄小球敲击鼓面发出清脆悦耳的响声。鼓面以牛皮或羊皮蒙制，而且常常是多个小鼓叠摞在一起同时发声，叮叮咚咚，十分好听，成为卖货郎来到的标志声。

人们利用声音、音调的变化所做的革新由来已久。人类社会究竟从什么时候开始有音乐，已经无法查考。但是早在人类还没有产生语言时，就已经知道利用声音的高低、强弱等来表达自己的意思和感情。随着人类劳动的发展，逐渐产生了统一劳动节奏的号子和相互间传递信息的呼喊，这便是最原始的音乐雏形；当人们庆贺收获和分享劳动成果时，往往敲打石器、木器以表达喜悦、欢乐之情，这便是原始乐器的雏形。

提起“五音六律”，人们会自然想起八音盒来。1796年，瑞士的一名钟表匠安托·法布尔发明了世界上最古老的圆筒形八音盒，它被装在一枚纯金的印章内，这是世界上最古老的八音盒。这个八音盒如此小巧，仅10cm左右的高度。其实是一只非常实用、豪华的纯金图章，只是在其底部内藏八音盒。当人们转动图章上部的环上发条，台座上的开关便开始演奏。安托·法布尔的发明是利用圆筒装置和调好旋律的金属梳齿通过金属片弹拨来演奏音乐的。从此随着八音盒的迅速发展，绚丽的八音盒文化为欧洲的音乐史增添了一抹亮色。

1865年，一名伯爵为他女儿准备生日礼物，他要送的是人偶八音盒，他花重金请来了能工巧匠来打造这意外惊喜。伯爵下命令：人偶娃娃的服装必须是巴黎最最漂亮时髦的，就连娃娃纹丝不乱的栗色头发也一定要用真人的头发绣上去。最后在娃娃的裙子里装上小小的八音盒，音乐响起，木偶开始旋转……她成为女儿儿时最美丽的伙伴。

二战以后，美国的大兵将精致的音乐盒带至日本，给这个正在战败后痛苦呻吟中的民族以很大的抚慰。日本的技术人员借鉴了瑞士的制造技术，并作了进一步更新，使得音乐盒的造价在当时降低了很多，并提高了产量。正如日本的钟表工业在战后迅速崛起一样，日本制造的精致音乐盒，在全球范围内，打败了位于瑞士侏罗山区的众多厂商，并且逐渐形成以瑞士和日本称霸全球音乐盒市场二足鼎立的格局。

1992年，中国第一台具有自主知识产权的八音琴在中国宁波韵升诞生，标志着中国全方位地参与全球音乐盒这块巨大蛋糕的市场竞争，经过十多年的努力，韵升对八音琴的制造技术进行了更多的技术更新，取得了多个国家和地区50余项发明专利。这使得音乐盒无论在音质、音量、谱曲和外观设计等方面都有了更大的改进。韵升八音琴已占据全球八音琴市场份额的1/4，仅次于日本，位居全球第二位。

中国在音调上面的“革新”内容很多，乐器创造还有不少，如古筝、琵琶、胡琴、唢呐等，简直不胜枚举，如图23-2所示。

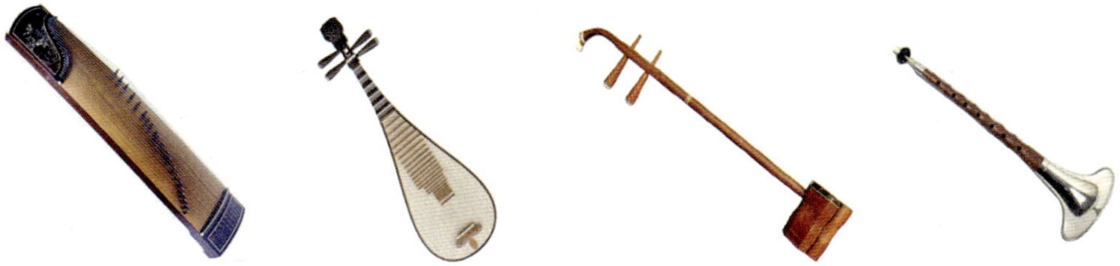

图 23-2　中国传统乐器古筝、琵琶、胡琴、唢呐

毋庸赘言，西方乐器的内容也十分丰富，从提琴、钢琴、风琴到管乐器，可谓五花八门、琳琅满目，如图23-3所示。

图 23-3　钢琴以及各种管弦乐器、演奏乐器的乐队及八音盒

工业上也利用“音变”革新来服务人类生活，如我们常见的具有提醒功能的蜂鸣器，具有各种报警功能的警报器，放大声音的扩音器，如图23-4所示。

图 23-4　蜂鸣器、警报器和扩音器

仅仅报警器的种类就有很多，如汽车的喇叭、火车和轮船的鸣笛、救护车和警车的报警器，它们发出的声音不同，人们可以通过声音来加以区分。

音乐保健，也是一大发明。据《帝王世纪集校》记载：早在远古尧帝时有个乐官，他仿效山川溪谷的声音，作了一支名叫《大章》的乐曲，人们听了这首乐曲后，都能心平气和，并减少了许多无谓的争端，这就是我国史料记载的第一首乐曲。音乐是一种具有振动频率的声波，当这种声波通过人的听觉器官及经络系统产生共振反应后，它不但可起到促进血液循环、加强新陈代谢、调整内分泌的作用，另外还可消散存在于人体相应经络部位和与其表里结合关系部位的淤滞气血。现代医学证明，人体内部有生理节奏与振动频率。如果用外部的音响配合人体生理节奏，就会引起极大的心理反应。音乐不但可影响人体的情绪，它还有治疗疾病的作用。早在西元前500年前，西方的毕达哥拉斯就曾说过声音和音乐有疗疾的特殊功能。我国早在春秋战国时期也提出了“五音”医学理论。《黄帝内经》曰：“五臟有声，声各有音，人有五音，即宫、商、角、徵、羽，其声大而和，轻而劲，沉而深，声音相应则无病。”又曰：“宫乱则病在脾，商乱则病在肺，角乱则病在肝，徵乱则病在心，羽乱则病在肾，五音声乱则有五病。”古人从发声而知病，这表达了五音可直接沟通人与天地自然的关系，并架起了金、木、水、火、土五行与人体脏腑相通相连的桥梁。司马迁在《史记·乐书》中说：“故音乐者，所以动荡血脉，通流精神而和正心也。”埃及在远古时代的著作中也称：“音乐是灵魂之药。”美国音乐治疗专家，纪兰诺女士在国际音疗研讨会上指出：“音乐的旋律、节奏和音色，通过脑感应可引起情绪反应，并进一步影响生理状态。”

催眠音乐治疗起源于二战期间。当时美国军队医生发现，聆听催眠曲音乐不仅能改善伤病员的情绪，同时也降低了感染率和死亡率，这现象引起了世人的关注。最初，音乐家和临床医生们尝试将音乐用于临床治疗中，并通过临床研究证实其安全和有效性。之后，随着心理学、生理学、神经生物学、声学等多学科专家的介入，从音乐情绪情感反应到音乐引发人体各系统生物学效应，从音乐心理学到音乐神经生物学研究，使催眠曲音乐逐渐成为疗法。催眠音乐是常见的音乐疗法，又叫心灵修复音乐或治疗音乐，和常见的音乐不同，不是纯音乐也不是歌手用的背景音乐，而是把大脑从兴奋慢慢引导到平静状态的音乐（冥想状态）。催眠音乐主要有环境音乐（青蛙、蟋蟀、小鸟和海鸥叫声，流水、滴水和海浪声）、太空音乐（营造庞大的空间感，令听者心情舒畅而飘飘欲仙）和精神音乐（能释放负面情绪和激励信心）三类。催眠音乐在医学临床上称为音乐疗法，对治疗睡眠障碍、释放负面情绪（忧伤、烦躁和痛苦）、治疗心理疾病（自卑、抑郁、焦虑和恐惧）都有好效果，尤其是不用药物，没有副作用。催眠音乐并不限于医疗，有些和医疗无关的领域，比如消除深度的脑力和体力疲劳、提高注意力和记忆力、寻找灵感和创意、激励信心等和医疗无关，因此催眠音乐的应用范围不仅在医院，也可以应用在家庭、运动队等领域。

高雅的音乐还可以陶冶我们的情操，不协调的噪声可以令人心烦意乱，不同的乐曲可使身心产生不同的反应。自然界是音的世界，正如爱因斯坦所说：“世界可以由音乐的符号组成。”人本也是音的世界，当有益的音乐进入大脑后，可使人体气血精神旺盛、脏腑经络调和，使人的情绪起到一定的激发作用。例如，当军人们听到嘹亮的军号声，会被激发奋进冲锋；听到整齐的进行曲，会挺胸大步前进；听到优美的节奏会翩翩起舞；听到“摇篮曲”会缓缓入睡；听到发出绵绵细雨的“小夜曲”会激发爱的回响。著名音乐家贝多芬曾说：“音乐应当使人类的精神爆发出火花。”那么何谓音乐呢？先秦典籍《乐记》中曰：“凡音之起，由人心生也。”音乐来源于自然，也来源于生活，更来源于生命的方方面面。音乐虽没有形象性、可视性，但它有时代性、可感性。它可调动记忆形象，激发情感反应，它能与自然交感和谐，能与人体器官极化共振。

最后给读者讲一个“音变”的有趣故事。美国有一个作曲家叫乔治·格什温，他从来没有写过交响曲，而当时美国最著名的斯坎德爵士乐团的著名指挥家，却对他十分赏识，邀请他为交响乐团写一部交响曲。但是，固执的格什温声称自己对交响乐一窍不通，不肯从命。这位指挥家竟然在报纸上刊登了一则广告，说20天后，音乐厅将上演格什温的交响乐《蓝色狂想曲》。格什温看到广告，大惊失色，质问指挥家为何令他出丑，指挥家微笑着说：“反正，全城人都知道了，你看着办吧。”格什温没办法，只好将自己关在屋子里，硬是用两周的时间，完成了这部作品。谁知首场演出竟大获成功，格什温的名气也迅速传遍美国。看来，有些变革可能是逼出来的。

上面我们主要介绍了与人类听觉相关联的“五音六律”革新内容。其实在动物界乃至自然界也有广阔的应用前景，如机场通过模拟老鹰或者猎枪声音的驱鸟装置。人们所知道并录制下来的鲸鱼叫声、老虎的喘息声、狮子的吼叫声、地震的声音、海啸的声音、火山爆发的声音、龙卷风的声音等，也许将来一定会为某种创造物所利用，催生出某种产品。

实战课堂

在工厂里，安灯是通过光信号报警的装置。而一些“哔哔”的音响则可以提示某设备进入劣化阈值或者下限。一些虚拟的智能门禁体系，可以通过报警音响告诉现场工人进入装置危险区域。还有一些与传感器连接的装置可以通过报警音响指示某些有害气体的泄漏。现代电子技术的发展，完全可以设计出各种语音提示，通过条码、影像识别、传感器触发等方式激活语音提示信息。这些信息包括点检内容、点检标准、设备保养规范细节、安全操作要领等。我们还会看到某些工厂的远程检修指导系统，有经验的工程师，利用智能手机的图像，并通过语音指示现场工程师如何拆卸或者安装设备、如何调整精度、如何判断故障等。音响内容如果与可视内容相结合，可以创造出更佳的效果。

妙技锦囊

因为和人的听觉感官的密切联系，“五音六律”作为工匠革新的方法之一，主要表现在两个方面，一是信息的传递，包括警报、提示、通知等；二是给人类带来的愉悦和享受，包括歌曲和音乐等。至于由此延伸出来的功能，如康复、医疗等，就更有想象和创意空间了。应用在动物界乃至自然界的潜在空间，更待工匠们去不断挖掘和探索。

第24技　格物穷理

释义：“格物穷理”是指通过原理变化、机理变化、机制变化所完成的革新方法。

标识符号：

所谓的“格物穷理”就是穷究事物的道理。出于明朝方孝孺《答郑仲辩》：“其无待于外，近之于复性正心，广之于格物穷理。”这里，格物表示推究事物的道理；穷理意为追寻事物的究竟，指穷究事物的原委、道理。

所谓“格物穷理”的革新方法就是人类通过“原理或者机制变化”方式让物体功能或者性能发生改变的一类革新。

公元前223年冬天，马其顿亚历山大大帝进兵亚细亚。当他到达亚细亚的弗吉尼亚城时，听说城里有个著名的预言：几百年前，弗吉尼亚的戈迪亚斯王在其牛车上系了一个复杂的绳结，并宣告谁能解开它，谁就会成为亚细亚王。自此之后，每年都有很多人来看戈迪亚斯打的结。各国的武士和王子都来试解这个结，可总是连绳头都找不到，他们甚至不知道从何处着手，大多数人只是看看而已，没有一个人静下心来想方设法解开这个神秘之结，这个结完好地保存在神庙里。

亚历山大仔细观察着这个结。许久许久，始终连绳头都找不到。他突然想到：为什么不换一个规则来解开这个绳结呢？于是，亚历山大拔出剑来，对准绳结，狠狠地一剑把绳结劈成了两半！这个保留了数百年的难解之结，就这样轻易地被解开了。改变规则，就是改变做事的原理，就是通过“理变”的革新。

这样的例子很多，例如早期的写字用毛笔，据说是大将蒙恬打猎发现兔子尾巴的血迹而联想出来的。考古证明，中国最早的毛笔，大约可追溯到2000多年之前。毛笔之源一般人都以为是秦代的蒙恬，但考查殷墟出土之甲骨片上所残留之朱书与墨迹，系用毛笔所写。由此可知毛笔起于殷商之前，而蒙恬不过为毛笔之改良者。

春秋、战国时对笔的叫法各地不一，有“笔”、“聿”、“拂”等多种名称。直到秦实行“书同文，车同轨”，才将笔的各种名称统一称作“笔”。相传秦将蒙恬曾在善琏村取羊毫制笔，在当地被人们奉为笔祖。又据说蒙恬的夫人卜香莲也精通制笔技艺，被供为笔娘娘。到了汉代，笔已比较考究，路后是当时的制笔高手。汉代制笔头的原料除了兔毛之外，还有羊毛、鹿毛、狸毛、狼毛等，硬毫软毫并用。同时，笔管的质地和装饰也丰富起来。据正史书籍记载，我国著名的宣笔就发明于汉代。在欧洲，人们还发明了鹅毛笔，通过鹅毛空心管蘸上墨水写字。

后来人们发明了铅笔，原理完全不同了。以后又出现了自来水笔，让墨水依靠重力源源不断流淌，原理的再变化就是圆珠笔的发明了，如图24–1所示。

图 24–1 毛笔、鹅毛笔、铅笔、自来水笔和圆珠笔的“理变”革新

铅笔的诞生，也凝聚着不同国家许多工匠的智慧在里面。

1564年，在英格兰的一个叫巴罗代尔的地方，人们发现了一种黑色的矿物——石墨。由于石墨能像铅一样在纸上留下痕迹，这痕迹比铅的痕迹要黑得多。因此，人们称石墨为“黑铅”。那时巴罗代尔一带的牧羊人常用石墨在羊身上画上记号。受此启发，人们又将石墨块切成小条，用于写字绘画。不久，英王乔治二世索性将巴罗代尔石墨矿收为皇室所有，把它定为皇家的专用品。

用石墨条写字既会弄脏手，又容易折断。1761年，德国化学家法伯首先解决了这个问题。他用水冲洗石墨，使石墨变成石墨粉，然后同硫磺、锑、松香混合，再将这种混合物制成条，这比纯石墨条的韧性大得多，也不大容易弄脏手。这就是最早的铅笔。1662年在德国纽伦堡市建成世界上第一家铅笔厂——施德楼铅笔厂。

直到18世纪末，世界上还只有英、德两国能够生产这种铅笔。拿破仑·波拿巴发动了对邻国的战争后，英、德两国切断了对法国的铅笔供应。因此，拿破仑·波拿巴下令法国的化学家孔德在自己的国土上找石墨矿，然后造出铅笔。但法国的石墨矿质量差，且储量少，孔德便在石墨中掺入黏土，放入窑里烧烤，制成了当时世界上既好又耐用的铅笔芯。在石墨中掺入的黏土比例不同，生产出的铅笔芯的硬度也就不同，颜色深浅也不同。给铅笔套上木杆外套这一发明据说是美国的工匠门罗来完成的。他先造出了一种能切出木条的机械，然后在木条上刻上细槽，将铅笔芯放入槽内，再将两条木条对好、粘合，笔芯被紧紧地嵌在中间，这就是我们今天使用的铅笔。

魔术大师之所以吸引人，在于他的表演超乎“常理”，他们往往使用“理变”革新的点子。魔术师将两杯茶水混合，竟然使茶水变成了黑色。原来，魔术大师在水里做了手脚，将其中的一杯放了绿矾。茶水里含有单宁酸，与绿矾能发生化学反应，生成一种叫单宁酸铁的蓝黑色物质。水处理工业上用作澄清浊水的混凝剂，用于处理含铬废水及含镉废水，化学合成上用作还原剂及催化剂。医药工业中用作补血剂及局部收敛剂。

化学工艺就有大量“理变”的例子。以前全世界的碱生产都被英国垄断，中国化学家侯德榜暗下决心，一定要掌握制碱技术。他认真研究制碱法的优缺点，反复地试验，首先使用了一种自己想出的新方法。1939年，侯德榜终于发明了“侯氏制碱法”。并配合一种合理的制作流程，大大节省了原料，降低了成本。化学的出现，让“理变”的范畴大大扩展。

讲到化学的“理变”革新，还有一个小故事。北宋有位贪财的张员外，听说有位道士能点银成金。请到家中，道士拿了一块银币投入一只焰火正炽的炭盆中，几个时辰过去后，道士扒开灰烬，从中拿出一块黄澄澄的金子。张员外见了大喜，将家中的银子悉数交给道士。不料第二天去找道士，道士却悉数将银子卷走了，张员外一气身亡。原来这是道士利用汞玩的把戏。汞是常温下唯一呈液态的金属，很容易与普通金属形成合金，这些合金统称汞合金（或汞齐）。这种汞合金金光闪闪，好像黄金。汞齐在各行各业有着广泛的应用。古建筑上的鎏金玻璃瓦和古寺庙中的“金身”菩萨，就是利用金汞齐“镀”的。银、锡和汞组成的银锡汞齐能很快变硬，古代人们还常用它来补牙。

交通工具的动力也在不断进行“理变”的革新，早期我们靠马车，后来有了汽油汽车，再后来随着电的出现，我们发明了电车，如图24–2所示。

图 24-2　马车、汽车和电车的“理变”革新

人类在算数方面也做了不少发明，从最原始的结绳计数，到发明了算盘和算盘计算口诀，后来人们还发明了机械式的手摇计算器，最后出现了电子计算器，如图24-3所示。

图 24-3　算盘、手摇计算器和电子计算器的“理变”沿革

人类的照明也经历过不少“理变”革新，早期文明使用蜡烛，后来有了煤油灯，人们又发明了白炽灯，以后又创造了日光灯，如今又出现了LED灯，每次都是不同的发光原理“理变”革新，如图24-4所示。

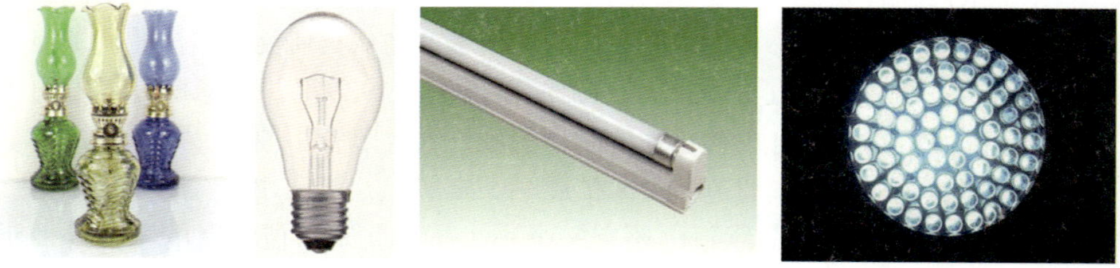

图 24-4　煤油灯、白炽灯、日光灯、LED灯的“理变”沿革

说到照明，真正发明电灯使之大放光明的是美国发明家爱迪生。他是铁路工人的孩子，小学未读完就辍学，在火车上卖报度日。爱迪生是一个异常勤奋的人，喜欢做各种实验，制作出许多巧妙机械。他对电器特别感兴趣，自从法拉第发明电机后，他就决心制造电灯。在认真总结了前人制造电灯的失败经验后，制定了详细的试验计划，分别在两方面进行试验：一是分类试验1000多种不同耐热的材料；二是改进抽空设备，使灯泡有高真空度。他还对新型发电机和电路分路系统等进行了研究。在19世纪初，英国一位化学家用2000节电池和两根炭棒，制成世界上第一盏弧光灯。但这种光线太强，只能安装在街道或广场上，普通家庭无法使用。无数科学家为此绞尽脑汁，想制造一种价廉物美、经久耐用的家用电

灯。1879年10月，通过长期的反复试验，爱迪生终于点燃了世界上第一盏有实用价值的电灯。爱迪生非常高兴，紧接着又制造很多棉纱做成的炭丝，连续进行了多次试验。灯泡的寿命一下子延长到13h，后来又达到45h。大家纷纷向爱迪生祝贺，可爱迪生却无丝毫高兴的样子，摇头说道："不行，还得找其他材料！"，"怎么，亮了45h还不行？"助手吃惊地问道。"不行！我希望它能亮1000h，最好是上万小时！"爱迪生答道。爱迪生这时心中已有数。他根据棉纱的性质，决定从植物纤维这方面去寻找新的材料。于是，马拉松式的试验又开始了。凡是植物方面的材料，只要能找到，爱迪生都做了试验，甚至连马的鬃、人的头发和胡子都拿来当灯丝试验。最后，爱迪生选择竹这种植物。他在试验之前，先取出一片竹子，用显微镜一看，高兴得跳了起来。于是，把炭化后的竹丝装进玻璃泡，通上电后，这种竹丝灯泡竟连续不断地亮了1200h！这下，爱迪生终于松了口气，助手们纷纷向他祝贺，可他又认真地说道："世界各地有很多竹子，其结构不尽相同，我们应认真挑选一下！"助手深为爱迪生精益求精的科学态度所感动，纷纷自告奋勇到各地去考察。经过比较，在日本出产的一种竹子最为合适，便大量从日本进口这种竹子。与此同时，爱迪生又开设电厂，架设电线。过了不久，美国人民便用上这种价廉物美、经久耐用的竹丝灯泡。竹丝灯用了好多年。直到1906年，爱迪生又改用钨丝来做，使灯泡的质量又得到提高，一直沿用到今天。

当人们点亮电灯时，每每会想到这位伟大的发明家，是他，给黑暗带来无穷无尽的光明。1979年，美国花费了几百万美元，举行长达一年之久的纪念活动，来纪念爱迪生发明电灯100周年。爱迪生发明灯泡的过程，也是不断进行"理变"和"材变"革新的过程。

火车也是不断通过"理变"进步的过程。因为，其"动力原理"的变革是进步的根本。从烧煤的蒸汽机车，到烧柴油的柴油机车，再到用电做动力的电动机车，至少发生了三代的"理变"革新，如图24-5所示。

图 24-5　从蒸汽机车、柴油机车到电动机车的三代变革

磁悬浮列车又是比较明显的"理变"革新产物，如图24-6所示，将在"第34技——势不可挡"中讲述，此处不再赘述。

图 24-6　磁悬浮列车

电报和传真的发明也是“理变”革新的案例。早在1753年，当时人类对电的认识还是处在静电感应时代，一位叫摩立孙的电学家，就曾做过这样一个实验：架设26根导线，每根导线代表一个字母。美国人莫尔斯于1836年担任纽约大学艺术及设计教授。课余时间，他潜心从事电报发明工作。在他之前的科学家，往往是为了表达26个字母而设计了极为复杂的设备，而复杂的设备制作起来谈何容易。他意识到，必须把26个字母的信息传递方法加以简化。“到底用什么符号代替这些英文字母呢？”莫尔斯苦思冥想没找到答案。他画了许多符号：点、横线、曲线、正方形、三角形。最后，他尝试着用点、横线和空白组合出这些信息来，他成功地为每一个英文字母和阿拉伯数字设计出了代表符号，而这些代表符号就是由不同的点、横线和空白组成。这是电信史上最早的编码，后人称它为“莫尔斯电码”。有了电码，莫尔斯马上着手研制电报机。他在极度贫困的状态下，终于在1837年9月4日，制造出了一台电报机。它的发报装置很简单，是由电键和一组电池组成。按下电键，便有电流通过。按的时间短促表示点信号，按的时间长些表示横线信号。它的收报机装置较复杂，是由一只电磁铁及有关附件组成的。当有电流通过时，电磁铁便产生磁性，这样由电磁铁控制的笔也就在纸上记录下点或横线。这台发报机的有效工作距离为500m。之后，莫尔斯又对这台发报机进行了改进。莫尔斯计划在华盛顿与巴尔的摩两个城市之间，架设一条长约64km的线路。为此，他请求美国国会资助3万美元，作为实验经费。国会经过长时间的激烈辩论，终于在1843年3月，通过了资助莫尔斯实验的议案。1844年5月24日，在华盛顿国会大厦联邦最高法院会议厅里，进行电报发收试验。年过半百的莫尔斯在预先约定的时间，兴奋地向巴尔的摩发出人类历史上的第一份电报。他的助手很快收到那份只有一句话的电报：“上帝创造了何等的奇迹！”对莫尔斯来说，这是一个最阳光灿烂的日子！电报的发明，揭开了电信史上新的一页。

1883年，在大学就读的保尔·尼泼科夫格外喜欢通信技术。在学好学校课程的前提下，他几乎把所有时间都花在阅读有关的电学知识上。他崇拜莫尔斯、贝尔等发明家。在他看来，电报、电话简直太神奇了。他想：电报能传送人的意图，电话可传送人的声音，可不可以发明一种传送图像的装置呢？一天，课余时间，他在教室里尝试设计一种传真装置。忽然，他看见左右邻桌的两位同学正在做一种游戏：他们桌上各放着一张大小相同的纸，纸上画满大小相同的小方格；在尼泼科夫右侧的同学在纸上写了一个字，然后按照一定的顺序告诉对方哪一个小格是黑的，哪一个小格是白的；对方按照右侧同学发出的指令，或用笔将小方格涂黑，或让它空着。这样，待对方同学将全部小方格都按指令处理后，纸上便出现了与右侧同学写的相同的字。尼泼科夫看着看着，不禁喊道：“真是一个好办法！”他想：任何图像都是由许许多多的黑点组成的。如果把要传送的图像分解成许多细小的点，借助一定的科学方式把这些点变成电信号，并传送出来，那么接收的地方只要把电信号再转化为点，并把点留在纸上，不就实现了图像的传真了吗？尼泼科夫决定实施这一方案。首先，必须将图像分解成许多的点。尼泼科夫想起儿时玩过的风车。受此启发，他研制出了一个扫描装置：在图像前，紧挨着放置一个可转动的螺旋穿孔圆盘，在圆盘前面安装有一个电灯。这样，当光穿过不断运动的孔时，受图像明暗的影响，光有时候亮，有时候暗。接着，要把变化的光信号变成变化的电信号。他把这个“任务”交给光电管来承担。因为光电管能根据光的亮度产生相应的电流，发送装置就这样大功告成了。接收装置只要像电报机电码的复原一样，采用与发送相反的方式就行了。在汲取许多科学家研制经验的基础上，美国无线电公司于1925年研制出了世界上第一部实用的传真机。

后来，随着电子技术的进一步发展，出现了摄影管、电子束管等先进电器，再后来激光技术也得到应用。这些新电器、新技术在传真机上的应用，使传真机的传送图像清晰度、传真的速度等技术性能日臻完善。

大家所熟悉的电话“理变”也十分明显，从模拟电话到数字电话，再到智能手机，“理变”的差异十分巨大，这里就不一一赘述了，如图24-7所示。

图 24-7　从模拟电话到数字电话、再到智能手机的“理变”沿革

说到“理变”革新，不能不说说电视机发展的漫长过程。

1923年的一天，一个朋友告诉贝尔德：“既然马可尼能够远距离发射和接收无线电波，那么发射图像也应该是可能的。”这使他受到很大启发，决心要完成“用电传送图像”的任务。他将自己仅有的一点财产卖掉，收集了大量资料，并把所有时间都投入到研制电视机上，贝尔德在英格兰西南部的黑斯廷斯，建造了一个简陋的实验室。但他没有实验经费，只好用一只盥洗盆做框架，把它和一只破茶叶箱相连，箱上安装了一只从废物堆里捡来的电动机，它可转动用马粪纸做成的四周戳有小洞洞的“扫描圆盆”，还有装在旧饼干箱里的投影灯。几块透镜及从报废的军用电视机上拆下来的部件等。这一切凌乱的东西被贝尔德用胶水、细绳及电线串连在一起，成了他发明电视机的实验装置。贝尔德知道电视机的原理：应该把要发送的场景分成许多小点儿，暗的或明的，再以电信号的形式发送出去，最后在接收的一端让它重现出来。贝尔德在他简陋的实验室里年复一年地实验，他实验装置被装了又拆，拆了又装。经过18年的努力，1924年春天，贝尔德成功地发射了一朵十字花。但发射的距离只有3m，图像也忽有忽无，只是一个轮廓。为了找出图像不清晰的原因，贝尔德又开始了新一番实验。他想原因也许是电压不足？于是他把好几百个干电池连接起来。他接通了电路，可是不小心左手触到了一根裸露的连接线，高达2000V的电压立即把他击倒在地，他昏迷了过去。成功的日子终于来到了。一次，终日陪伴他的木偶头像“比尔”的脸部特征被清晰地显现在接收机上了。这一天是1925年10月2日清晨。“成功了！成功了！”贝尔德兴奋地喊叫着冲下楼。一把抓住一个店堂里的小伙子，拽他上楼，把他按在“比尔”的位置上。小伙子吓得直打哆嗦，但几秒钟后，他也吃惊地喊叫起来：“真是奇迹！真是奇迹！”因为贝尔德的“魔镜”里映出了他的脸。1928年，贝尔德把伦敦传播室的人像传送到纽约的一部接收机上。不久，又出现了新的奇迹。贝尔德把伦敦一位姑娘的图像传送给她正在远洋航行的未婚夫。1929年的一天，当英国人第一次看到电视图像时，无不兴高采烈，奔走相告。在他们中间的电视发明者贝尔德激动地流下了热泪。

经过不断地改进设备提高技术，贝尔德的电视效果越来越好，他的名声也越来越大，引起了极大的轰动。后来，贝尔德电视发展公司成立了。随着技术和设备的不断改进，贝尔德电视的传送距离有了较大的改进，电视屏幕上也首次出现了色彩。贝尔德本人则被后来的英国人尊称为电视之父。

随后若干年，从机械电视开始，涌现出电子电视，从黑白电视发展到彩色电视，后来又出现了等离子电视、液晶电视等不同种类，代表了不同的“理变”革新，如图24–8所示。

图 24–8　法国老式电视，液晶显示电视和等离子电视

在电视或电影里，我们经常看到军队作战时，靠信号弹传递消息。信号弹发射后，会发出五颜六色的焰火，你知道这利用的是什么原理吗？其实这些信号弹里装的是普普通通的化学药品——金属盐类。原来，许多金属盐类在高温下能够射出各种彩色的光芒。光芒将战场照亮，让战士发现目标。随着科技进步，人们研究了红外夜视技术，这种技术在不必照亮战场的情景下，我们的战士仍然可以看到对面敌人的目标，所用的原理完全不同。它是利用敌人自身发出的热量——红外线的影像来寻找目标。看来，“理变”的革新可以无孔不入。

实战课堂

企业在TnPM体系推进实践中创造了不同的推进方式，其背后预示着运用了不同的推进原理。例如，不少企业是按照阶梯方式推进的，由浅入深，步步深入。例如，全厂各单元首先从现场四要素开始，巩固之后再深入到自主维护体系的建立，再向检维修系统解决方案挺进，然后开始六项改善和有氧活动，然后再深化到六力钻石班组建设，再进入到全面评价阶段。他们按部就班，步步为营。而有些企业在强有力的组织条件下，一下子就采用齐头并进的并行推进方式。他们同时建立若干课题小组，每个小组负责一个主题模块，有的负责现场四要素，有的负责检维修体系，有的负责六项改善，有的负责班组建设，他们互相比赛，在全组织体系内并行推进，并定期检查汇报，检验推进成果，也有不少成功的案例。还有一些企业无论从组织上、人员配备上，还是生产的紧张程度上都不适合采用上述的推进方式，他们灵活地采用了瀑布式展开形式。就是先从某一生产单元开始，而且是先以一个突破口模块为切入点，一旦取得成效，起到示范效应，就自然而然地向其他生产单元扩散。这时候，最初的试点单元就会展开第二个模块，再不断地成功复制，不断扩大战果。这种推进方式如高山流水，小溪汇集，我们称之为瀑布式展开。由此，不少企业又派生出组合推进方式，如阶梯加并行的组合、阶梯加瀑布的组合、瀑布转阶梯的组合、瀑布加并行的组合，在推进原理上有更多的革新。显然，TnPM体系主旨虽然类似，但推进方式的原理却各不相同，这也是一种“格物穷理”式的革新。

妙技锦囊

“格物穷理”的革新方法是引导工匠进行跨越式的革新，当我们对某种创造物或者运动方式的革新走到极限，始终无法突破之时，就要思考是否能够完全打破原来的规则或者原理，另辟蹊径来解决问题了。此时，“格物穷理”的革新思维也许会让工匠们眼前一亮，走出当前困境，创造出一片新天地。正如某个格言所说：丢失的钥匙不见得在灯光下才能找到。灯下看得清，未见得有钥匙。尝试着打开手电，照亮别处。

第25技　牵肠挂肚

释义：“牵肠挂肚”是指通过联动、连锁、反馈而进行的革新技巧。

标识符号：

“牵肠挂肚”原意是指对亲人的牵挂、惦念。我们取其“牵连”与“联动”之意。顾名思义，“联动”即是联合行动，其一动引起其二动，其二动又会引起其三动，相互关联，传递动能。

谈到“联动”，让人马上联想起“多米诺骨牌”。机械上大量运用“联动”的原理进行变革，就拿传动来说，有链条传动、齿轮传动以及皮带传动等，如图25-1所示。

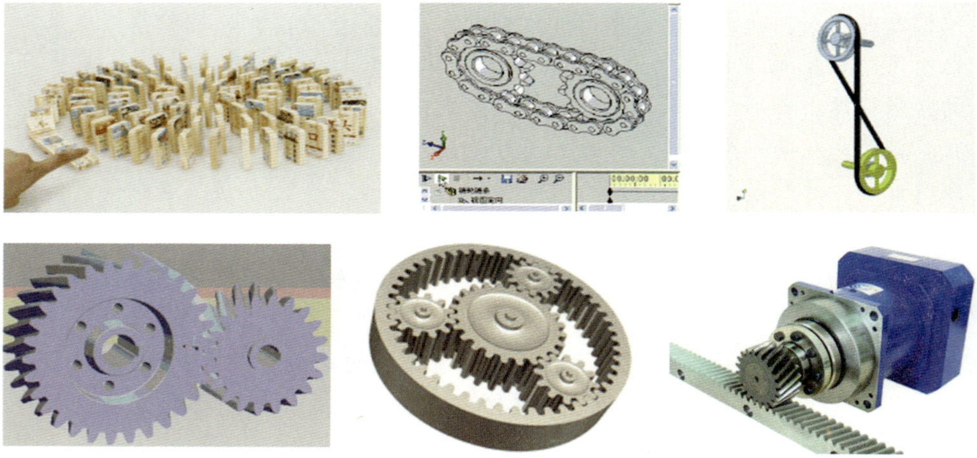

图 25-1　多米诺骨牌、链条传动、皮带传动、齿轮和齿条传动示意图

提起多米诺骨牌，这里还有一段很有意思的故事。早在宋宣宗二年（公元1120年），中国民间就出现了一种名叫“骨牌”的游戏。这种骨牌游戏在宋高宗时传入宫中，随后迅速在全国盛行。当时的骨牌多由牙骨制成，所以骨牌又有“牙牌”之称，而民间则多称之为“牌九”。1849年8月，在中国生活长达8年之久的意大利传教士多米诺回到了自己的故乡意大利米兰。他把从中国带回去的许多礼物拿出来送给家人。然而，多米诺的女儿对他带回去的许多珍贵礼物丝毫不

感兴趣。为了取悦女儿，多米诺最后拿出一套当时在中国民间盛行的“牌九”逗引她。没有想到，她的女儿对那一套精致的28张骨制“牌九”却情有独钟。从此她对此礼物爱不释手，经常把玩。至于“多米诺骨牌”日后之所以能在欧洲盛行的原因，这还得从多米诺女儿的男友阿伦德说起。阿伦德对多米诺的女儿一往情深、百依百顺，但平素他对待其他人却总是粗鲁暴躁，更是米兰城当时出了名的急脾气。为了纠正男友的陋习，多米诺女儿想出了用骨牌“治疗”他的方案。她要求男友在规定的时间里把28张骨牌一张挨着一张整齐地竖起来，不许倒下，如果不成功就一周不同他约会，也不同他参加任何舞会。多米诺女儿的这一办法很灵，经过两个月的练习，男友阿伦德不仅每次都能又快又好地摆放好骨牌，而且渐渐地养成了耐心细致的好习惯，急脾气也改了不少。传教士多米诺女儿的“教训”男友之法成了当时米兰人的趣谈，摆放牌九的游戏也一传十、十传百，成为米兰城人们喜闻乐见的游戏。为了推广骨牌游戏，多米诺后来又将制作骨牌的材质逐步变为木制，并发明了各种的玩法。不久，木制骨牌就迅速地在意大利及整个欧洲传播，骨牌游戏又成了欧洲人的一项高雅活动。人们为了感谢多米诺给他们带来这么好的一项游戏，就把“牌九”转而命名为“多米诺”，骨牌游戏也被命名为多米诺骨牌游戏。到19世纪，“多米诺骨牌”游戏开始成为世界性的活动。

与多米诺骨牌一样具有“联动”创新的玩具算是魔方了。我们在“第22技——千形万态”中提到的魔方是一个由9个小方块组成的正方形，6个面涂了6种颜色，人们要做的就是转动小方块，把每个面的颜色打乱，然后再想办法把每个面恢复到相同的颜色。看上去有些无聊，不过要想恢复原状并不是一件容易的事。20世纪80年代，魔方成了风靡世界的玩具，据称最多时全世界有1/5的人都玩过魔方，很多人因它而废寝忘食，如同着了魔，因此才被称为“魔方”。甚至有人因长时间玩魔方而导致手腕受伤，有的夫妻因为沉迷魔方而彼此疏远最后导致离婚。很多国家都成立了魔方俱乐部，而围绕魔方开展的比赛也是层出不穷。魔方是匈牙利人艾尔诺·鲁比克在1974年的发明，因此魔方又叫“鲁比克方块”。鲁比克是匈牙利的一位建筑师，后来又受聘在大学里授课。他在给学生讲授三维设计课时，为了让学生能更形象地认识空间立方体的组成和结构，他开始动手制作教具。他把相同大小的9个小立方体组成一个大立方体，并在中间用可伸缩弹簧连接，便于旋转，再把每面涂成不一样的颜色，便于学生观察大立方体和小立方体的关系。但经过几次翻转之后，他突然发现自己没法把它扭转到最初的状态了。为了解开魔方变化之谜，他通过数学计算的方式求解，这花了他一整个月的时间。经过计算得出，魔方在扭转时产生的变化无穷，假设一个人一生不停地拧转魔方，每秒钟拧转一次，每次不同的图案，那么这辈子他也未必能把魔方还原到相同的颜色。鲁比克为之着迷，他也意识到这可能成为受人欢迎的智力玩具，于是在1975年向匈牙利专利局申请了专利，并于第3年得到了专利权，如图25–2所示。

图 25–2　鲁比克和拆开的魔方

鲁比克委托当地的一家小玩具厂商生产销售，不过摆在货架上的魔方十分不起眼，根本无法吸引到顾客的目光，销售也十分惨淡。1978年，一位匈牙利籍移民到一家咖啡店喝咖啡，见到一位服务员坐在吧台上不停拧转手里的魔方，甚至因此忘记了自己要给咖啡续杯的任务。他并没因此生气，而是对他手里的魔方产生了很大的兴趣，喜欢数学的他知道这个小小魔方里面蕴含着大量的数学变化，并不是一件简单的玩具。他迫不及待地花高价钱从服务员手里买来了魔方，并开始玩起来，越玩越感觉到了它的魅力。他对魔方产生了极大的兴趣，并寻找到了鲁比克，希望帮他将这个发明推销到海外去。后来他真这么做了，在德国纽伦堡贸易博览会上，他拿着魔方到处走动，吸引人们的注意力，并不时地让路人尝试将魔方变回原来的颜色，毫无疑问，人们很难做到，而事先研究过魔方变化规律的他很轻松地做到了，这让人们感到非常神奇。果然，后来他接到了不少订单，魔方逐渐卖到了全世界各地。

2014年，也就是魔方度过40岁生日的这一年，匈牙利总统向鲁比克颁发了国家最高奖“匈牙利圣·伊什特万勋章”，和他一同获奖的是匈牙利的诺贝尔文学奖获得者凯尔泰斯·伊姆雷(2002年获奖)。可见魔方在匈牙利人心中的地位。

复杂机械“联动”的例子有很多，几乎任何机械都是一个复杂的联动系统。图25–3给出两个机械联动示意。

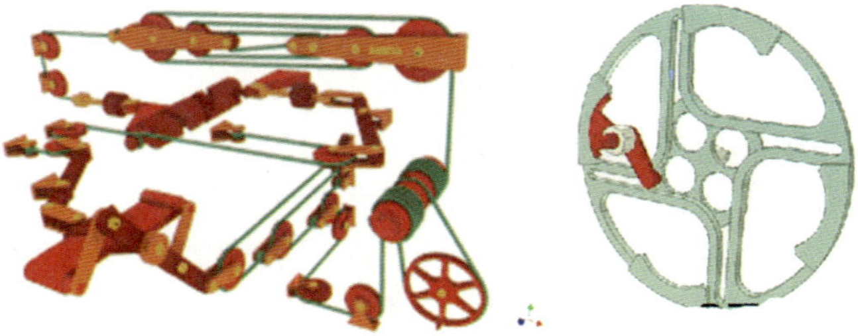

图 25–3　复杂的机械联动示意图

消防联动也是典型的复杂联动系统，包括烟气传感、报警、自动喷淋等，仅仅自动喷淋系统就是一个“联动”体系，如图25–4所示。

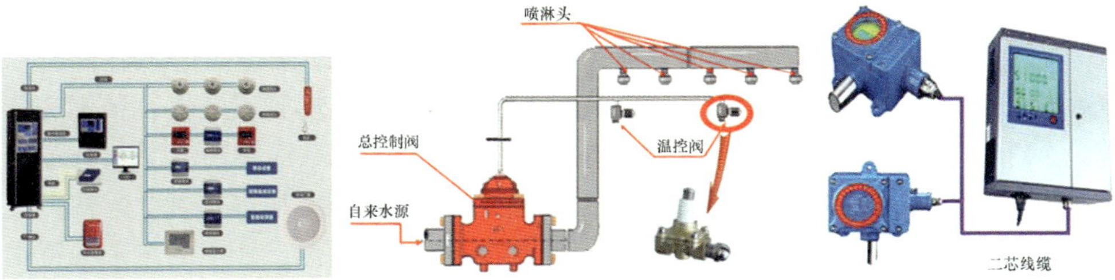

图 25–4　消防连锁系统、自动喷淋、烟气报警的“联动”结构示意图

很多连锁开关和安全连锁装置也属于“联动”设计，图25–5给出阀门连锁装置和连锁开关示意。

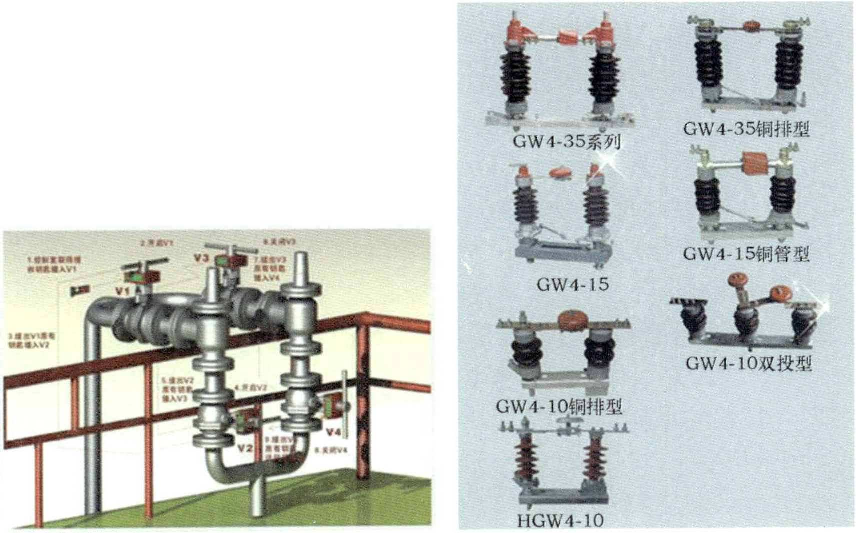

图 25–5　阀门连锁和连锁开关系列的“联动”革新

人们喜爱的声光音乐喷泉也属于“联动”革新的产物。当音乐响起来，喷泉随着音符跳跃，灯光随着音符变换颜色，整体是一个“联动”体系，如图25–6所示。

图 25–6　声光水“联动”的音乐喷泉

在当今世界，很多创造物都是“联动”，也就是“牵肠挂肚”革新的产物，如蒸汽机、火车、汽车、飞机，再如各种机械设备。

提起蒸汽机，当然就会想起瓦特。关于瓦特发明蒸汽机的故事有很多版本。

一个版本是说瓦特在厨房里看祖母做饭。灶上坐着一壶开水，开水在沸腾。壶盖啪啪啪地作响，不停地往上跳动。瓦特观察好半天，感到很奇怪，猜不透这是什么缘故，就问祖母：“什么玩意使壶盖跳动呢？”祖母回答说：“水开了，就这样。”连续几天，每当做饭时，他就蹲在火炉旁边细心地观察着。起初，壶盖很安稳，隔了一会儿，水要开了，发出哗哗的响声。突然，壶里的水蒸气冒出来，推动壶盖跳动，蒸汽不住地往上冒，壶盖也不停地跳动着，好像里边藏着个魔术师，在变戏法似的。瓦特高兴了，几乎叫出声来，他把壶盖揭开盖上，盖上又揭开，反复验证。他还把杯子、调羹遮在水蒸气喷出的地方。瓦特终于弄清楚了，是水蒸气推动壶盖跳动，这水蒸气的力量还真不小呢。后来，瓦特终于利用蒸汽推动的原理发明了蒸汽机。1769年，瓦特把蒸汽机改成为发动力较大的单动式发动机。后来又经过多次研究，于1782年完成了新的蒸汽机的试制工作。机器上有了联动装置，把单动式改为旋转运动，完善的蒸汽机终于成型。

另外一个版本就更神奇了，甚至有点荒唐。据说在18世纪中叶，英国格拉斯哥大学，有位名叫里德斯德的教授，一天晚上，他把瓦特约到自己的办公室，对瓦特说：“我知道你是个很聪明的机器修理工，我想请你帮我一个忙。”瓦特说：“我能帮你什么忙呢？”里德斯德教授说：“我的一套机器图纸被人偷去了。但是要按照图纸把这台机器造出来是非常困难的，偷图纸的人一定会来找你帮忙加工的。如果那人来找你，请你务必告诉我。”就在这时，教授的一个青年助手，拎着一个水壶进来，给他俩每人倒了一杯咖啡。那位助手把水壶放在火炉上，关上门就出去了。教授起身走到门边，把门反锁了起来。教授和瓦特边喝咖啡边谈着教授的图纸，渐渐地，瓦特觉得头昏脑胀，他估计是咖啡有问题，只觉得浑身无力，一会儿就昏昏沉沉地睡着了。当瓦特醒来时，已经是第二天了，他睁眼一看，里德斯德教授已经死了，在教授的颈上有一枚5cm长带有软木塞的针。瓦特支撑着爬起来去开门，却发现门是反锁着的，钥匙在教授的身上。瓦特回忆起昨晚的事，怀疑是那个助手干的。但那个助手出去了就再没有进来，教授颈上的针又是谁扎的呢？他盯着教授颈上的毒针和那软木塞仔细看了好一会，终于弄明白了：水蒸气在膨胀时，它的压力比水要大多了。那个助手把水壶放在火炉上时，就把插有毒针的软木塞堵在壶嘴上了，并且将壶嘴对准了教授的颈部。水烧开的时候，因壶嘴被软木塞子堵着，蒸汽的压力就不断增加，最后蒸汽的压力达到一定程度，软木塞带着毒针喷射出去，射向了教授。警察来了以后，瓦特谈了自己的想法。经过警察的侦破，凶手果然就是教授的助手。后来，瓦特从水蒸气得到启发发明了蒸汽机。

我们很难确定这些故事的真实性，但瓦特发明蒸汽机却是确凿的。而且因为蒸汽机的连杆发明，使气缸推动活塞的平动变成了转动。这可是典型的“牵肠挂肚”。

提起汽车，有一个人物我们也不会忘记，那就是一个叫本茨的德国人。本茨早年创办工厂，从生产建筑材料到生产发动机，可谓困难重重。妻子甚至变卖了自己的嫁妆来支持丈夫的研究。1886年7月3日，本茨开着自己研制并用自己发明的火花塞点火内燃机做动力的三轮车上路了，也就行驶了1000m，噪声大，而且常常因为链条断裂而抛锚。还是勇敢的妻子贝尔塔厉害，她在1888年的8月的一天早晨5点，竟然用丈夫经过改进之后的三轮车——“奔驰1号”载着两个儿子，开去100km以外的普福尔茨海姆去看望外婆。一路上的奔波，引来路人观看，也经历了不少坎坷，甚至有一段坡路不得不下车推行，汽化器堵塞了，她用发针捅开，他们总算在傍晚时分到达了目的地。小城里的人都跑出来围观这个“怪物”。贝尔塔马上给本茨发了电报报喜。本茨接到电报激动不已，妻子的成功也给了他信心。他后来携自己设计的汽车参加了慕尼黑博览会，开始了奔驰汽车的生产，他的妻子贝尔塔也成为世界上第一位女汽车驾驶员。

除了汽车，火车、飞机、轮船，还有无穷无尽的机械设备，几乎都离不开“牵肠挂肚”的结构设计。

实战课堂

某工厂设备管理软件的编制最能体现这种“牵肠挂肚”的变革。就拿其备件管理来讲，备件是设备维修中不可或缺的要素。备件储备要做到不乱、不漏、不浪费，需要其设备管理者花费很多功夫。从备件的编码开始，到备件需求计划、库存模型的优化、采购计划、采购实施、备件验收入库、备件领用，再到备件的修旧利废，层层关联。备件的信息还要关联着库房储备信息，包括几级备件仓，以及备件储备层架的行、列、层、位这四维坐标；备件信息也要关联着备件消耗和检修信息，从车间、生产线到设备，再到具体的检修任务工单，到备件的消耗量，这些信息也关联着库存储备的上下限；备件信息还要关联着供应商信息，从供应商的名称、地址、采购量、订货时间、到货时间、供货周期、产品批号等，这些信息与备件的库存上下限相关；备件信息还要关联着备件重要度的信息，要界定备件是属于关键的、重要的、一般的还是“零储备”的，即只存信息，不存备件实物，这一信息反过来又和备件的库存模型相关。设备管理信息系统就是一个各个子系统相互关联“牵肠挂肚”的典型。

妙技锦囊

“牵肠挂肚”的革新方法是启发工匠通过“联动”、“关联”、“协调”、“连锁”、“传递”等方式将不同结构连接在一起，达到我们设想的功效，从而创造价值。在客观世界里，事物间的关联是普世的规律。著名的“蝴蝶效应”告诉我们，世界上貌似无关的事物都存在着直接或者间接的联系。工匠主动具备“关联”思维，主动利用事物间的关联和传动关系进行变革设计，将不同事物链接起来，是“牵肠挂肚”革新的核心。

第26技　接连不断

释义：“接连不断”是一类通过连接、连通、对接、链接来实现的革新技巧。就连接而言，其方式也是多种多样，琳琅满目，有关节连接、粘接、勾连、扣合、焊接等。“接连不断”将成为世界上不可或缺的变革技巧。

标识符号：

这个世界上的很多事物都是连接在一起的，就如人身体各部分的动态连接、植物根茎叶的连接，乃至不同个体雌性与雄性的连接、动植物之间互相寄生的连接等。

人类关于“连接”的革新活动自远古以来就有了，人类发明了绳索，而绳索的最直接功能就是捆绑和连接。人们用绳索捆绑猎物，捆绑俘虏，捆绑收获的庄稼。人们用绳索编织成各样器件，编织的过程就是连接的过程。人类纺纱织布，纺织就是连接活动的典型案例，如图26-1所示。

图 26-1　古代的纺织和现代纺织——连接革新之例

最早人类进行“连接”活动，也许是绳索的连接，用来捆绑猎物。后来人们开始了用结绳来记事，如图26-2所示。已在“第22技——千形万态”中讲述，此处不再赘述。

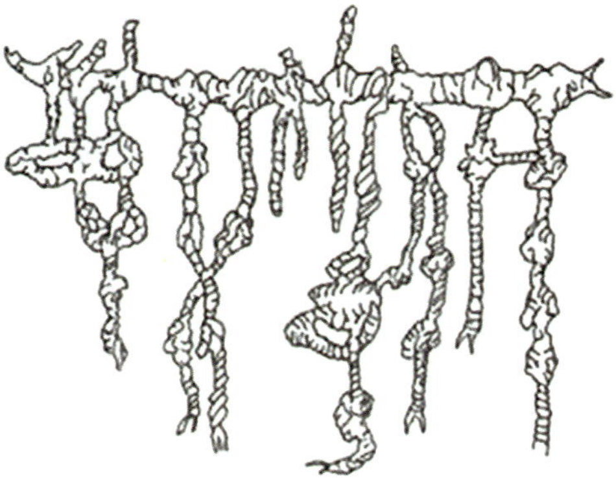

图 26-2　结绳记事“连接”变革案例

人类另外一类早期的“连接”革新，属于木器建筑或者家具的榫卯之间的连接了。“榫卯”就活像是隐藏在两块木头里的灵魂，当古代的工匠将多余的部分凿掉后，两块木头便会紧紧地互相握着，不再分开。理论上，一个方向的榫卯组合，嵌接的部分在毫无干扰的情况下，也许10年，也许15年，长时间在大自然作用力的牵引下，便会自动松脱，这是木材所含的水分受到这些作用力影响的结果，就如潮汐涨退的道理一样。然而，当榫卯结构是由不同的方向嵌接的话，张紧与松脱的作用力便会互相抵消。一个榫卯如此，无数的榫卯组合在一起时，就会出现极其复杂微妙的平衡。榫卯技术在宋代达到了巅峰，一整栋大型宫殿成千上万的构件，不靠一枚钉就能紧紧扣在一起，实在是非常了不起。每当榫卯构件受到更大的压力时，就会变得更牢固。古老的木构建筑可以经历多次地震之后依然安然无恙，除了由于木材的延展力强之外，重要的是因为有一个个的榫卯在挽手维系着。中国近代研究传统建筑的先驱梁思成教授，曾经过长途跋涉，几经艰辛，在山西五台山找到一座建筑简练古朴的庙宇时，这座兴建于唐代大中11年（857）的佛光寺已经在山野丛林中静候了1000多年，梁柱间的榫卯结构还像当初一样互相紧扣，不离不弃，这让梁先生惊叹不已。这可真好像是一对忠诚的恋人，隼对卯说：“执子之手，”卯对隼说：“与子偕老。”

另外一个重要的金属连接物是铆钉。有一个西方寓言故事是这样的：一个粗心的工人在制造铆钉时，忘了给其中一枚做个钉冒。恰巧这枚铆钉被用来给该国带兵出征的国王所骑的千里马钉马掌，在一次抗击外族入侵的战斗中，马掌脱落，但国王并不知晓，继续追赶敌人。不久，马的脚伤太重而马失前蹄。国王从马上摔下来， 被乱马踩死。顿时群龙无首，军队大乱，敌军趁机反扑，一举灭掉了这个帝国。看来小小的连接，作用却不小。

榫卯和铆钉连接革新案例，如图26-3所示。

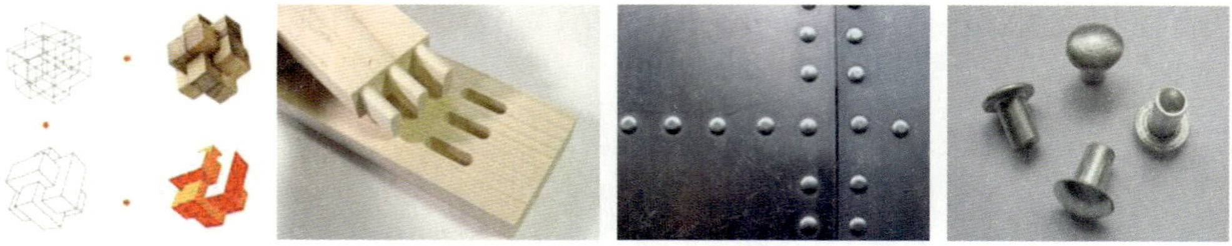

图 26-3 榫卯和铆钉的“连接”革新应用

提起“连接”，人们不会忘记詹天佑挂钩。詹天佑修建京张铁路关沟段时，当时国内火车车厢之间的挂钩呈抱拳状，载重超量或坡度过陡都会造成脱钩、翻车事故。如果不改进挂钩，铁路建好了也只能充样子。怎么改呢？詹天佑决定偕夫人到国外去考察。清朝末年，从北京出洋一般都要到天津去坐海轮。詹天佑夫妇到了天津码头一看，海轮停在深水处，要上海轮必须走跳板上小船摆渡过去。詹天佑拎着皮箱几步就上了小船。詹夫人不习惯走跳板，走在上面上下颠、左右晃，吓得她心惊胆战，急忙向詹天佑伸出了手。詹天佑赶快伸手去拉，就在两手拉在一起的一瞬间，詹夫人跳上了小船，詹天佑的眼前也猛然一亮，他兴奋地拉着夫人的手说：“咱们回去吧。”詹夫人惊异地问：“咱们不出洋啦？”詹天佑重复了一下刚才的动作：“你看，问题解决啦！”。后来，詹天佑根据拉手的启示发明了新式挂钩。铁路工程界为了纪念詹天佑的这个发明，亲切地称新式挂钩为“詹氏挂钩”。

关于挂钩，还有另外一个版本的故事，据载，火车自动挂钩是美国人詹内（EliHamilton Janney）发明的。1867年某天詹内下班回家，边走边思考挂钩，突然撞着一群游戏的孩子。他们追逐打闹逗笑完了，很快又变成两人一对，欢笑着面对面，脚顶脚，胳膊伸直，手指弯曲着勾连在一起，身子后仰着转圈。詹内看着了迷，他从孩子们勾连的手形得到启示——要是能发明一种装置，像两只手一样勾连起来挂火车，问题不就解决了吗？詹内回家立即用木头制作“手指”弯曲钩在一起的模型来解决车厢的连接问题。结果因为木制钩手僵硬死板又失败了。詹内并不气馁，他想木头僵死不能灵活转动，何不用金属先制成可以分解的各个部件，然后再用转轴组装一体？经过多次试验改进，终于发明了火车的自动挂钩。挂钩开始用铁铸造，像两只拳起的手，分别安装在车体两端。拳手心做成两部分，用个销柱连接可自由分解开合，两只“拳手”用力一碰，就轻松地先分开再紧紧地钩在一起。插上销柱锁死就可以安全开车。分解列车时，轻轻提起销柱，就可轻松拉动拳手自动分开。詹内在实践中不断摸索完善，直到1873年才基本定型，詹内再次获得自动车钩完善专利。

我们不去推敲这两个故事的真伪，也不去论证挂钩到底是谁发明的。总之，这种“连接”的革新是历史的必然，从此詹氏机车自动挂钩造福人类至今一百多年基本没变。如图26-4所示。

图 26-4　老式火车挂钩和詹氏挂钩的“连接”革新

人类进入机器时代，大量的机器部件需要各式各样的连接形式，于是出现了焊接、铆接和各类连接紧固件，如螺栓、螺母、铆钉、销钉、花键、法兰等。

焊接是金属之间的无缝连接术，同样的母材或者不同的母材，通过电弧或者火焰熔化，加上焊材的填充连接为一体，如图26-5所示。

图 26-5　电弧焊接之例

图26-6给出一些紧固件的例子。

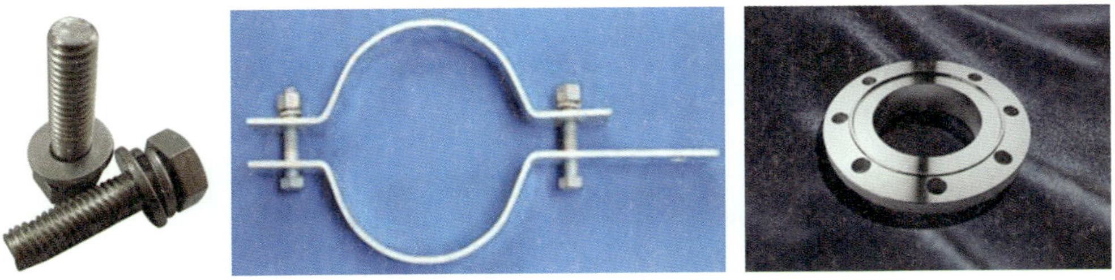

图 26-6　螺栓、螺母、卡箍、法兰

另外一些大家熟悉的连接“革新”产物，如钢丝绳卡子、联轴器、连杆，在机械制造中发挥的作用巨大，如图26-7所示。

图 26-7　钢丝绳卡子、联轴器、万向联轴器、连杆

还有我们了解的花键轴，将不同轴体通过花键扣合连接在一起，火车的挂钩将两节车厢连在一起，汽车离合器将汽车的变速挡位连接一起，如图26-8所示。

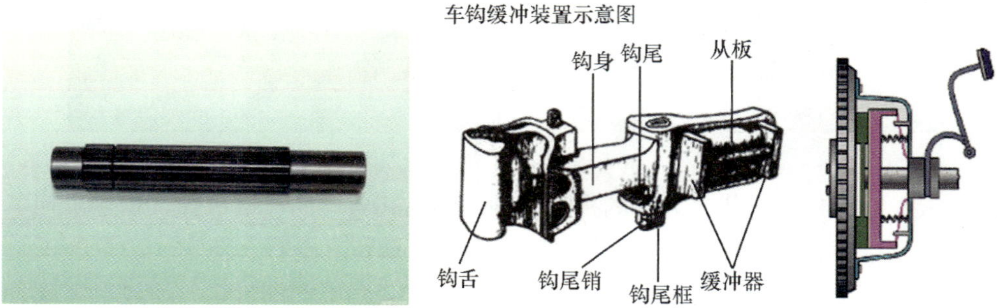

图 26-8 花键轴、火车挂钩和汽车离合器的连接案例

电闸开关、插头插座代表了电气系统连接的案例，如图26-9所示。

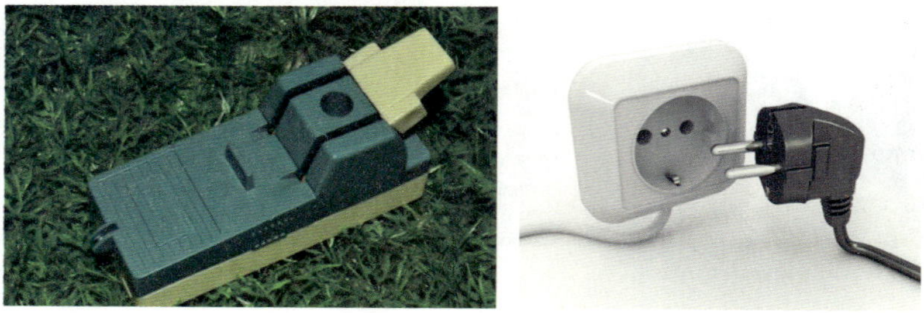

图 26-9 电闸开关和插头插座代表了电气系统连接案例

还有一类连接也很有意思，如3M公司发明的办公用品即时贴，帮助我们做备忘录，而且方便取掉。在很多日用品上使用的魔术贴，方便我们连接和解开，如图26-10所示。

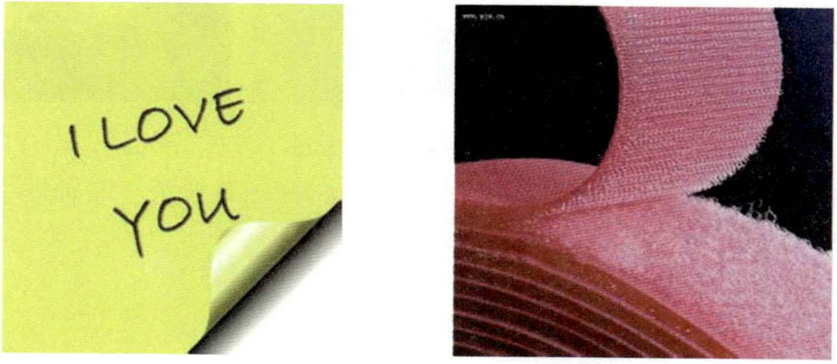

图 26-10 即时贴和魔术贴的连接革新

2002年6月，以企业研发气氛活跃、产品创新层出不穷而闻名世界的美国3M公司迎来其创建100周年的日子。说起3M公司，人们就会自然联想到“即时贴”（Post it），这种由3M员工发明的可揭可粘的便条纸，如今已成为十分普及的寻

常用品。

说起“即时贴”的诞生，是个十分有趣的故事。3M公司的化学工程师阿特·弗雷是教会唱诗班成员，他在星期天参加教堂唱诗班活动时，习惯在歌本里夹一张纸片以作记认，但纸片容易滑落，他常要弯腰从地上捡起来，十分麻烦。有一天弗雷在唱诗时忽然想到，要是有一种用时能牢牢地粘在纸上，不用时又能轻易揭去的“书签”就好了。于是他便萌发了要发明一种“不会掉落的书签”的念头。发明这种“书签”的关键是要有一种既能够牢牢地粘着，必要时又能够轻易撕去的粘合剂。那年是1974年，巧的是，当时公司刚好有人开发出一种胶水，粘在纸上却可以轻易撕下来，当时因不知道可以用在哪种商品上而寂寞地被冷落在一角。开发出这种特殊胶水的斯宾塞·希尔弗曾在公司里开了多次技术交流会“兜售”推广，但无人响应。于是，弗雷和希尔弗两人“一拍即合”。经过一年半时间的研究和改良，一种粘揭自如的方便粘贴纸便诞生了。但当弗雷向营业部门介绍这种新产品时，销售人员认为这种产品并不会有市场需求，不感兴趣。弗雷没有气馁，他在市场部的帮助下把产品样品送给消费者使用，结果反响很好，超过九成的试用者表示会购买这种便条纸。1980年，3M公司正式将这种具有革命性的产品命名为“Post it”，投入市场。时至今日，它已风行全球，且被评为20世纪改变人类生活方式的十大发明之一。看看，小小发明，影响巨大。

类似的玩意——魔术贴是由瑞士一名工程师发明的。一次打猎回来，他发现针尾草粘在自己的衣服上。他用显微镜观察后发现，针尾草的果实有一种勾状结构，可以黏附到织物上。于是他就发明了能够用柔软的钩子来固定毛面这样一种纺织物——魔术贴就这样诞生了。其实在鸟类的羽毛中早已存在了这种结构，鸟类的正羽由羽轴和羽片所构成。羽片是由许多细长的羽枝所构成。羽枝两侧又密生有成排的羽小枝。羽小枝的一侧着生钩突，而另一侧着生节结，使相邻的羽小枝互相勾结起来，构成坚实而具有弹性的羽片，以扇动空气和保护身体。魔术贴是由一面带勾状织物与一面带绒毛状织物相贴一起产生自然粘力，用手一拉又会自然分离，有点像变魔术般的感觉，从此得名魔术贴，行业术语也称子母扣，是箱包服饰上常用的一种连接辅料。它分公母两面：一面是细软的纤维，另一面是带有勾刺的弹性纤维。公母相扣，在受到一定横力的作用下，富有弹性的勾被拉直，从绒圈上松掉而打开，然后又恢复原有的勾形，如此反复开合可达一万次之多。

人世间的很多发明都具有偶然性。1907年，那一天法国著名的化学家彭奈迪脱斯正在实验室里整理仪器，不小心将一只玻璃瓶子打翻在地。实验室的地面是用石块铺的，玻璃瓶子摔下去还不破裂成碎片吗？出乎意料的是，瓶子并没有裂成碎片，只是出现了一些裂痕，他随手又拿出一只洗净的瓶子，轻轻地向地上摔去。这次，玻璃瓶子却被摔得粉碎。两只瓶子的情况为何如此不同呢？彭奈迪脱斯一时难以找到答案。时隔数天，新闻报道了一起车祸，横飞的玻璃碎片击伤了乘客，这使彭奈迪脱斯深感痛心。他不由得联想起那只破而不碎的瓶子，决心搞个水落石出。他重新找到那只瓶子，仔细观察，原来那是一只盛过某种药水的瓶子，药水蒸发后在瓶的内表面结下了一层坚韧透明的薄膜。看来，正是这层薄膜对瓶子起着保护作用。“偶然”的发现促使他进一步研究玻璃涂膜，经过多次试验，他终于找到了一种附着力强、透明度好的合适涂料。后来，他又用涂料将两层玻璃粘合在一起，发现其防止破碎的性能更好。这样，“安全玻璃”终于诞生了。“安全玻璃”也是巧用了“连接”的技巧。

广义的“连接”应该属于当代无线连接和蓝牙的发明了。无线电是科学史上最伟大的发明之一，有了无线电人们不管身处地球的任何位置都能够快捷方便地相互联系。无线电是谁发明的？在西方公认是玛可尼，俄罗斯却认为是波波夫，这个问题争论了一个多世纪至今也没有定论。

1859年3月波波夫出生在俄国乌拉尔一个牧师的家庭里，他从小就对电工技术有一种特别的嗜好，12岁那年自己制作了一块电池还用电铃把家里的钟改装成闹钟。18岁时波波夫考进彼得堡大学物理系不久转入森林学院学习，这里活跃的学术氛围使他打下了扎实的基础，由于家庭贫困波波夫只好半工半读维持学习并且以优异的成绩毕业。1888年波波夫听到了赫兹发现电磁波的消息后他开始萌生要让电磁波飞跃全球的梦想。1894年35岁的波波夫成功发明了当时世界上最先进的无线电接收机，他发现了天线的作用，他的接收机所使用的导线是世界上的第一根天线。1895年5月7日波波夫带着他发明的无线电接收机在彼得堡的俄罗斯物理学会上宣读论文并且进行演示，并大获成功。1896年3月24日波波夫又进行了一次正式的无线电传递莫尔斯电码的表演，波波夫把接收机安放在物理学会会议大厅内，然后把发射机安装在森林学院内，两地间隔250m，当他的助手把信号发射出去后波波夫这边的接收机立即清晰的接到信号，然而波波夫的发明在俄国却没有被采用。1895年波波夫曾经向俄国政府申请1000卢布进行无线电实验的投资，可是陆军部长告诉他，我绝不允许把钱浪费在这样的幻想里。这种情况可能是不少“工匠”会遇到的——他们的革新发明往往会被世俗埋没，被世界接受也需要努力，也会经历一个个磨难。

再说说玛可尼，1874年他出生在意大利一个农庄主的家庭。1894年赫兹去世，刚满20岁的玛可尼在电器杂志上读到了赫兹的实验报告。从小就喜欢摆弄线圈电铃的他一下子就对电磁波产生了浓厚的兴趣。他认为：既然赫兹能在几米外测出电磁波，那么只要有足够灵敏的接收机就一定能在更远的地方接收到电磁波。他在家里的楼上安装了发射电波的装置，楼下放置了接收机与电铃相接。父亲见他不务正业大为不满，斥责他是不切实际的空想家，邻居们更是对他百般嘲讽。可是他并不气馁，终于有一天父亲正在楼下看报纸忽然听到一阵铃声，接着，儿子欢天喜地地跑下来抱着他大叫：“我成功了！”父亲此时才看到儿子的杰出才能，开始给玛可尼经济资助让他一心搞实验。第二年的夏天，玛可尼又完成了一次非常成功的实验，到了秋天实验又取得空前的进展。他把发射机放在一座山岗的一侧，接收机安放在山岗的另一侧，中间距离2.7km，当助手发送信号时他守候着的接收机的电铃发出了清脆的铃声。可是接下来的实验需要大量的资金，父亲已经没有能力来供给。于是，玛可尼向政府寻求援助，但是保守的意大利当局对此不屑一顾。不过，英国人对此表现出了浓厚的兴趣，很多财团愿意资助他。于是，玛可尼在1896年来到英国。1901年，玛可尼在英国建立了一座高耸入云的发射塔向大西洋彼岸发射信号获得了成功。1905年，一场关于无线电发明权的诉讼在美国沸沸扬扬。最终，北美巡回法庭判定：玛可尼是无线电的发明人。第二年，波波夫因为脑出血去世，享年才47岁。1909年11月，35岁的玛可尼荣获该年度的诺贝尔物理学奖。1937年玛可尼逝世，意大利有近万人为他送葬，英国所有无线电报和无线电话以及广播电台停工两分钟向他致哀。尽管玛可尼在西方的地位已经无可动摇，但是俄罗斯人始终认为：波波夫才是第一个发明无线电的人。这个遗案，至今还没有解决。

实际上关于无线电的发明者不同国家也有不同的看法：英国人把麦克斯韦奉为无线电之父，认为他最先指出电磁波的存在。德国人认为赫兹才是无线电的开创者，因为他最早发现了电磁波。美国人则认为德福勒思特是无线电发明者，因为他发明了无线电通信器材的心脏——三极管。究竟是谁发明了无线电通信呢？或许可以这样认为：无线电的发明是众多科学家集体智慧的结晶，他们的功绩都是不可磨灭的。

“蓝牙”（Bluetooth）一词是斯堪的纳维亚语的一个英语化版本，该词是10世纪的一位国王Harald Bluetooth的绰号，他将纷争不断的丹麦部落统一为一个王国，传说中他还引入了基督教。以此为蓝牙命名的想法最初是吉姆·卡达克（Jim Kardach）于1997年提出的，卡达克开发了能够允许移动电话与计算机通信的系统。他的灵感来自于当时他正在阅读的一本描写北欧海盗和Harald Bluetooth国王的历史小说，“蓝牙”意指也将把通信协议标准在全球统一。蓝牙是一种无线技术标准，可实现固定设备、移动设备和楼宇个人域网之间的短距离数据交换的“连接”。蓝牙技术最初由电信巨头爱立信公司于1994年创制，当时是作为RS232数据线的替代方案。蓝牙可连接多个设备，克服了数据同步的难题。

无论是无线电技术和蓝牙技术的发明，都从广义上将不同地域的设备在空间上通过无线信号“连接”起来，完成了跨越式的“连接”变革。图26-11显示了无线通信和蓝牙技术的应用案例。

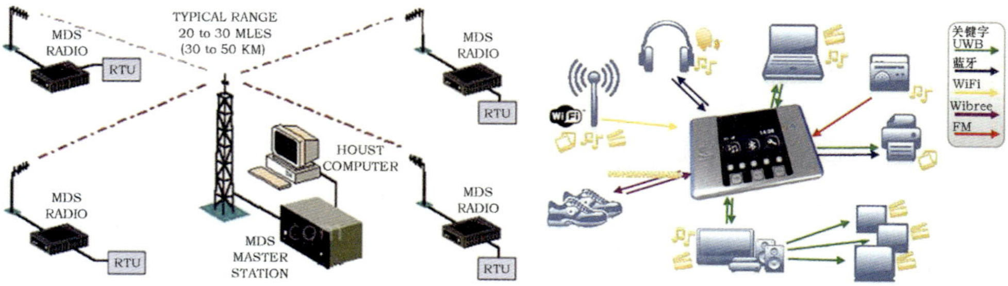

图 26-11　无线通信和蓝牙技术的“连接”革新案例

实战课堂

在TnPM体系推进中，我们提出了有名的SOON体系，也就是检维修系统解决方案。四个字母分别代表了维修策略、信息采集方式、维修组织和资源配置，最后是维修标准和规范。表面上看，这四个模块是独立的，但实际上是自上而下互相连接的。在工厂里，设备管理应该是策略先行。如果设备使用坏了才修，看似没有运用什么策略，实际上是不自觉地应用了事后维修策略。除了事后维修，企业可用的策略丰富多彩，如定期预防维修、状态预防维修、赛车式维修、安全为中心的维修、价值驱动的维修、寿命周期风险维修、安全为中心的维修、全面质量维修、绿色维修和健康管理等，不一而足。与策略直接相连接的就是对设备状态信息的采集，如以人类五感为主的点检体系，以仪器、仪表为主的状态监测体系等；与设备状态信息采集直接相连接的自然是维修的组织和资源的配置，也就是说，企业要通过什么样的组织形式和资源安排来解决设备的问题。紧接着就是临门一脚的维修行为规范和维修标准化，这是战术层面的维修保障。一环一环紧紧相扣，连接不断。就如现代战争总是先从战策、战略开始，再到精心的侦察，了解敌情，再到资源和兵力的部署，再到精准的战术或者战斗质量保证，环环相扣，无缝对接。

妙技锦囊

连接的例子，我们不胜枚举。如果“牵肠挂肚”更着眼于系统不同部位或者各个子系统之间的相互影响、制约和互动关系建立。与之有所区别的是，“接连不断”更着眼于物质实体之间的连接方式、形式以及材料的革新。

第27技　一反常态

释义：“一反常态”为突破常规、逆向和反向思维下的革新技巧，虽然与“含沙射影”里对冲、反冲、反作用、反弹有雷同之处，其革新的重点在于突破常规，朝着相反的方向尝试，力求达到常态思维下所不能企及的功效。

标识符号：

古代最早的“反向”革新案例也许算是弓箭了，想让箭跑得远，射中敌人，常规想法是正向抛出，发现结果并不理想。反过来向后拉，让绷紧的弓将箭弹出，却达到意想不到结果。弓箭既可作为打猎的工具，也可作为作战的武器。与此类似，小孩子用的弹弓是简单形式的弓箭，威力小，只适于打鸟，如图27–1所示。

图 27–1　古代的弓箭和日常使用的弹弓

古代兵法里有“欲擒故纵”的典故，也称为“欲取故予”。“欲擒故纵”中的“擒”和“纵”，是一对矛盾体。“擒”是目的，“纵”是方法。以“纵”的做法达到“擒”的目标，不是“一反常态”吗？这是典型的逆向思维，反向尝试。古人有“穷寇莫追”的说法。实际上，不是不追，是怕把敌人逼急了，让敌人狗急跳墙，集中全力，拼命反扑。不如暂时放松一步，使敌人丧失警惕，斗志松懈，然后再伺机而动，歼灭敌人。诸葛亮七擒孟获，就是军事史上一个“欲擒故纵”的绝妙战例。蜀汉建立之后，定下北伐大计。当时西南夷酋长孟获率十万大军侵犯蜀国，诸葛亮为了解决北伐的后顾之忧，决定亲自率兵先平孟获。蜀军主力到达泸水（今金沙江）附近，诱敌出战，事先在山谷中埋下伏兵，孟获被诱入伏击圈内，兵败被擒。按理说，已经擒拿到敌军主帅，敌军一时也不会有很强的战斗力了，乘胜追击，自可大破敌军。但诸葛亮考虑到孟获在西南夷中威望很高，影响很大，如果让他心悦诚服，主动请降，就能使南方真正稳定。不然，南方各个部落仍不会停止侵扰，后方难以安定。诸葛亮决定对孟获采取“攻心”战，断然释放孟获。孟获表示下次定能击败诸葛亮，诸葛亮笑而不答。孟获回营，拖走所有船只，据守泸水南岸，阻止蜀军渡河。诸葛亮乘敌不备，从敌人不设防的下流偷渡过河，并袭击了孟获的粮仓。孟获暴怒，要严惩将士，激起将士的反抗，于是相约投降，趁孟获不备，将孟获绑赴蜀营。诸葛亮见孟获仍不服，再次释放。以后孟获又施了许多计策，都被诸葛亮识破，四次被擒，四次被放。最后一次，诸葛亮火烧孟获的藤甲兵，第七次生擒孟获。终于感动了孟获，他真诚地感谢诸葛亮七次不杀之恩，誓不再反。从此，蜀国西南安定，诸葛亮才得以举兵北伐。“一反常态”有与“欲擒故纵”相关的意思。套用现代语言，就是不按常理出牌。我们将此列入工匠革新技巧之一是有其道理的。

人类发明了火药之后，就学会了制造火箭，火箭是弓箭的延伸，也是“反向”革新的产物。因为火箭是让爆炸起火的火焰向后喷发，推动箭头向前跑，达到射中敌人的目标。历经千年，火箭一直在改进之中，从古代简单的火箭到今天的火箭，经历了无数代的变化，射程越来越远，威力也越来越大，如图27–2所示。

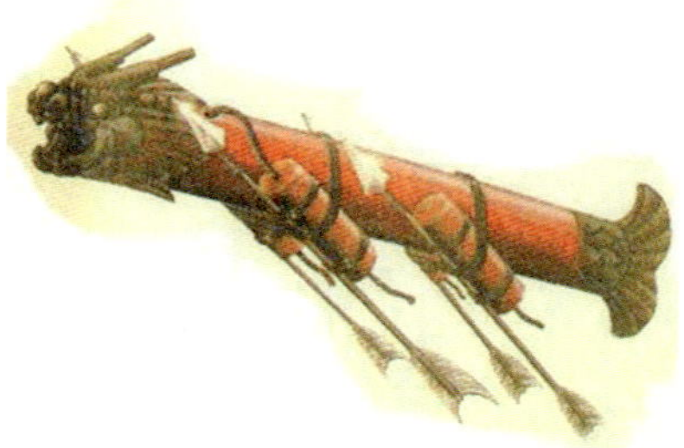

图 27–2　古代火箭和现代火箭的“反向”革新案例

火箭技术的研究可以追溯到古代中国。发明火药的中国人在13世纪就发明了“飞火箭”，并运用于战争。此后，印度人、阿拉伯人、波兰人等也曾研究过火箭技术。但美国的戈达德是第一位设想用火箭或许能载人飞向天外的人。关于戈达德的故事在“第32技——含沙射影”中讲述，此处不再赘述。

另外一类“反向”革新是枪械后坐力的解决。枪械发射时子弹壳受到火药气体的压力，从而推动枪机后坐，后坐的枪机撞击和枪托相连的机框，从而产生后坐力，但是枪在设计时有缓冲机构，可以延长撞击时间从而减小后坐力。同时，高效的枪口制退器同样可以减小后坐力（原理类似火箭向后喷气）。为了抵消后坐力的影响，人们设计发明了无后坐力炮。无后坐力炮是使用动量守恒的原理发射炮弹的，不同的是它的炮管不会后退，取而代之的是炮弹的一部分碎片。炮管本身就是一根通管，但炮弹在发射时会变为两部分，弹头部分从炮管前端射出攻击目标，剩下的部分以碎片的形式从炮管后部抛出（避免伤及射手），两部分的动量差不多，并且反向运动。即产生两个反向的后坐力并且相互抵消，射手感到的后坐力就很小了，因而射击精度也提高不少。

负压式换气扇也是一项“反向”革新，我们称之为工业用换气扇，主要应用于工业生产车间。其主要特点是外形庞大、超大风量能让室内形成明显的负压（气压差），从而使空气形成对流吹风。负压式换气扇有排出式、吸入式、并用式三种。排出式从自然进气口进入空气，通过换气扇排出污浊空气；吸入式通过换气扇吸入新鲜空气，从自然排气口排出污浊空气；并用式是吸气与排气均由换气扇来完成。

飞机也是“反向”革新的很好案例，传统的飞机是利用螺旋桨的气流反冲作用来驱动飞机的，而喷气式飞机则更是利用气流的反冲作用，如图27–3所示。

图 27–3　螺旋桨和喷气式飞机的“反向”革新案例

上面提到的螺旋桨，其“反向”功能除了使用在飞机上，还用在了轮船上，用在电风扇上，又用在抽油烟机、水泵上等。

在水上，轮船、快艇、船上用的船桨、螺旋桨等都是利用反冲原理来驱动船只前进的。而热气球、氢气球则是利用浮力的反冲作用让气球上升的，如图27–4所示。

图 27–4　气球和快艇的“反向”革新案例

各种枪械、火炮利用的都是弹壳里的炸药被点燃后的反冲原理，将子弹、炮弹高速推出去，如图27-5所示。

图 27-5　枪械火炮的“反向”革新案例

人类利用“反向”原理的创造还有很多，例如风向标，风的吹力让风向标或者空心的布袋指示了方向。跑步机也是利用“反向”原理设计的，人在皮带上行走，皮带反向往复运动，人的位移不变，但双脚在运动，达到跑步和锻炼身体功能，如图27-6所示。

图 27-6　风向标和跑步机的“反向”设计原理

在制造业，人们大量应用“反向”原理进行变革设计。例如传统的生产线，人们围着产品活动，效率低下，而且工人疲劳。后来人们设计了生产线，改为让产品运动，而工人相对不动，减轻了工人疲劳，同时提升了劳动效率，这一设计就是利用了“反向”原理。人们在机加工时，当加工工件较小时，传统方式是工件转，车刀不转，这样可以节约能源；当工件很大时，人们还设计了环形车刀，由工件转变为车刀转，也可以达到节能效果，这些都是“反向”原理应用的很好案例，如图27-7所示。

图 27-7 工件流动而工人不动的生产线和车床车刀不动工作的“反向”原理

广义的“一反常态”创新思维，也算是一种“反向”革新。例如当焊接时我们无法准确控制焊枪头的温度，我们改为将被焊物件放入恒温的焊液里浸泡焊接，就是焊接液体恒温不变，焊接件“动”起来。将“变”的要素转换为“定”，再将“定”的要素转变为“动”；我们以前加热套紧的外层使套筒松脱遇到困难，可以改为冷却内层，而非加热外层使之松脱；我们冲洗空壳容器总有残留物在其中出不来，我们改为将容器倒过来，一边冲洗让水靠重力流出，省时省力、不留残渣。这些都算是广义的“一反常态”革新。

人类的各种球类活动，也都是利用“反向”原理的创新。它们的共同特性就是反弹，无论是桌球、篮球、足球、排球、保龄球、乒乓球、网球、羽毛球，无一例外，如图27-8所示。

图 27-8 各种球类利用的“反弹”原理设计

下面讲一个“一反常态”革新成功的小故事。美国艾士隆公司董事长布希耐一次在郊外散步时，偶然看到几个小孩子在玩一只肮脏且异常丑陋的昆虫，爱不释手。布希耐顿时联想到，市面上销售的玩具一般都是形象优美的，假若生产一些丑陋玩具，又将如何？于是，他布置自己的公司研制一套“丑陋玩具”，迅速向市场推出，果然一炮打响，“丑陋玩具”给艾士隆公司带来了可观的收益，让同行们羡慕不已。于是大家纷纷效仿，“丑陋玩具”接踵而来，如“疯球”，就是在一串小球上面，印上许多丑陋不堪的面孔；如橡皮做的“粗鲁陋夫”，长着枯黄的头发、绿色的皮肤和一双鼓胀而带血丝的眼睛，眨眼时又会发出非常难听的声音。这些丑陋玩具的售价往往会超过正常玩具，而且一直畅销不衰，在美国掀起了行销“丑陋玩具”的热潮。“丑陋”的灵感获得的商业成功，为艾士隆公司带来巨大利润，究其根本原因就是抓住了儿童叛逆期的心理：追求新鲜感和逆反心理。让优美变成丑陋，也是一种成功的“反向”变革。

古时候人们用刀来将木材切削成“圆柱”，刀围着木材转。古埃及时代，人们已经发明了将木材绕着它的中心轴旋转时用刀具进行车削的技术。这无疑是一种“反向”的革新。起初，人们是用2根立木作为支架，架起要车削的木材，利用树枝的弹力把绳索卷到木材上，拉动绳子转动木材，用刀具车削。这种古老的方法逐渐演化，发展成了在滑轮上绕二三圈绳子，绳子架在弯成弓形的弹性杆上，来回推拉弓使加工物体旋转从而进行车削，这便是“弓车床”。到了中世纪，有人设计出了用脚踏板旋转曲轴并带动飞轮，再传动到主轴使其旋转的“脚踏车床”。16世纪中叶，法国有一个叫贝松的设计师设计了一种用螺丝杠使刀具滑动的车螺丝用的车床。到了18世纪，又有人设计了一种用脚踏板和连杆旋转曲轴，可以把转动动能贮存在飞轮上的车床上，并从直接旋转工件发展到了旋转床头箱，床头箱是一个用于夹持工件的卡盘。在发明车床的历程中，最引人注目的是一个名叫莫兹利的英国人，因为他于1797年发明了划时代的刀架车床，这种车床带有精密的导螺杆和可互换的齿轮。这是一台全金属的车床，能够沿着2根平行导轨移动的刀具座和尾座。导轨的导向面是三角形的，在主轴旋转时带动丝杠使刀具架横向移动。这是近代车床所具有的主要机构，用这种车床可以车制任意螺距的精密金属螺丝。3年以后，莫兹利在他自己的车间里制造了一台更加完善的车床，上面的齿轮可以互相更换。不久，更大型的车床也问世了，为蒸汽机和其他机械发明立下了汗马功劳。

缝纫机也是一种“反向”的革新发明。缝纫机的针上上下下往复“反向”运动，将布片缝在一起。据说第一台缝纫机是美国人伊莱亚斯·豪（1819~1867）发明的。伊莱亚斯·豪生长于马萨诸塞州的斯宾塞，并于当地一家纺织厂由学徒工成长为一名能干的机械师。也许是兴趣所致，他潜心于缝纫机的研究，到1845年4月，终于创造出一台实用的缝纫机。公开演示证明，他的发明要比敏捷的缝纫手工操作效率高出5倍。其产品在1867年巴黎展会上赢得金奖。

另外一种“反向”革新的设计是靠水蒸气推动的机器锤，锤头和汽缸的活塞杆装置能上下活动，用来锤制锻件。发明人是英国的J·内史密斯，他也是位多产的发明家，曾经研制过小蒸汽机车，并且发明了被称之为“内史密斯钢臂”的铣床。尽管他的名气已经不小了，但真正令他在世界上一举成名的是他1841年发明的蒸汽锤。人们早就在寻找一种能够锻打大块工件的工具，因为随着工业的发展，早先靠人力锻打加工零件，已不能满足社会需求。诸如火车、轮船上的许多部件靠人力简直无能为力，迫切需要更有力量的臂膀和铁锤。蒸汽机的发明，为工匠们带来一线曙光，机械师们开始考虑利用蒸汽机产生的巨大能量来实现梦想。1836年，法国巴黎的一位叫F·卡韦的工厂厂主就已经制出了蒸汽锤，但还不是十分完善，直到1841年，内史密斯制造出了他的形如站立的“人”字的庞然大物。内史密斯年轻时就对蒸汽机十分着迷，19岁的时候，他就自制了一台小蒸汽机车，在爱丁堡的街上行驶了好几个月。他所发明的蒸汽锤已十分完善，锻打能力极强。1851年，他的蒸汽锤被送到世界博览会上参加展览，在汽笛声中，许多大铁块在蒸汽锤的锻打下如同艺人手中的橡皮泥一样，人们看到这一情景禁不住发出了阵阵惊叹。从此以后，内史密斯名扬天下。蒸汽锤的发明，对重锤冶金工业的发展产生了极其重要的作用。

再讲一个和“反向”革新有关的例子。18世纪，法国造纸商蒙戈菲尔兄弟因受碎纸屑在火炉中不断升起的启发，用纸袋聚热气做实验，使纸袋能够随着气流不断上升。1783年6月4日，蒙戈菲尔兄弟在里昂安诺内广场做公开表演，一个圆周为110英尺（33.5m)的模拟气球升起，飘然飞行了1.5英里（2.4km）。同年9月19日，在巴黎凡尔赛宫前，蒙戈菲尔兄弟为国王、王后、宫庭大臣及13万巴黎市民进行了热气球的升空表演。同年11月21日下午，蒙戈菲尔兄弟又在巴黎穆埃特堡进行了世界上第一次载人空中航行，热气球飞行了25min，在飞越半个巴黎之后降落在意大利广场附近。这次飞行比莱特兄弟的飞机飞行整整早了120年。

现在给大家讲一个与“反向”有关的魔术。大家知道生鸡蛋放到水里，鸡蛋会下沉。魔术师表演了一个魔术，他把鸡蛋放进一个装满液体的大杯子中，鸡蛋就下沉了，可奇怪的是不一会儿，魔术师说“浮起来！”鸡蛋又浮了上来。这样反复了好几次。这可真是神了，鸡蛋能听魔术师的话。原来那杯液体不是水，而是稀盐酸，鸡蛋外壳遇到稀盐酸时会发生化学反应而生成二氧化碳气体，二氧化碳气体所形成的气泡紧紧地附在蛋壳上，产生的浮力使鸡蛋上升。当鸡蛋升到液面时气泡所受的压力变小，部分气泡破裂，二氧化碳气体向空气中扩散，从而使浮力减小，鸡蛋又开始下沉。当沉入杯底时，稀酸继续不断地和蛋壳发生化学反应，又不断地产生二氧化碳气泡，从而再次使鸡蛋上浮。这样循环往复上下运动，最后当鸡蛋外壳被盐酸作用光了之后，反应才停止，鸡蛋的上下运动也就停止了。此时由于杯中的液体里含有大量的氯化钙和剩余的盐酸，所以此时液体的相对密度大于鸡蛋的相对密度，因而，鸡蛋最终浮在液体上面。

过去，人们写好信，装进信封，贴上邮票，放进邮筒才能寄信。今天我们写一封电子邮件，又快又便宜——一反常态。

过去我们过年给孩子发红包，要找个红纸袋，装上钱，等孩子拜年来送给他。今天我们在手机里发个电子红包，上边的啰嗦都免了—— 一反常态。

过去我们去动物园，发现动物关在笼子里或者围栏里。现在动物在外边，我们在牢笼般的车子里，看动物自由自在地游荡，这叫野生动物园—— 一反常态。

过去购物，售货员站在柜台里给我们拿货物，收钱。现在超市出现了，我们自己从货架上拿商品，去出口付钱。更有甚者，我们上网看着照片点击购物，电子支付，货物邮寄到家—— 一反常态。

过去我们站在银行柜台，需要银行职员帮助我们存钱、取款。现在我们对着个铁箱子（柜员机）干同样一件事—— 一反常态。

过去我们上街购物要用钱支付。现在我们带着手机上街，用微信或支付宝就可以购物—— 一反常态。

过去我们打车要站在马路边招手才行，乘车后付车钱。现在我们用手机打车，车来才出门上车，手机帮我们付车费—— 一反常态。

过去我们到饭店要按照菜谱点菜，等待厨师做好菜，上菜、吃饭、付钱。现在我们可以自助选择菜品，按量、按需取菜肴，这叫自助餐。更有甚者，电话叫餐、送餐上门，这叫外卖—— 一反常态。

过去我们买磁带、光碟到家，放到磁带机、光碟机里放录像、音乐。现在手机里连上蓝牙，就可以放云中的电影录像和音乐—— 一反常态。

实战课堂

在设备管理的实践中，工厂里常常冒出很多“一反常态”的悖论来。当我们都普遍认为“预防维修”是很好的策略，因为它可以减少设备非计划停机，可以避免或减少设备的连锁损坏，可以防止一些伤害事故的发生，还可以提高维修效率，降低维修成本，可以防止或者减少因设备停机造成的质量劣化或者报废…… 但“事后维修”还是要进行。为什么？ 并不是因为我们无法避免事后维修，而是它有其存在的合理性！对于故障后果不严重的故障，事后维修可以最大限度地提升设备的可用率，往往是最经济的维修模式！类似的设备管理悖论很多，我们经常会运用“一反常态”的方式来处理。例如，当工厂强调维修预算的必要性，而这个预算却很难准确，往往成为后续维修活动的制约；当我们努力降低备件库存，甚至达到“零库存”的境界，但因为短缺备件，让设备停机等待的尴尬，造成重大生产损失的被动却让我们不得不再进行备件储备；当我们努力提升设备的综合效率OEE时，却让我们的投入产出率ROI小于1——我们得不偿失！所以我们总是要在惯性之中“一反常态”，寻求新的平衡，思考突破和开拓全新的出路。

妙技锦囊

俗话说：天有不测风云，人有旦夕祸福。大自然风云变幻，“一反常态”往往成为一种“常态”，让“不变”变得“不正常”。我们提出“一反常态”的革新手段，就是引导工匠客观认识这个“一反常态”的世界，勇于突破自身的思维定式，学会大胆的设想，敢于“一反常态”、“打破常规”、“另辟蹊径”或者“出其不意”。工匠们要善于改变事物的“规则”和“方向”，创造出全新的局面。

第28技　跌宕起伏

释义：“跌宕起伏”是一种关注脉动、振动和脉冲方向的革新技巧。起伏跌宕是一种自然现象，一方面人类要学会测量和感知；另外一方面，人类还要学会将“起伏”、“脉冲”、“振动”制造出来为自己服务。这也是“跌宕起伏”革新举措的意义所在。

标识符号：

人类对于脉动的研究应该追溯到远古时期的中医诊断，以脉象的浮、沉、迟、速来进行脏腑辩证的疾病诊断。后来人们用心电图来记录心率，用地震仪来记录地壳的振动，如图28-1所示。

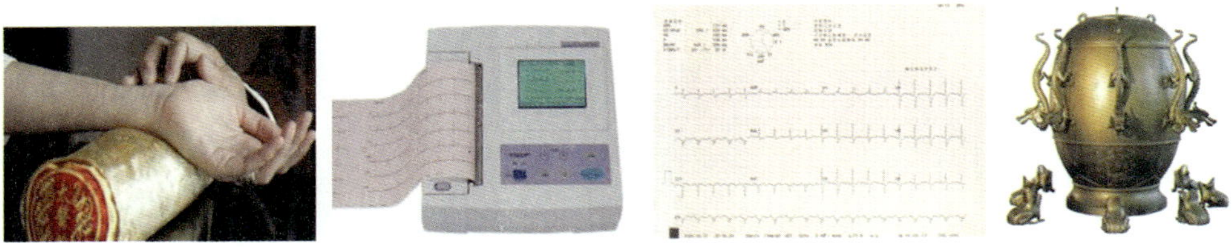

图 28-1　中医号脉、心电图仪、心电图和地震仪

留声机将音频脉动信号用胶盘的起伏纹路记录下来，然后再通过唱针转换成为电信号，通过喇叭转换成为音频信号，再放大。这是“脉动”革新的应用案例，如图28-2所示。

图 28-2　老式留声机

提起“脉动”，贝尔的故事就很有意思。1873年，成为美国波士顿大学教授的贝尔，开始研究在同一线路上传送许多电报的装置——多任务电报，并萌发了利用电流把人的说话声传向远方的念头，使远隔千山万水的人能如同面对面地交谈。那是1875年 6 月 2 日，贝尔和他的助手华生分别在两个房间里试验多任务电报机，一个偶然发生的事故启发了贝尔。华生房间里的电报机上有一个弹簧粘到磁铁上了，华生拉开弹簧时，弹簧发生了振动。与此同时，贝尔惊奇地发现自己房间里电报机上的弹簧颤动起来，还发出了声音，是电流把振动从一个房间传到另一个房间。贝尔的脑洞大开，他由此想到：如果人对着一块铁片说话，声音将引起铁片振动；若在铁片后面放上一块电磁铁的话，铁片的振动势必在电磁铁线圈中产生时大时小的电流。这个波动电流沿电线传向远处，远处的类似装置上不就会发生同样的振动，发出同样的声音吗？这样声音就沿电线传到远方去了。这不就是梦寐以求的电话吗！贝尔和华生按新的设想制成了电话机。在一次实验中，一滴硫酸溅到贝尔的腿上，疼得他直叫喊：“华生先生，我需要你，请到我这里来！”这句话由电话机经电线传到华生的耳朵里，电话成功了！1876年 3 月 7 日，贝尔成为电话发明的专利人。

图 28-3　无线电脉冲信号的传播

后来，无线电信号又成为当代人类文明的重要发明。随着无线电的发现，“脉动”的革新内容变得日益丰富。无线电电报、无线电广播、无线电图像传播——电视相继出现，如图28-3所示。

后来，人们利用“脉动”原理发明很多，如超声波清洗机、振动筛、振动均匀器、振动传输带、振动洗牙器等，如图28-4所示。

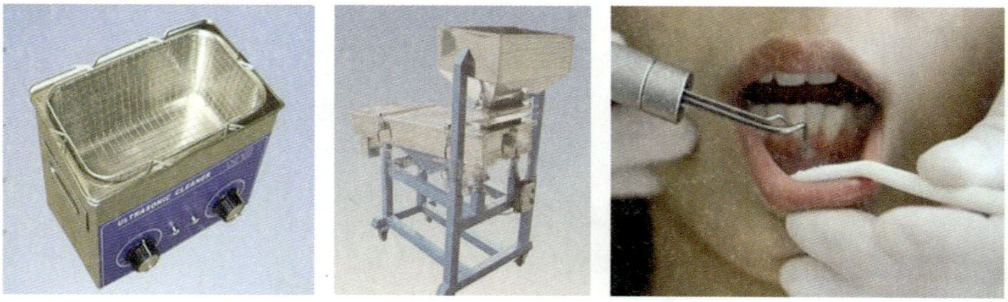

图 28-4　超声波清洗机、振动筛、振动洗牙器的“脉动”革新设计

人们利用“脉动”的设计还有电铃、频谱仪等，如图28-5所示。

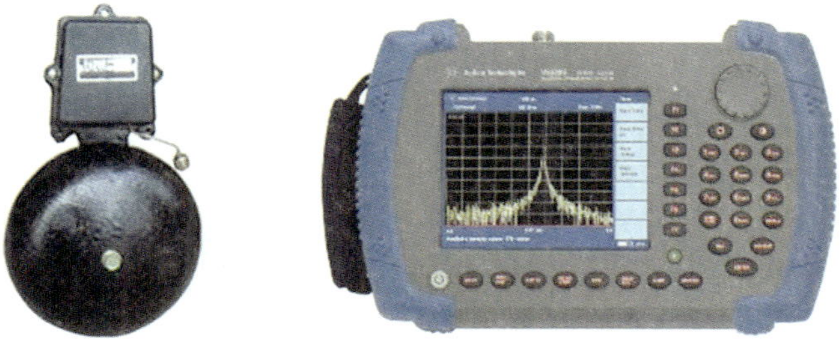

图 28-5　电铃和频谱仪

人们利用声波脉动设计了声波脉动牙刷，还利用超声波脉动的反射原理，设计了声呐，用于侦查远距离的物体，如图28-6所示。

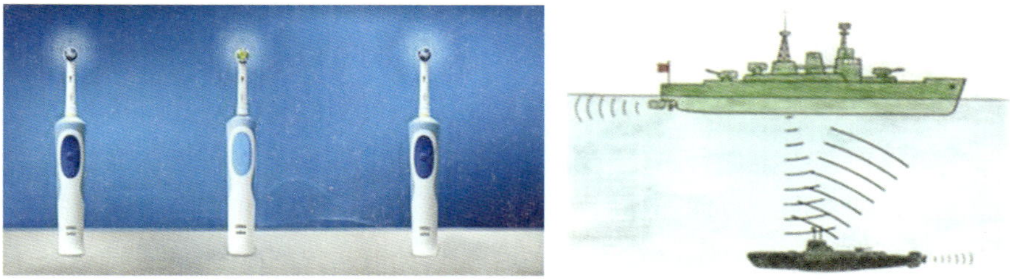

图 28-6　声波电动牙刷和声呐的侦查设计

工业发明应用较多的脉冲袋式除尘器也是“脉动”发明的典型案例。自20世纪50年代问世以来，经国内外广泛使用，不断改进，脉冲袋式除尘器在净化含尘气体方面取得了很大发展，除尘效率可以达到99%以上，成为一种成熟的比较完善的高效除尘设备。

另外一种“脉动”发明是超声波捕鱼机，其工作原理为发射超声波电场，针对水中一切动物的大脑，刺激神经、心脏和呼吸系统，使其在水中严重缺氧，浮出水面，达到最佳捕捉效果，并能将深层的动物击昏浮出水面任意捕捞(5min后复活)，捕大留小，不影响鱼类的繁殖生长，如图28-7所示。

图 28-7　布袋式除尘器和脉动式捕鱼器

提到震动，大家会想起我国著名科学家张衡。张衡是南阳人，17岁离开家乡，先后到了长安和洛阳，在太学里读书。他特别爱好数学和天文研究。朝廷听说张衡是个有学问的人，召他到京里做官，先是在宫里做郎中。后来，担任了太史令，叫他负责观察天文。这个工作正好符合他研究的兴趣。经过他的观察研究，他断定地球是圆的，月亮是借太阳的照射才反射出光来。他还认为天好像鸡蛋壳，包在地的外面；地好像鸡蛋黄，在天的中间。这种学说虽然不完全精确，但在1800多年以前，能说出这种科学的见解来，不能不使后来的天文学家钦佩。张衡还用铜制造了一种测量天文的仪器，叫做“浑天仪”。上面刻着日月星辰等天文的现象。他设法利用水力来转动这种仪器。据说什么星从东方升起来，什么星向西方落下去，都能在浑天仪上看得清清楚楚。那个时期，经常发生地震。有时候一年一次，也有一年两次。发生一次大地震，就影响好几十个郡，城墙、房屋发生倒塌，还死伤了许多人畜。他对记录下来的地震现象经过细心的考察和试验，发明了一个测报地震的仪器，叫做“地动仪”。地动仪是用青铜制造的，形状有点像一个酒坛，四围刻铸着八条龙，龙头向八个方向伸着。每条龙的嘴里含了一颗小铜球；龙头下面，蹲了一个铜制的蛤蟆，对准龙嘴并张着嘴。哪个方向发生了地震，朝着那个方向的龙嘴就会自动张开来，把铜球吐出。铜球掉在蛤蟆的嘴里，发出响亮的声音，就给人发出地震的警报。公元138年2月的一天，张衡的地动仪正对西方的龙嘴突然张开来，吐出了铜球。按照张衡的设计，这就是报告西部发生了地震。可是，那一天洛阳一点也没有地震的迹象，也没有听说附近有哪儿发生了地震。因此，大伙儿议论纷纷，都说张衡的地动仪是骗人的玩意儿，甚至有人说他有意造谣生事。过了几天，有人骑着快马来向朝廷报告，离洛阳一千多里的金城、陇西一带发生了大地震，连山都有崩塌下来的。大伙儿这才信服。

共振也是“脉动”的内容，是指一物理系统在必须特定频率下，相比其他频率以更大的振幅做振动的情形，这些特定频率称之为共振频率。共振在声学中亦称“共鸣”，它指的是物体因共振而发声的现象，比如两个频率相同的音叉靠近，其中一个振动发声时，另一个也会发声。在电学中，振荡电路的共振现象称为“谐振”。机械共振是指机械系统所受激励的频率与该系统的某阶固有频率相接近时，系统振幅显著增大的现象。利用共振原理的振动机械，可用较小的功率完成某些工艺过程，如共振筛等。19世纪初，一队拿破仑士兵在指挥官的口令下，迈着威武雄壮、整齐划一的步伐，通过法国昂热市一座大桥。快走到桥中间时，桥梁突然发生强烈的颤动并且最终断裂坍塌，造成许多官兵和市民落入水中丧生。后经调查，造成这次惨剧的罪魁祸首，正是共振！因为大队士兵齐步走时，产生的一种频率正好与大桥的固有频率一致，使桥的振动加剧，当它的振幅达到最大限度直至超过桥梁的抗压力时，桥就断裂了。类似的事件还发生在俄罗斯和美国等地。有鉴于此，所以后来许多国家的军队都有这么一条规定：大队人马过桥时，要改齐走为便步走。

对人危害程度尤为厉害的是次声波所产生的共振。次声波是一种每秒钟振动很少、人耳听不到的声波。次声波的声波频率很低，一般均在20Hz以下，波长却很长，不易衰弱。自然界的太阳磁暴、海浪咆哮、雷鸣电闪、气压突变、火山爆发；军事上的原子弹、氢弹爆炸试验、火箭发射、飞机飞行等，都会产生次声波。一些国家利用次声波的性质进行次声波武器的研制，已研制出次声波枪和次声波炸弹。不论是次声波枪还是次声波炸弹，都是利用频率为16~17Hz的次声波，与人体内的某些器官发生共振，使受振者的器官发生变形、位移或出血，从而达到杀伤敌方的目的。

进入20世纪以后，微波技术得到长足的发展，使人类的生活进入了一个全新的、更加神奇的领域。而微波技术正是一种把共振运用得非常精妙的技术。微波技术不仅广泛应用在电视、广播和通信等方面，而且“登堂入室”，与人们的日常生活越来越密切相关，微波炉便是家庭应用共振技术的一个最好体现。具有2500Hz左右频率的电磁波称为“微波”。食物中水分子的振动频率与微波大致相同，微波炉加热食品时，炉内产生很强的振荡电磁场，使食物中的水分子受迫振动，发生共振，将电磁辐射能转化为热能，从而使食物的温度迅速升高。微波加热技术是对物体内部的整体加热技术，完全不同于以往的从外部对物体进行加热的方式，这极大地提高了加热效率，极为有利于环保。

微波炉的发明者是美国的斯本塞。斯本塞于1921年生于美国亚特兰大城。1939年，他参加了海军，半年后因伤退役，先后进入美国潜艇信号公司和雷声公司工作，开始接触了各类电器。由于工作出色，1940年，他由检验员晋升为新型电子管生产技术负责人。当时，英国科学家们正在积极从事军用雷达微波能源的研究工作。伯明翰大学两位教授设计出一种能够高效产生大功率微波能的磁控管。但当时英德处于决战阶段，德国飞机对英伦三岛狂轰滥炸。因此，这种新产品无法在国内生产，只好寻求与美国合作。1940年9月，英国科学家带着磁控管样品访问美国雷声公司，与才华横溢的斯本塞相见。在他的努力下，英国和雷声公司共同研究制造的磁控管获得成功。一个偶然的机会，斯本塞萌生了发明微波炉的念头。1945年，他观察到微波能使周围的物体发热的现象。有一次，他走过一个微波发射器时，身体有热感，不久他发现装在口袋内的糖果被微波熔化。还有一次，他把一袋玉米粒放在波导喇叭口前，他发现玉米粒与放在火堆前一样。第二天，他又将一个鸡蛋放在喇叭口前，结果鸡蛋受热突然爆炸，溅了他一身。这更坚定了他的微波能使物体发热的论点。雷声公司受斯本塞实验的启发，决定与他一同研制能用微波热量烹饪的炉子。几个星期后，一台简易的炉子制成了。

斯本塞把姜饼切成片，放在炉内烹饪。在烹饪时他屡次变化磁控管的功率以选择最适宜的温度。经过若干次试验，食品的香味飘满了整个房间。1947年，雷声公司推出了第一台家用微波炉。可这种微波炉成本太高，寿命太短，从而影响了微波炉的推广。1965年，乔治·福斯特对微波炉进行大胆改造，与斯本塞一起设计了一种耐用和价格低廉的微波炉。1967年，微波炉新闻发布会兼展销会在芝加哥举行，大获成功。从此，微波炉逐渐走入了千家万户。由于用微波烹饪食物又快又方便，不仅味美，而且有特色，因此有人诙谐地称之为“妇女的解放者”。

利用“共振”为人类造福，还是尚未被完全挖掘出来的潜在领域，等待未来的工匠们去研究革新。

实战课堂

工厂常常把振动监测看成是设备状态监测的重要手段。一般有机械设备的工厂，都离不开转动类的设备，如泵、风机、马达、压缩机、搅拌机、发电机、透平机、真空机以及各种变速机构，如皮带轮、齿轮、链条等，而且都离不开轴和轴瓦、蜗轮蜗杆、花键轴、各类轴承等。而上述部位的劣化总是表现在振动的变化。所以，振动监测是十分有用的状态监测手段。通过信息采集和频谱分析，人们可以判断部件的磨损、破碎、松动、开裂等，及时采取措施，进行预防维修。红外监测，也就是对发热波的监测，则是用于对发热设备的监测，包括加热炉、锅炉、配电系统等；而超声波则多用于对管道的监测，通过反射的超声波，测量管道的壁厚，了解管道锈蚀或者堵塞情况。在设备管理的信息采集工作中，“跌宕起伏”革新真是发挥着重要的作用。

妙技锦囊

我们提出“跌宕起伏”的革新技巧，旨在引导工匠们通过对于脉冲、振动、震荡、波动、共振、谐波、微波、光波、电磁波、电波、声波以及超声波的研究，发现事物的规律，创造某种功效，为自己的产品或者技术进步服务。

第29技　虚虚实实

释义：“虚虚实实”是通过创造、导入或者改变介质、媒介、填充、中介而进行的革新方法。

标识符号：

“虚虚实实”成语最早意为真真假假，以假乱真之意，多指军事上讲究的策略，善于迷惑对方。我们引用此成语之意为“介质填充为实，介质消失为虚”，即通过虚实变换的技巧，以及不同内容填充物的“实”来改变创造物的功效与价值。

人类最早利用“介质”的革新也许是兽皮，他们打猎剥下兽皮用来当褥子，躺在上面睡觉更舒服，他们用兽皮做成衣裤御寒、取暖或者遮羞。那时候他们并没有将其看成是什么“介质”，只是顺其自然的发现而已。

后来人们学会了纺纱织布，用布、棉花、蚕丝等作为“介质”或者填充物来取暖，或者来“包装”和“美化”自己。

后来，人们有了房屋，设计了床铺，将兽皮发展成为厚厚的床垫，还设计了枕头，将桌子上铺上桌布，椅子上铺上椅子垫，让家庭变得更加舒适美观，如图29-1所示。

图 29-1　床垫、枕头、桌布和椅子垫的“介质”革新案例

当然，作为垫子这类的“介质”还有很多，例如人们在鞋子里放着的“鞋垫”，在桌子与茶壶之间隔着的热茶壶托盘、沙发后面的靠枕等，如图29-2所示。

图 29-2　鞋垫、茶壶托盘和沙发靠枕的“介质”创意

众所周知，混凝土是“聚合”革新的产物，它也是一种“介质”的革新，可以应用在建筑、交通等广泛领域。常规的混凝土里面有沙子、石头子和水泥，它们是“介质”里的“介质”。还有一种叫做钢纤维混凝土的，是在普通混凝土中

掺入乱向分布的短钢纤维所形成的一种新型的多相复合材料。这些乱向分布的钢纤维能够有效地阻碍混凝土内部微裂缝的扩展及宏观裂缝的形成，显著地改善了混凝土的抗拉、抗弯、抗冲击及抗疲劳性能，具有较好的延性。

我们都知道，衣服扔到火里就会点燃，但有种衣服放到火里却烧不着，这是什么“魔衣”呢？其实，衣服烧不坏的原因是它的材料与普通衣服不同，它是用石棉做的。石棉具有良好的抗拉强度和良好的隔热性与防腐蚀性，不易燃烧，故被广泛应用。我们的救火队员钻入火海去救火，穿的就是这种石棉衣服。石棉是非常好的隔热、阻燃“介质”，被广泛应用。

雨衣是一种隔水的“介质”，雨衣的发明完全是出于偶然，这里也有个小故事。麦金杜斯有天下班遇到外面下雨，他没带伞，于是披了件工作服就跑出去了，奇怪的是，回到家工作服一点也没湿。原来他的这件工作服已经穿了很长时间，上面溅了很多橡胶溶液，就好像涂了一层防水胶，虽然样子难看，却不透水。好奇的麦金杜斯又试验一遍，连忙用勺子舀点水，向涂有橡胶液的地方滴，水不但没有渗进去，却顺势滚了下来。麦金杜斯灵机一动，找了一件衣服，把它全部涂上橡胶溶液制了一件雨衣。就这样，世界上的第一件雨衣问世了。橡胶成为让布制雨衣不透水的防水“介质”。当然，随着塑料的发明，新型防水“介质”的雨衣材料也应运而生。

生活中遇到的“介质”创新案例还真有不少，如弹琴的拨子，成为代替指甲，保护指甲的“介质”；创可贴的“中介”作用，用来治愈和保护伤口不被空气中的细菌感染；即时贴后面的不干胶可以起到黏结的“介质”作用，如图29-3所示。

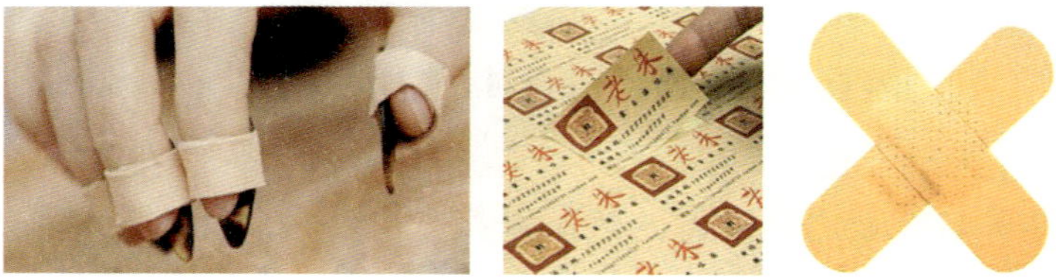

图 29-3　生活中的“介质”革新案例——弹琴拨子、不干胶贴纸和创可贴

人类还有很多类似的发明，如汽车里的安全气囊，一旦发生碰撞会自动弹出，将人体与坚硬的汽车硬件隔绝；充气食品或者真空包装可以让食品与外界空气隔绝，起到防止腐败，或者防止被外界坚硬物压坏的作用，如图29-4所示。

图 29-4　汽车安全气囊、充气食品和真空包装食品

一些复合材料中间会有一些“介质”作为填充物，起到缓冲、隔音或者保温作用，热水瓶的内胆与外壳中间也有“介质”的隔热作用，导线之间的塑胶皮、橡胶皮则起到的是绝缘的“介质”作用，如图29-5所示。

图 29-5　夹层墙体、保温瓶和电缆绝缘及绝缘材料的“介质”革新案例

仅仅绝缘材料这种“介质”，就经历了大量的变革，体现了人类创新的步伐从来不停息。我们最早使用的绝缘材料为棉布、丝绸、云母、橡胶等天然制品。在20世纪初，工业合成塑料酚醛树脂首先问世，以后又相继出现了性能更好的脲醛树脂、醇酸树脂，后来出现了缩醛树脂、氯丁橡胶、聚氯乙烯、丁苯橡胶、聚酰胺、三聚氰胺、聚乙烯及聚四氟乙烯等。琳琅满目的绝缘“介质”出现，也让我们感受到“介质”革新的前景。

在当代机械制造中应用最多的，几乎离不开的是液压、油压和气动机械，油压机、水压机和气动装置中间的“介质”是水、油或者空气，它们不仅让机械零件隔开，不直接接触，还可以传递动力，起到力学传动的作用，如图29-6所示。

图 29-6　油压机和气动装置

应该说，我们生活中使用的加湿机、保存食品用的干燥剂也都属于“介质”类的发明。加湿机让空气中增加水蒸气和湿度，而干燥剂恰恰相反，让空气中的湿气被吸收，防止食品的腐坏，也是广义的“介质”发明，如图29-7所示。

图 29-7　加湿机和干燥剂的“介质”类型革新

加湿机已被广泛应用在各种领域。超声波加湿器采用每秒200万次的超声波

高频震荡，将水雾化为1~5μm的超微粒子和负氧离子，从而实现均匀加湿、清新空气、增进健康的作用。加湿机还可以去除冬季暖气的燥热，营造舒适生活环境的效果。

食品干燥剂主要分硅胶和生石灰两种，硅胶的安全性比较高，化学腐蚀性也低一些，但生石灰的成本低，危险性却比较高。目前食品企业大多使用硅胶干燥剂，这是一种高活性吸附材料，无毒、无味、无腐蚀、无污染，可直接与食品、药品接触。

在炎热的夏天，人们经常喝啤酒解渴，打开啤酒瓶盖时经常看到啤酒向外喷沫，有时还像喷泉一样喷出来，这是为什么呢？一般来说，每升啤酒中都含有5g左右的二氧化碳。在制造啤酒时，通过一定压力把它灌进瓶里。因此，每瓶啤酒里都溶解了一定的二氧化碳，而瓶里是有一定空隙的，打开时，只要轻轻摇晃，气体就形成泡沫从啤酒瓶里溢出来。添加这种气体的还有不少饮料，如香槟酒、苏打水、可乐等。这些饮料填充的发泡介质都是二氧化碳，如图29–8所示。

图 29–8　啤酒喷泉、可乐与香槟的“介质”革新

夏季，我们经常用风扇、空调来抵挡酷暑，而电影院里凉爽宜人，它用的是什么呢？原来电影院用冷气机来制冷，给冷气机制冷的是一种化学物质，俗称叫“氟利昂”，经过压缩液化、蒸发等处理后，像汗水蒸发一样，可以带走大量的热量，从而使周围温度大大降低。臭氧层是人类及地表生态系统的一道不可或缺的天然屏障，犹如给地球戴上一副无形的“太阳防护镜”，而氟利昂却是臭氧层的“罪恶杀手”。氟利昂在大气中可以存在60 ~ 130年，虽然氟利昂释放量相对较少，但一个氯原子可破坏十万余个臭氧分子，从而导致平流层臭氧受到破坏，并逐渐减少。现在无氟制冷剂发展起来，逐渐取代了传统使用的制冷剂氟利昂。制冷剂是活跃在制冷机里的重要“介质”。

另外一种重要的“介质”应用当属于灭火器里的神奇“介质”了。这种介质到底是什么？我们先给大家讲一个灭火的小故事。某小城最近组建了一支消防队。有一天，消防队突然接到电话，郊区的一家葡萄酒厂起火了。接到命令的消防队员迅速赶到现场，投入紧张的扑火中，正当他们奋勇作战，即将控制大火的时候，突然发现贮水槽里的水快没有了。这下完了，这时队长突然命令队员把正在发酵的葡萄酒泼向熊熊大火。我们知道酒精能燃烧，但神奇的是，火竟然被扑灭了。原来正在发酵的葡萄酒里含有大量的二氧化碳，而二氧化碳不助燃，是最好的灭火剂。灭火器喷出来的“介质”正是二氧化碳，那么灭火器里为什么有那么多二氧化碳呢？原来，钢筒里贮藏着两种化学物质，即碳酸氢钠和硫酸。平时，这两种物质用玻璃瓶隔开分住两处，各不相扰。当灭火机头倒过来时，两者混到一块儿，发生化学反应，产生大量二氧化碳，把硫酸换成硫酸铝，再上点发泡剂，就成为泡沫式灭火器。它也同样产生二氧化碳气流，同时带有大量泡沫，可以漂在表面上帮助灭火。喇叭口的灭火机里不装化学药品，直接装着二氧化碳，那是用强大的压力把二氧化碳由气体变成液体以后，体积缩小很多。这样，一个不大的钢瓶内的液体二氧化碳，再变成气体时，就可以充满好几个房间。像液化石油气罐一样，灭火器平时紧闭阀门，救火时一拧开阀门，强大的二氧化碳气流就通过连接着的喇叭口向火焰喷去。灭火弹里装的是四氯化碳。四氯化碳灭火的道理和二氧化碳一样。平时四氯化碳是液体，在火焰附近遇热，很容易变成气体。它比同体积的空气重得多，也能紧紧地包围住火焰，隔断氧气的来路。四氯化碳灭火效果很好，由于它不导电，尤其适用于电线、电器着火时的扑救。

大家知道，煤气中毒通常指的是一氧化碳中毒，一氧化碳是煤炭燃烧不完全形成的。一氧化碳被吸入肺，并通过血管进入血液。红细胞是携带氧气及二氧化碳的“气体交换车”，通过红细胞的流动，全身组织才能进行气体交换。而一氧化碳与红细胞结合的力量比氧气大200~300倍，所以大量的一氧化碳与红细胞结合，就大大减少了红细胞带氧的能力，使组织发生缺氧导致“窒息”。麻烦的是，煤气是没有气味的，人们不知不觉就会中毒。大量的使用煤气灶，人们又都离不开煤气，而煤气泄漏使人中毒的事就时有发生。于是人们就研究将煤气掺进去一种无毒但有气味的气体，一旦煤气泄漏，就会有一种刺鼻的气味冒出来，提醒人们，从而避免了很多这样的悲剧发生。这样的“介质”革新也很有意义。

再给大家讲一个“介质”革新的故事。早期，没有在真空条件下长时间加热的灯泡，玻璃表面会慢慢放出水蒸气，这些水蒸气与灯泡内的钨丝发生化学反应，产生氢气，还有灯泡接头的地方，一些材料也会释放出一些气体，正是因为这类气体的化学作用，才使钨丝变脆，灯泡壁变黑，因而就降低了钨丝灯的使用寿命。人们一致认为，只有进一步提高灯泡的真空度，才能最后解决难题。但是，工匠米兰尔的想法却恰恰相反，他把各种不同的气体分别充入灯泡内，看看各种气体和钨丝会有什么样的反应。他把氧气、氮气、氢气、水蒸气、二氧化碳等气体分别一次一次地充入灯泡，并采用高温、低压等不同的外界条件进行测试。他发现氮气在高温下并不离解，许多蒸发出的钨原子，撞击到氮分子后，又回到了钨丝上。米兰尔兴奋地发现了氮气与钨丝之间的“秘密”，经过四年的艰苦奋斗，米兰尔终于成功地制造了功率大、寿命长、效率高的充氮灯泡。后来，他又发明了以氩气代替氮气制成的小功率充气灯泡。

化学“催化剂”本身不参加化学反应，却可以加速化学反应速度，也是一种重要的“介质”。而催化剂的发明也出于偶然之间。柏齐利阿斯有一次喝葡萄酒时，不小心将手中的一点粉末掉进了酒中，结果甜甜的酒变酸了。原来，把红葡萄酒变成了醋酸，是粉末作的“怪”。它能使乙醇（酒精）与空气中的氧气发生化学反应，生成醋酸。就这样，“催化剂”被发现了。古代时，人们就已利用酶酿酒、制醋；中世纪时，炼金术士用硝石作催化剂以硫黄为原料制造硫酸。1812年，基尔霍夫发现，如果有酸类存在，蔗糖的水解作用会进行得很快，反之则缓慢。而在整个水解过程中，酸类并无什么变化，它好像并不参加反应，只是加速了反应过程。看来，催化剂是一种能够促进化学反应，自己却无动于衷的“介质”，就像一个喜欢挑拨离间的人，让别人打得不可开交，自己却在旁边看热闹。

还有一种现代化的“介质”，我们称为“存储介质”，它的范围非常的广，小到计算机系统中几百kB的ROM芯片，大到上百TB的磁盘阵列系统都可以用来保存数据，又都可以称为存储，可以说存储无处不在、无处不有，包括软盘、光盘、DVD、硬盘、闪存、U盘、CF卡、SD卡、MMC卡、SM卡、记忆棒（Memory Stick）、xD卡等，还有软盘、硬盘和可换硬盘，这是最常见的“存储介质”媒体。这些“介质”里记录着大量的数据，可以随时提取使用。有的是可记录但不可改动补充的，有的则是可以随时擦去重新改写的。存储介质目前的应用十分广泛，电脑就不用说了，音响、摄影、录像、智能手机，还包括家用电器、机器设备、电力系统等无处不在，已经成为现代生活不可或缺的“介质”。

实战课堂

在TnPM体系推进中，媒介、舆论和宣贯这种“介质”的作用不容忽视。如果说是体系推进的宣贯，包括文件的下达、组织的建立、启动大会、领导的表态、骨干的誓言以及分布在厂区和车间的一块块介绍TnPM的管理看板属于“虚”的内容，则实实在在的清除六源、6S活动、点检和自主维护、六项改善的落地则属于“实”的内容。这种虚实的结合会促成很多成果的产生。我们又通过成果的可视化看板展示，给大家鼓舞士气，由实向虚。反过来这又进一步促进了新的改善实践——由虚向实。就拿挖掘员工潜力的有氧活动来说。OPS，也称为“一点建议”，是启发员工实实在在地做改善，不以善小而不为，是以效果检验的改善实践活动，属于“实”；而OPL，也称为“一点课程”，则是将实践转化为小教材来分享，来启发和带动工友们去举一反三，属于“虚”，通过这个“虚”引导出新的“实”。看来，“虚虚实实”的革新在TnPM体系推进中真是大有可为。

妙技锦囊

天上的彩虹、沙漠中的海市蜃楼、蓝天上的云朵、水中的倒影在不断变换着色彩和形状。大自然其实就是一个虚幻世界和实物世界的不断运动和转换的过程。“虚虚实实”的变革是世界给我们的启示。工匠可以通过虚实变换，以虚代实，以实代虚，强实弱虚，强虚弱实、以实避虚、以虚避实等方法充分发掘“介质”变革的潜能。

第30技 丢卒保车

释义：“丢卒保车”也是有失有得，舍尾求存、舍小得大的革新技巧，万事不可求全，总会是有得有失，而不可患得患失，必须要舍得，敢于放弃，有所不为，才能有所为。

标识符号：

中国古代军事家孙子说过：“将欲取之，必先予之。”哲学家老子也说过：“夫唯不争，故天下莫能与之争。”在佛教中，舍即是得，得即是舍；道教中，舍是无为，得是有为；儒家曰：舍恶以得仁，舍欲以得圣；而在今人的眼里，舍是付出，是投入，得是收获，是回报。舍得是一种大智慧：孰舍孰得，是大智慧者在洞悉了大势所趋后的智慧抉择。

中国有个“塞翁失马焉知非福”的故事。在靠近边塞的人中，有一位精通术数的人。他家的马自己跑到胡人那里去了，大家都来安慰他。这个老人说：“这怎么就知道不是一件好事呢？”过了几个月，他家的马带领着一匹胡人的骏马回来了，大家都祝贺他。这个老人说：“这怎么就知道不是一个祸患呢？”家里多了匹良马，他的儿子又喜欢骑马，有一次从马上摔下来折断了大腿。大家都安慰他，这个老人又说：“这怎么就知道不是一件好事呢？”过了一年，胡人大举侵入边塞，青壮年男子都拿起弓箭参战，靠近边塞的绝大部分人都因战争而死去。唯独他的儿子因为腿摔断了的缘故免于征战，父子得以保全性命。所以又有一个说法，叫做：祸兮福所倚，福兮祸所存。这一中国古代的“舍得”哲学理念对革新也有很好的指导作用。

古人云："大得不得取小得是其二。"最为人熟知的是项羽刘邦的楚汉相争。按约定灭秦谁先入关谁为王。刘邦先行占领了咸阳，但因羽毛未丰，自忖无法与项羽抗衡，便主动舍弃，让出关中。连"王"都能舍弃，可见刘邦是何等睿智。

有个庙里的师父问，烧壶开水，火烧未半柴不够了怎么办？弟子或说去找、去借、去买，众说纷纭。师父说，"何不把壶里的水倒掉一些？世事总不能万般如意，有舍才有得呀。"这说明，当目标定得太高，超乎能力和条件，实在难以为继，灵活处理、适度调整一下，同样可以达到"得"的效果。

这种解决问题的方法，实质上是一种"舍得"的创新理念，"舍即是得，少即是多，去即是取，无即是有"是解决当时人们所不能解决的问题的思想上、方法上的创新。

在雨果不朽的名著《悲惨世界》里，也有类似的描述。主人公冉·阿让，在一个风雨交加的夜晚，昏倒在路上，被好心的神父救起，他却在神父睡着的时候，把神父房间里的所有银器席卷一空。因为他已认定自己是坏人，就应干坏事。不料，在逃跑的途中，被警察逮个正着，可谓是人赃俱获。当警察让神父辨认失窃物品时，冉·阿让绝望地想："完了，这一辈子只能在监狱中度过了！"谁知神父却温和地对警察说："这些银器是我送给他的。他走的太急，还有一件更名贵的银器烛台忘了拿，我这就去取来！"

冉·阿让的心灵受到了巨大的震撼。警察走后，神父对他说："过去的就让他过去，重新开始吧！"从此，冉·阿让洗心革面，重新做人，他搬到了一个新的环境，努力工作，积极上进。后来，他成功了，毕生都在救济穷人，做了大量对社会有益的事情。冉·阿让幸运地遇到一位品德高尚的神父，神父没有因为偷走银器而责怪他，而是包容了他的过错，这份包容改变了他的一生。这份"舍得"，是舍弃了财务，拯救和得到了一个好人。

比尔·盖茨，当年果断舍弃了在哈佛大学未完成的深造机会，改行从商，白手起家发展为世界顶级富翁，这可是"舍得"在商界中的典范。

人类经常去仿照生物来进行发明，发展成为一门学科，就叫做仿生学。我们仿照飞鸟来制造飞机；仿照游鱼，制造了声呐；这样的例子比比皆是。人们看到海参遇险时会吐出内腔，分散敌人注意力乘机逃之夭夭；壁虎遇危时会当机立"断"甩掉自己的尾巴而脱身。这样的例子会给人类一种启示，失去一些，却获得另外一些，舍去局部，得到全体。

也许最早学习壁虎舍尾求生的技巧是古代的医疗和手术，人们割掉发炎腐烂的肢体而保全生命，割掉某一器官而保全身体，割掉阑尾而保全脏腑。

人们在设计战斗机时，发现战斗机被敌机击伤或者击落时，往往连宝贵的驾驶员都一起牺牲了，为了保存飞行员的生命和战斗力，人们设计了飞机弹跳舱，在飞机被击伤之后，让人弹跳出来，打开降落伞平安落地。这很像壁虎的舍尾求生原理，如图30–1所示。

图 30–1　壁虎的舍尾求生和战斗机弹跳舱原理

与此类似，运用反冲、对冲原理，当子弹射出，用来装炸药的子弹壳就会被舍去；发射卫星时，火箭的残余碎片一定会脱落，让卫星按照轨道飞行。在这些革新里，人们既使用了“对冲”原理，也就是靠火药爆炸燃烧的冲击力，将子弹或者卫星高速推送出去，同时也运用了“舍得”技巧，也就是将有用的物体保存下来，将已经无用的物体丢掉、舍去，如图30–2所示。

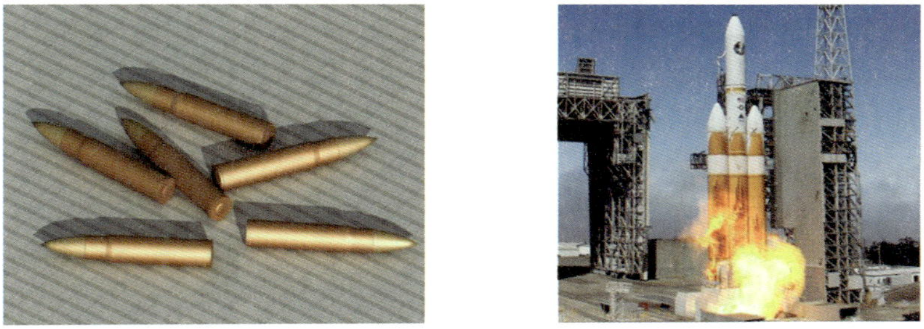

图 30–2　子弹弹壳和火箭发射卫星的“舍得”设计

舍去后座，设计发明了可折叠自行车，便于人们携带；人们设计了压水井，先灌进一点水（舍去），才能引出井里持续不断的水（得到），如图30–3所示。

图 30–3　折叠自行车和压水井的“舍得”革新

圆珠笔之所以能够写字，是因为笔头里的钢珠在滚动时，能将速干油墨带出来写到纸上。圆珠笔芯里装的干油墨，足够书写2万字。但是，书写的字数一多以后，钢珠与钢圆管之间的空隙会渐渐变大，这样油墨就会从缝隙中漏出来，常常会沾污衣物等，使人感到不愉快。为了解决漏油问题，专家们没少动脑筋。有的研究油墨配方的改进，有的研究钢珠与钢圆管的硬度，可是都没能收到满意的效果。

正当这项研究毫无进展的时候，日本有个小企业主，想出了一个绝招：不是因为装的干油墨足够书写2万个字吗？不是因为写到那时就会漏油了吗？那我就少装一些干油墨，让笔芯里的油墨只能书写1万多个字就用完了，这样的圆珠笔芯漏油的问题不就解决了。于是，他就申请专利专门生产一种短支的圆珠笔芯和圆珠笔，很快受到了广大顾客的欢迎，这也让他成了一个大的企业家。他的“舍”反而让他“得”了不少。

在现实生活中还有大量广义“舍得”创新的例子。

例如，人们用人工交换时间，创造了赛车式检修模式，在方程式赛车中间，为了快速赛车解决问题，人们在人机料法环方面做足功夫，通过多人分工，并行处理，有的拆轮胎，有的安装，有的加油，可以让检修时间控制在十几秒内。舍去的是人工，换得的是时间。人们为了舍去空间来换回时间和力气，发明了电梯；人们舍去空间换来能源，发明了太阳能面板和发电设施；人们舍去空间换来温度，发明了保温瓶。保温瓶虽然笨重一些，但可以达到保温效果。人们舍去能源换人工，就发明了各类机器，取代人力；人们舍去材料换温度，还发明了羽绒服、保温墙等；人们舍去能源换资源，发明了海水淡化等装置；人们还发明了电解铝、电解镁等装置，舍去的是能源，换得的是材料，如图30–4所示。

图 30–4　赛车式检修、电梯、保温瓶、保温墙、海水淡化装置

例如，中国的春秋航空公司以及美国西南航空公司，通过取消商务舱、取消餐食等一系列功能删除以降低成本，同时降低票价，而消费者认为其价值高于其票价，便会欣然购买，从而获得了巨大的市场。

同样，Craftsman是一家生产电钻的美国公司，它的C3充电式电钻功能强劲，但许多特色对于普通用户来说有些画蛇添足，因为他们只是偶尔用它来进行家装维修。认识到这一点后，公司将双速改为单速，降低电钻的扭矩、减少电池数量，这款简化产品反而为公司获得了更多的用户。

在印度，一些企业开发出价格极低的产品以满足巨大的低收入群体市场，如1分钟电话收费1美分、白内障手术收费30美元、1辆汽车卖2000美元等。管理学家C.K.普拉哈拉德将这类企业的变革称之为“甘地式创新”，企业因为满足了低阶层群体的需求而彰显了社会责任和企业价值，因而也获得更多来自社会和政府的支持和回馈。

功能减弱是另一种变相的功能舍去，基本原理是一样的。例如早几年出现的傻瓜相机，其具备了相机的所有基本功能，但性能大大降低，价格也因此比专业相机低不少，但因为销量十分可观，让企业获利巨大。

书的装潢设计上有一个十分经典的案例。1935年，一个名叫艾伦·莱恩的人，看到了平装书的无限潜力——当时绝大多数的书籍都是所谓的“精装书”，价钱十分昂贵。他购买了许多著名书籍的平装书版权，用最低廉的成本造出了便宜的平装书，成就了一家叫做企鹅的出版社，更改变了大众的阅读习惯。

下面讲一个火箭设计上的“舍得”案例。大家知道，发射卫星的火箭推进器，装的是一种固体燃料，燃烧时温度高达5000多摄氏度，从而产生强大的动力，把卫星送上太空。那么，装这些燃料的火箭外壳又是用什么材料来制造的呢？塑料不行，玻璃不行，金属也不行，充当这一重任的是金属陶瓷。烧制陶瓷时，还加了20%的金属钴，制成金属陶瓷，金属钴以“介质”形式融入陶瓷中，它能胜任火箭喷火口的“门卫”工作。随着燃料不断燃烧，温度不断升高，陶瓷中的金属钴不断挥发，也带走了一些热量。当金属钴快要挥发完，火箭的燃料也就烧尽，整段火箭壳脱落，另一级火箭开始喷气燃烧。这样，一级接着一级，把卫星或宇宙飞船送上了太空。这里面有两个“舍得”革新，舍去了金属钴，带走了部分热量，保存了金属陶瓷外壳；舍去了燃料燃烧完毕的陶瓷外壳，获得了推力，将卫星推上天空。这是十分有意思的“舍得”变革。

在美国纽约曼哈顿金融街上，有一家“地中海”酒吧，这家酒吧的老板叫费尔沃特·查理，他于8年前在曼哈顿金融街上开了一家“地中海”快餐店。由于利润少得可怜，查理曾一度陷入沮丧之中。

两年后，正当查理先生打算关门停业时，一个平时司空见惯的现象触发了他的赚钱灵感。那就是每当“道琼斯指数”出现下跌时，附近证券交易所就会跑出许多垂头丧气的男男女女，其中有相当数量的人会不约而同地踏进各家酒吧，借酒消愁解闷。然而其中有好多人喝完酒后，却因囊中羞涩而难以当场付钱，因此常常闹出顾客和老板之间不愉快的事情。

目睹这种现象之后，查理决定改弦易辙，索性将“地中海快餐店”更名为“地中海赊账酒吧”，对那些遭受经济损失的顾客，给予所承诺的赊欠酒品消费额，即换一种“先醉后还”的思路来经营酒吧，赚取“迟到的钞票”。

老板规定，只要当日的道琼斯工业指数每下跌一点，“地中海”酒吧就允许顾客赊欠50美分的酒账，也就是下限金额；如果该股指数下跌了100点，那么顾客就可以赊欠50美元，这是上限金额。不过，所欠金额要求在3个月内予以支付。

由于查理推出了堪称当今美国独一无二的酒品消费服务项目，现在“地中海

图 30-5　地中海赊账酒吧

赊账酒吧”天天顾客盈门，生意非常红火，平均每天的营业额达到了近万美元，如图30-5所示。

再给大家讲一个关于“舍得”的小故事。美国宣传奇才哈利十五六岁的时候在一家马戏团做童工，负责在马戏团内叫卖小食品。但是每次看戏的人不多，买东西吃的人更少，饮料更是少人问津。

有一天，哈利突发奇想：向每一位买票的观众赠送一包花生，借以吸引观众。但是老板坚决不同意这个荒唐的想法。哈利用自己微薄的工资做担保，请求老板让他试一试，并承诺如果赔了就从他的工资里面扣，如果盈利了自己只拿一半，老板这才勉强同意。于是，以后每次马戏团的演出场地外就多了一个义务宣传员：“来看马戏咯！买一张票免费赠送好吃的花生一包！”在哈利不停地叫喊声中，观众比往常多了几倍，这让老板和哈利也都赚了不少钱。

看来，“丢卒保车”的理念到处可以应用。

实战课堂

在设备管理策略中，赛车式检修是典型的“丢卒保车”模式。所谓赛车式检修，就是集中优势检修力量和资源，快速恢复设备运行的检修模式。这种检修策略需要较多维修资源的投入，包括平时的检修队伍体能训练和技能训练，涵盖人、机、料、法、环要素的鱼骨图绘制，机旁备件的准备，流动工具箱的使用，主辅修制度设计，大量维修预案的准备，各种设备状态监测手段的应用，检修人员沟通方式的设计等。以最短的维修时间来恢复设备功能，以此来降低维修停机损失。这是舍去各种“资源”，换取时间的维修策略。对于停机损失巨大的故障，这种检修模式是很值得提倡的。如流程工业，某一关键机组停机可能造成每天几百万元甚至上千万元的停机损失，通过赛车式检修，每减少1h的停机都十分有意义。

妙技锦囊

“丢卒保车”之成语来源于象棋游戏，其直接的寓意是舍去一个小卒子，保住一个有大用场的“车”，可以保存后续的战斗力和兵力优势。用这样的变革技巧，可以帮助工匠思考如何主动放弃一些功能或者构件，从而获得更必要的功能或者构件，旨在针对性地提升系统的功效。“舍得”理念的应用可以十分广泛，包括舍去空间换时间、舍去数量换质量、舍去时间换质量、舍去某些功能换取其他功能、舍去有形换无形、舍去金钱换信誉等。其中蕴含的创意十分丰富。

第31技　否极泰来

释义：“否极泰来”是中国古代哲学思想的精髓，也是革新思维不可或缺的要素，与之相对应的手段还包含逆补、逆反、逆袭、变废为宝、变害为利、互补、正反转换等内容。这一革新手段是告诉工匠，所有负面的事物均可转化为有利的事物，所有的废弃之物都可以变成有用之物。我们要善于在不利条件下创造出有利环境，深度挖掘，变害为利，变废为宝，争取逆袭突围。“否极泰来”革新与“一反常态”革新有异曲同工之处。前者更强调面对失败、废弃的创造物而使之重新发挥功效。后者更强调不按常理出牌的差异性革新以及舍弃部分获得另外部分的置换性革新。

标识符号：

人类社会充满了“否极泰来”的轨迹。古人云：“祸兮福所倚，福兮祸所存”，当代人们常说：“坏事变成好事”，也是同样一个道理，这就是自然界的辩证关系。“没用的”可以转化成“有用的”；从某个角度看是“无价值的”也许换个角度就变成“有价值的”。

人们为了合理利用资源，学会将垃圾变为肥料、饲料、燃料，将废木屑变成再生板材，甚至将废烟碎末黏结压成薄片，再切丝卷入香烟里，如图31-1所示。

图 31-1　垃圾分类处理、再生板材的“逆转”革新

垃圾分类在日本、美国、英国、澳大利亚等国家都做得很好。特别是日本，不但把垃圾分成十来种，扔的时候还要分日子，如可燃垃圾（包括果皮、菜渣等）是每周一、三、五扔；每周二可扔旧报纸；每月第四个周一可扔不可燃垃圾，如电池等。垃圾里蕴含着巨大的资源潜力，生活垃圾中有30%~40%可以回

收利用。1t废塑料可回炼600kg的柴油，回收1500t废纸可免于砍伐用于生产1200t纸的林木，1t易拉罐熔化后能结成1t很好的铝块，可少采20t铝矿。

变废为宝的例子很多，养鸡的人都很发愁鸡粪如何处理，但对有经验的人来说，鸡粪是不可多得的宝贝。经过微生物发酵后，鸡粪可以养殖蛆、黄粉虫和蚯蚓，这些虫子是鱼类和禽类的上等饲料，经过这些虫子处理过的鸡粪也变成优质有机肥。

一些看似没用的东西，也可能成为宝贝，比如树叶。桂林恭城县红岩村盛产柿子，他们偶然发现一个商机，春天没有柿子的时候，还是有许多日本人过来，原来吸引他们的是柿子叶。日本有柿子叶包着的饭团寿司，就像中国的粽子一样，因此他们对柿子叶需求很大。于是红岩村在修剪柿子树的时候，把不要的柿子叶按规格进行加工，一张三分钱出售，红岩村有万亩柿林，这不起眼的柿子叶也能给他们带来不菲的收入。

再说一个变废为宝的例子，玉雕界有位大师杨树明，被亚洲珠宝联合会授予“中国玉雕大师”。杨树明有一件非常得意的作品，是一款名为“风雪夜归人”的挂件。2004年，他用100元将这件毛石买回来后，并没有想过要做什么，因为这块材料棉质较多，斑点遍布，甚至在业内人的眼中，这就是一块废料。但在杨树明看来，这块料也有它好的地方，一些地方在灯光下晶莹剔透。一天晚上，他想到了“日暮苍山远，天寒白屋贫。柴门闻犬吠，风雪夜归人。”他灵机一动：把这些棉质变成漫天纷飞的大雪如何？一个多星期后，精致完美的“风雪夜归人”的玉挂件面世。“风雪夜归人”最终以1万元的价格出手，之后在买家手里翻了近100倍。这件作品辗转至香港玩家手中，有人甚至出价360万元。

类似变废为宝的“革新”还有很多，如将废纸收集做成再生纸，将废塑料收集做成再生塑料，将废油回收做成再生油脂，将废水回收过滤沉淀和处理变成饮用水，将海水淡化变成淡水。图31–2给出几个案例。

图 31–2　再生纸、废油处理、废水处理和海水淡化的“逆转”革新

人类有些“逆转”的革新完全是不经意的偶然发现。

伊朗人依拉迪·赫沙比是世界上著名的大发明家之一。有一天，他的妻子在阳台上用杀虫剂喷洒生了虫子的夹竹桃。他想：不用有毒的喷雾剂，也应当能灭虫。接着，他就开始顺着这个思路思考。没几天，他就有了主意：“人体有个部位不受虱子、臭虫和其他小虫子的侵扰，那就是耳朵”。当天，赫沙比就叫人在实验室里分析耳垢的成分。耳垢由120种不同物质组成，其中一种物质能驱赶甚至杀死昆虫。同年，他研制成功了从这种物质中获得的对人体无毒的杀虫剂，并在埃森召开的植物国际博览会上推荐介绍，此后人体无毒性杀菌剂问世了。

避孕套最早是由17世纪英国查理二世的医生康达姆发明的，并以他的名字命名了这一产品。当时的主要目的是为了预防梅毒的传染，避孕套是以肠衣或鱼鳔制成的。到19世纪中叶有了橡胶制品，后来被用于计划生育工作，在我国叫做“避孕套”，而在国外一些地方和中国的港、澳、台地区，它还有一个名字，叫“安全套”。现在已有许多研究证明避孕套在艾滋病的预防中发挥了一定的作用，尤其是正确使用质量良好的避孕套可以大大降低艾滋病病毒通过同性和异性性接触的传播。

亚历山大·弗莱明是个细菌学家，一次做完实验下班回家，有一个培养细菌的皿忘了盖上盖子，过些天奇迹发生了：打开的培养皿中长了青霉，长青霉的周围不长细菌。哈，一定是青霉分泌的某种物质杀死了细菌，青霉素就这样在偶然之间被发现了！这是1928年的事，随后，青霉素的发现拯救了成千上万人的生命。1945年弗莱明被授予诺贝尔生理学奖。

以上几个小故事都有些“逆袭”、“逆转”的味道。哈哈镜也是一个典型的“逆转”发明，原来是因为镜子的玻璃不平，把人照变了形，结果反而成为一种逗人发笑的产品，这就是哈哈镜，图31–3给出几个例子。

图 31–3　即时贴、哈哈镜和毛笔的“逆转”革新案例

应该说，人类利用“逆转”原理革新的案例不计其数，例如人们利用子弹发射产生的后坐力来推出弹壳并同时给枪上膛，人们用垃圾产生的热来发电，让垃圾变化肥用来种植，将炉渣变建筑型砖，还将吃剩下的贝壳做成艺术品……部分案例如图31–4所示。

图 31–4　自动上膛枪、炉渣墙砖、垃圾焚烧发电、贝壳艺术品

在“逆转”革新里，反向、逆向的思维很重要，将不理想的因果关系倒置，

往往会产生灵感。在动物园生意萧条之时，有人突发异想，人在外面，动物在笼子里，那是传统的动物园；如果把人关在笼子里，让动物在外面自由行动，那会不会吸引更多来访的游客呢？这就催生了野生动物园，造就了全新的旅游体验。让一个濒临倒闭的动物园起死回生。

人们发现感染过某些病菌的人，在治愈之后反而不会再感染。人们将这些可恨的病菌——感染人身体的脓包物质提取出来，干脆去让没病的人去感染，只要控制好量，这反而会主动提升其免疫力。于是出现了疫苗，同时出现了免疫医学，颠覆了传统的医学。

图31–5给出上述的几个例子。

图 31–5　野生动物园、生产线和疫苗注射的“逆转”革新

传统商店，顾客从售货员手里拿商品，再付款，这样效率不高，于是出现了受顾客欢迎的超级市场。传统银行，顾客从柜员手里取钱，这不但效率低下，也容易出差错，这就催生了现代银行。传统歌厅，演员演出，听众听歌，听众完全是被动地参与，为迎合现代人的参与热情，让观众们自己点歌自己唱，自娱自乐，于是出现了卡拉OK歌厅，如图31–6所示。

图 31–6　传统商店变超市、传统银行变柜员机、传统歌厅变KTV的案例

类似“逆转”变革的例子还有很多，例如传统餐厅，人们点菜等待上菜，后来出现了一些现代餐厅：人们自助取菜，称为自助餐厅，人们不必等待，而且自由选择自己喜欢的菜肴。类似的现代餐厅还有旋转寿司和自助火锅等，如图31–7

所示。

图 31–7　传统围餐、自助餐厅、旋转寿司和自助火锅

“变废为宝”的变革还可以给人们带来巨大财富。美国人吉姆·瑞德偶然发现，高尔夫球会因为球手的失误而掉进湖里。有一次他灵机一动潜入湖内中，却意外发现湖底有成千上万只球。于是他开始打捞这些掉落湖底的高尔夫球，并将这些旧球洗干净喷漆，再包装出售。现在，他已经拥有属于自己的高尔夫球回收公司，年收入近千万美元。

在“互补”方面，人类可谓是绞尽脑汁，不断应对一些“不足”。例如天气太冷，人们发明取暖炉和暖气；天气太热，人们发明电扇和空调；空气潮湿，人们发明空气干燥器，而空气太干燥，又发明加湿器；现在雾霾这么严重，人们又发明空气清新器；对付干旱气候，人们发明喷灌或者滴灌设备，给作物浇水；人们为残障人士设计制作了拐杖、假肢和轮椅，为他们设计了方便行走的通道；人们还为盲人设计了盲文，为聋哑人设计了手语。这林林总总的设计都是一种“互补”的革新，图31–8给出部分案例图片。

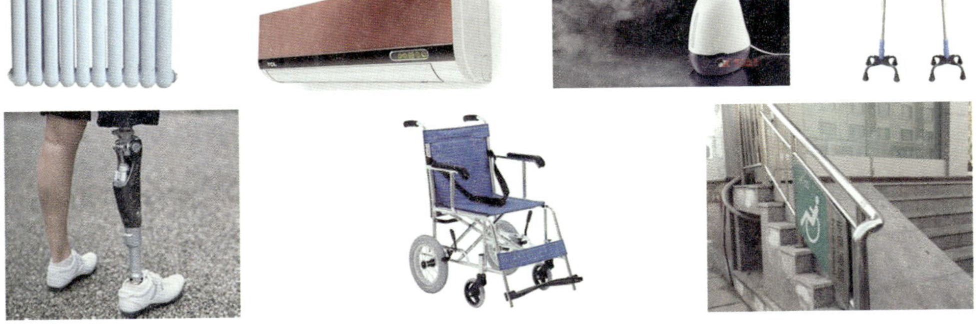

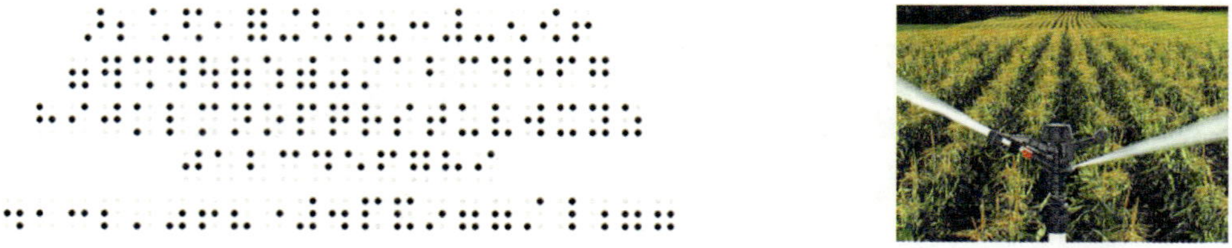

图 31-8　暖气、空调、加湿器、拐杖、假肢、轮椅、残障通道、盲文和喷灌设备的“互补”革新

谈到“互补”和“正反转换”，世界上还有不少这样的革新案例，电梯、电动扶梯、水平步道的上行与下行、正行与逆行靠的是驱动系统的正向和反向运动。盐湖的采盐船原来是单边驱动，在湖边掉头困难，人们研究了设置在船头与船尾的双向驱动装置，让船的转向行驶更加方便。由于轨道的限制，让火车掉头十分不便，火车列车的行驶多少年都是延续正反转换双向行驶的传统，车头既可以正向行驶，也可以反向行驶。

再给大家讲一个“互补”的例子。大家熟知，在一般情况下金属与金属相互碰撞时，不但有声响，还会冒出火花来。所以，在加油站、煤气站以及运输易燃易爆物品时，尽量不使用金属物品，以免发生碰撞，冒出火花，造成危险。人们苦苦寻找，终于发现有的金属撞击了却不冒火花，它是什么金属呢？原来是铍，铍与铜和镍的合金在与石头或其他金属撞击时，根本不会迸出火花。人们利用这种铍合金与众不同的性质，制成了专门用于矿井、炸药工厂、石油基地等易爆区使用的锤子、凿子、刀铲等工具，铍这种与众不同的特性为减少爆炸事故和火灾做出了很大贡献。

众所周知，金属的通性是热胀冷缩，可是有一些金属却与众不同，它不仅不热胀冷缩，反而冷胀热缩，这又是什么金属呢？它们是锑和铋。锑最重要的用途是制造合金，生活中常用的铅，一般是锑与铅的合金。印刷书报用的铅字，如果用纯铅浇注，由于纯铅会热胀冷缩，因此注出的字很不清晰。而如果在铅液中加入一些锑，当熔化了的合金灌进钢模中冷却凝固时，金属锑具有热缩冷胀的特性，抵消了铅的部分热胀冷缩，就能使注出字的笔画十分清晰，经久耐用。锑的出现，弥补了铅的不足。发明铅锑合金，就蕴含了“互补”革新的技巧。

以前，照相机只能在阳光下才能照相，晚上或者光线不好的环境就无能为力了。为了解决这个问题，人们发明了带闪光灯的照相机，即使在漆黑如墨的夜晚也能拍照，这也是一种逆转和补充。

以前，轮船出海前要备足淡水和食物。而现在，有的军舰出海却只储备食物，而不储备淡水，这是为什么？因为军舰上有一种特殊装置，能把海水淡化。他们利用离子交换树脂，将海水中的钙、镁等盐类的离子交换出来，使咸咸的海水淡化，提供饮用。由于离子交换作用是可逆的，用过的离子交换树脂一般用适当浓度的无机酸或碱进行洗涤，可恢复到原状态而重复使用，这一过程称为再生。在海湾地区，很多阿拉伯国家因为淡水短缺，都在海边建立起海水淡化工厂。这些工厂的工艺基本都是利用这种离子交换树脂对海水淡化。这样一个反复离子交换的过程，也是“逆转”革新的典型案例，如图31–9所示。

图 31–9　照相机闪光灯和海水淡化装置的“互补”和“逆转”革新

实战课堂

在设备管理组织建设之中，有很多“否极泰来”的革新。例如，某铝加工厂采用集中式维修，也就是工厂设立了设备管理部门，下辖检修车间，负责全厂的设备维修、维护保养工作。后来发现，设备管理部门忙得焦头烂额，就像救火队一样，按下葫芦浮起瓢，经常成为被告，被称为“看门狗”和“替罪羊”。下面的生产单元无论出现停机还是质量缺陷，或者出了安全环保事故，都可以从设备上找到原因，设备部门总是难辞其咎。于是这间工厂就开始了“否极泰来”的革新，将设备的检修、维护保养工作完全下放给基层生产部门。我们上面描述的问题不再发生了，谁家的孩子谁抱走，由“他们的责任”变成“我们的责任”了。于是新的问题又出现了。每年需要庞大的维修费用支撑，各生产单元的维修预算互相攀比，越做越高，很多优秀的维修人才、工具不能共享，每年的维修投入居高不下。在竞争日益白热化的经济形势下，变革的要求越来越强烈，于是又开始了新一轮“否极泰来”的革新。他们决心把可以共享的维修内容，例如，行车的检修收回到设备管理部门管理，采用集中式维修。把个性化的设备，例如电解车间的电解炉、成型车间的轧机仍然放在各个基层生产单元。与此同时还导入TnPM的自主维护体系，充分调动基层生产一线员工的潜能。实践证明，这次的变革达到“鱼和熊掌兼得”的成效，既保证了设备的安全、稳定、长周期、满负荷、优质运行，又大大节约了维修投入。

妙技锦囊

“否极泰来”是辩证思维的哲学，同时也是变革的技巧。我们依此来焕发工匠的“绝处逢生”本领，善于在不利中寻求希望，从别人瞧不起的事物中挖掘金矿，从缺失中找到互补，从逆境中找到转机，从世俗认为“不可能”的视角中跳跃出来，找到曙光。

第32技　含沙射影

释义：“含沙射影”是一贬义词，传说一种叫蜮的动物，在水中含沙喷射人的影子，使人生病。比喻暗中攻击或陷害他人。作为革新技巧，我们将其贬义去掉，选取其故事中的反弹、投影、投射、折射、反冲的意思。这也是革新中的不可或缺的手段或者技巧，在人类革新实践中的运用也十分广泛。

标识符号：

人类关于“反射”的启蒙应该最早来源于阳光，照在水面的阳光映出太阳、树木的倒影，平静的水面就是一面镜子，人们在水里还看到自己的样子。后来把一面铜板磨亮，就出现了铜镜。人们还根据太阳照射物体投影的变化创造出日晷来计时，如图32-1所示。

图 32-1　日晷和铜镜的“反射—投影”革新

提起镜子，还有一段感人的励志故事。爱因斯坦小时候十分贪玩。母亲再三告诫他：“不能再这样下去了。”爱因斯坦总是不以然地回答说：“你瞧瞧我的伙伴们，他们不都和我一样吗？”有一天，父亲给爱因斯坦讲了一件有趣的事情。父亲说："昨天，我和邻居杰克大叔去清扫南边工厂的一个大烟囱。那烟囱只有踩着钢筋踏梯才能从烟囱内上去。你杰克大叔在前面，我在后面。我们抓着扶手，一阶一阶地终于爬上去了。下来时，你杰克大叔依旧走在前面，我跟在后面。钻出烟囱，我看见你杰克大叔的模样，心想我肯定和他一样，脸脏得像个小丑，于是我就到附近的小河里去洗了又洗。而你杰克大叔呢，他看见我钻出烟囱时干干净净的，就以为他也和我一样干净呢，于是就只草草洗了洗手就大模大样上街了。结果，街上的人都笑痛了肚子，还以为你杰克大叔是个疯子呢。" 父亲郑重地对爱因斯坦说："其实，别人谁也不能做你的镜子，只有自己才是自己的镜子。拿别人做镜子，白痴或许会把自己照成天才的。" 爱因斯坦听了，顿时满脸愧色，从此离开了那群顽皮的孩子们。他时时用自己做镜子来审视和映照自己，终于映照出了他生命的熠熠光辉。

随着玻璃镜子的发明，人们利用"反射"原理革新的内容更加丰富。人们创作了各种和镜面相关的案例，凸面镜、凹面镜、潜望镜、万花筒、汽车后视镜等，如图32-2所示。

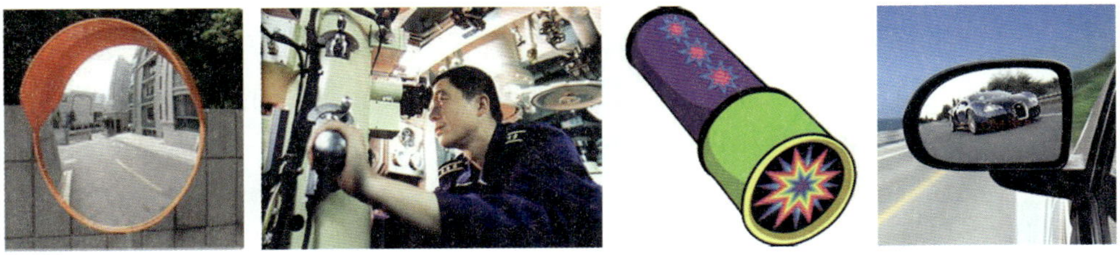

图 32-2　凸面镜、潜望镜、万花筒和汽车后视镜的"反射"革新案例

利用多次"反射"原理的革新成果是潜望镜。潜望镜是指从海面下伸出海面或从低洼坑道伸出地面，用以窥探海面或地面上活动的装置。其构造与普通地上望远镜相同，唯另加两个反射镜使物光经两次反射而折向眼中。潜望镜的主要部件是一根长钢管桅杆，可升至指挥塔外5m高的位置，两端都安装有棱镜和透镜并可将潜望镜的视野放大至1~6倍。潜望镜常用于潜水艇、坑道和坦克内用以观察敌情。要知道，处于水下航行状态的潜艇观察海平面和空中情况的唯一手段便是借助潜望镜了。而多数潜艇均安装有两部潜望镜，其中一部为攻击潜望镜，另一部为观察潜望镜。前者用于发现和瞄准水面目标，而后者主要用于观察海空情况和导航观测。潜艇在浮出水面前，艇长都必须指挥潜艇在潜望镜深度先用潜望镜对海平面作一次360° 的观察，以求尽早发现可能出现的敌情。只有在确认没有任何威胁的情况下潜艇才会浮出水面。

大约100多年前，英国人发明的万花筒进入中国。由于当时制作材料和工艺的限制，万花筒只能作为清王朝达官贵人的私室珍藏。随着万花筒的造价变得低廉，渐渐进入了寻常百姓家。早先的万花筒，里面所看到的花是剪成碎片的彩纸，透明度很差，后来有人尝试使用更透明的彩色碎玻璃。随着时间的推移，万花筒里面的“花”，变成了彩色塑料片、光滑的玻璃珠，反射用的三块玻璃也换成了三块镜子。岁月变迁，制作万花筒的材料变了，但唯一不变的，是孩子们对万花筒中的神奇世界所倾注的热情。

透视镜虽然没有利用“反射”原理，但应用了相应的折射原理，人们由此设计出来望远镜、显微镜、放大镜等，如图32–3所示。

图 32–3　显微镜、放大镜和望远镜的“折射”革新案例

提起望远镜，我们要提一下“中国天眼”，特大型球面射电望远镜FAST。这是安装在中国贵州省平塘县深山中里一个直径500m的银色“巨碗”。这是中国自主设计研制，历时22年才建成的巨型天文设备，2016年9月25日正式启用。它是迄今为止世界上最大单口径、最灵敏的射电望远镜，它的面积相当于30个足球场，拥有6670根主索和4450块反射面板。外圈1579m，走一圈需要半个多小时。它能够接收到137亿光年以外的电磁信号，可以对脉冲星、类星体等各种暗弱辐射源进行更精密的观测。这可谓目前世界上最大的“折射”革新产物了。

望远镜颠覆了先前那种认为人类处于宇宙中心的观点；显微镜却揭示了裸眼看不见的微生物。

望远镜和显微镜的发明，也有很多故事。17世纪初的一天，荷兰小镇的一家眼镜店的主人利伯希（Hans Lippershey），为检查磨制出来的透镜质量，把一块凸透镜和一块凹透镜排成一条线，通过透镜看过去，发现远处的教堂塔尖好像变大拉近了，于是在无意中发现了望远镜的秘密。1608年他为自己制作的望远镜申请专利，并遵从当局的要求，造了一个双筒望远镜。望远镜发明的消息很快在欧洲各国流传开了，意大利科学家伽利略得知这个消息之后，就自制了一个望远镜。第一架望远镜只能把物体放大3倍。一个月之后，他制作的第二架望远镜可以放大8倍，第三架望远镜可以放大到20倍。1609年10月他作出了能放大30倍的望远镜。伽利略用自制的望远镜观察夜空，第一次发现了月球表面高低不平，覆盖着山脉并有火山口的裂痕。此后又发现了木星的4个卫星、太阳的黑子运动，并作出了太阳在转动的结论。几乎同时，德国的天文学家开普勒也开始研究望远镜，他在《屈光学》里提出了另一种天文望远镜，这种望远镜由两个凸透镜组成，与伽利略的望远镜不同，比伽利略望远镜视野宽阔。但开普勒没有制造他所介绍的望远镜。沙伊纳于1613~1617年间首次制作出了这种望远镜，他还遵照开普勒的建议制造了有第三个凸透镜的望远镜，把两个凸透镜做的望远镜的倒像变成了正像。沙伊纳做了8台望远镜，一台一台地观察太阳，无论哪一台都能看到相同形状的太阳黑子。因此，他打消了不少人认为黑子可能是透镜上的尘埃引起的错觉，证明了黑子确实是观察到的真实存在。在观察太阳时，沙伊纳装上特殊遮光玻璃，伽利略则没有加此保护装置，结果伤了眼睛，最后几乎失明。

最早的显微镜是由一个叫詹森的眼镜制造匠人于 1590 年前后发明的。这个显微镜是用一个凹镜和一个凸镜做成的，制作水平还很低。詹森虽然发明了显微镜，却并没有发现显微镜的真正价值。事隔 90多年后，显微镜又被荷兰人列文虎克研究成功了，并且开始真正地用于科学研究试验。

早年的列文虎克由于父亲的早逝，妈妈无力负担他求学，16岁时，就来到首都阿姆斯特丹的一个杂货铺里当了学徒。虽然天天早起晚睡，干着脏活累活，然而，他却并没有多少的怨言，因为来到这里虽然时间不长，他却有幸结识了杂货铺对面一位和善的老大爷。老人家中藏书丰富，博学多识，他给年轻的列文虎克讲了许多充满神奇色彩的新鲜而有趣的故事，这使列文虎克懂得了想要知道的关于大自然奥秘的许多东西。于是，他一有空暇就向老人求教，在老人那里借阅图书，老人也非常喜欢这个爱读书、爱提问的好孩子。一天深夜，他正在伏案读书时，被隔壁眼镜店作坊的工匠磨制镜片的沙沙作响的声音吸引住了。他放下手中的书本，悄悄来到眼镜作坊里。他望着工匠们磨出的一块块镜片，脑际突然浮现出一个奇怪的念头：如果能磨出一块特殊的镜片，让我们能看清许多用肉眼看不清、看不到的东西该多好啊！就是这样一个灵感似的奇想，竟从此使他下定了磨制一块“魔镜”的决心。从此以后，列文虎克拜一位老工匠为师，虚心求教。有一天，这位老师傅给列文虎克讲了这样一件事：老师傅的孙子有一天偶尔将两块磨制好的透镜叠在一起放在一张废纸上看上面的字，只见这些字比原来的大好多倍，老师傅马上拿过这两块镜片放在孙子头上看头发，突然发现头发像铁丝一样粗。老师傅讲的这件事引起列文虎克的极大兴趣，他发誓一定要磨制出比眼镜镜片更精制、用途更广泛的镜片。为了达到目的，他有时候手指上的鲜血顺着磨破的伤口流淌，浸湿了镜片。功夫不负有心人，他终于磨成了两块光亮精巧的透镜。他将镜片叠起来看鸡毛，只见一根鸡毛上被放大了的绒毛像树枝一样排列着。接着，他试着将重叠在一起的两块镜片间的距离上下变化，只见随着镜片间距离的变化，直接影响着观察的效果。那么，怎样将这两块镜片各自固定起来，同时又能自由地上下调节距离呢？一天，他在干完杂货铺的工作后来到大街上，边走边思索。忽然间，他被一阵叮叮咚咚的响声所吸引，猛然抬头往左一看，是一家铁铺的铁匠在打铁。于是他来到铁铺里，看到了铁匠们打制出的一件件铁器。这时，他忽而又想到：如果能让铁匠打制一个铁架和一个铁筒，将镜片固定在镜筒的两头，然后再固定在铁架上，这样观察不是既省力又方便吗？想法既出，他马上就找了铁匠师傅，将自己的想法告诉他们。没过几天功夫，列文虎克按照自己的设想所发明的第一架显微镜终于诞生了。正当他带着胜利的喜悦准备磨制更精密的显微镜的时候，他却被杂货铺的老板以不务正业之名开除了。为了谋生，他只好辗转回到了故乡德夫特，好不容易经人介绍在市政厅的门房找到了一个当门卫的差事。他一面看门，一面继续着他对显微镜的研制、改造工作。几年之后，他终于又研制出多台更精制、完美的显微镜。同时，他运用自制的显微镜，第一次发现了血液里的血液细胞和生物王国中神奇多彩的微生物世界。于是，他将自己研制的显微镜和所发现的关于血液细胞和微生物的观察实验记录寄给了英国皇家学会。不久，他的成果终于被世界承认了。从此，这一关系着人类生命与生活的重要学问——微生物学的研究开始步入了突飞猛进发展的新世纪。

“折射”革新让人类受惠最大的可以算是眼镜的发明了。眼镜最早出现于1289年的意大利佛罗伦萨，据说是一位名叫阿尔马托的光学家和一位生活在比萨市的意大利人斯皮纳发明的。后来，美国发明家本杰明富兰克林，因为身患近视和远视，1784年他发明了远近视两用眼镜。1825年，英国天文学家乔治艾利发明了能矫正散光的眼镜。自13世纪人类发明镜片以来，一直用水晶玻璃磨制镜片，后来使用玻璃镜片。1937年法国发明了一种叫亚克力的塑料眼镜片，虽不易破碎，但清晰度差。1954年法国依视路公司一位工程师从制作飞机座舱的材料中受到启发，从而发明了树脂镜片，自此以后，这种镜片便成为世界镜片王国的至尊，一直沿用到今天。

其实，“反射”原理不仅用于各类镜面，在运动和游戏领域也应用颇多，如弹子球、篮球、乒乓球、足球、排球、羽毛球、网球……几乎所有的球类运动都有应用“反射”的功能，如图32-4所示。

图 32-4　台球的“反射”原理革新

乒乓球可谓“反射”游戏的最好案例了。提起乒乓球，也有一段变革的历史。据史料记载，清初我国已有台球流传于民间，深受人们喜爱。在我国四川、云南交界山区的苗族人就把这种台球游戏作为农闲和饭后消遣。他们用晒干的梧桐树或柑树的果子做球，用带柄的长板做拍，用门板做球台，两边对打，人们称此为“臭柑子”游戏。清末珠江流域也盛行类似游戏，不过不用干果当球，而是用猪膀胱吹气做成小球，比干果弹性要大，或在桌上、或在地上、或向空中对打，这可谓乒乓球运动的前身。1800年前后，美国一个体育用品制造商别出心裁，发明了一种叫做“室内网球”的游戏，想在美国推广，但遭到冷落。还有一说是源于南美洲。当地的印第安人用橡胶树的汁液做成实心球，晾干后变轻，弹性好，称为“马卡瓦”，在当地很流行。后来由哥伦布或其他探险队带回欧洲便逐渐传开。另一传说乒乓球源于俄罗斯。俄罗斯沙皇时代家族的一些成员，用橡胶外缠毛球作游戏，1890 年前后已相当流行。也有人说欧洲一国家的宫廷中，用象牙作球，因造价昂贵，难以推广。最流行的说法是乒乓球源于英国。在19世纪末的一天，伦敦遇到少有的闷热。两个青年看过温布尔登网球赛后，到一家上等饭馆的单间去吃饭。先是用雪茄烟盒盖当扇子，继而讨论网球战术，拣起软木塞酒瓶盖当球，以桌子为球台，中间拉一细绳为网，用盒盖打球。碰巧侍者在一旁喝彩，闻声赶来的女店主见此情景，不禁脱口喊出“Table Tennis”，即“桌上网球”的意思，从此为乒乓球命名，一直沿用到今天。后来，英国工程师詹姆斯·吉布把空心赛璐珞球从美国带到英国，取代了原来的实心球。美国人海亚特发明的这种空心球，触拍、触桌时发出“乒”、“乓”的声音。英国一家体育用品公司用“乒乓”两字作为商标来登记。在乒乓球运动刚刚萌芽的时候，人们打球有的用雪茄盒盖，有的用长柄木板。后来又使用与网球拍相似的一种球拍，但略小些，上面绷了一层皮子。用木头雕刻成的球拍流行了多年后，又有人在木板上粘一层砂纸、软木。具有重大意义的革新是在 20 世纪初软木换成了胶皮，这使得乒乓球技术发生了一场革命。事情发生在 1903 年的伦敦，一位叫古德的乒乓球爱好者正在参加比赛。第一轮比赛后，他感到不适，去药店买药，发现了找零钱用的胶皮盘，回家后去掉了拍面上的软木，换上胶皮。翌日，他用令人惊异的新拍从容不迫地战胜了对手。胶皮拍开始风行，随之出现了表面有颗粒的胶皮拍。此前的乒乓球技术十分简单，只是单纯地挡球，胶皮拍使击球的弹性和摩擦力增强，可以加转。于是削球打法诞生，并迅速流传开来。

早期人们创造了弓箭、弹弓来打猎，当人们发明了枪支，其中的撞针也是利用了“反射”的原理，如图32-5所示。

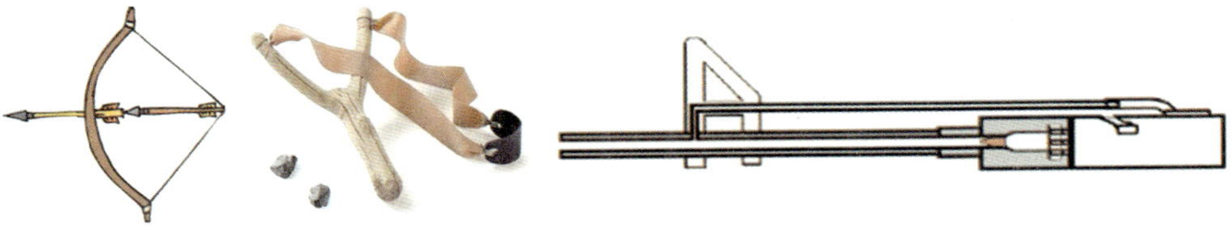

图 32-5　弓箭、弹弓和枪支里撞针的“反射”革新

提起“反冲”革新，最典型的属于喷气式飞机、火箭、枪炮的发明了。它们的出现多应用了“反冲”的原理，如图32-6所示。

图 32-6　火箭、喷气飞机、火箭炮和手枪

火箭助推器的发明，与罗伯特·戈达德的曲折经历密切相关。罗伯特·戈达德1882年生于美国。在中学时代，他阅读了《月球上的第一批人》等科幻小说，萌生了献身宇宙航行事业的念头。1896年，马萨诸塞州年仅14岁的少年罗伯特·戈达德心中有了一个大胆的设想:要是能有一种机器把人带到外星就好了！为了这个梦想，戈达德发奋学习，考上了克拉克大学，获得了理学博士学位。毕业后，他没有找工作，而是开始了自己的研究。他写出了一本小册子，共69页，书名叫《达到超高空的方法》。可是，当时的美国政府和国际理学界没有人理会他。因为在当时，这种设想简直是不可能的。

他对火箭动力学进行了广泛的理论研究。后来，他将一枚固体燃料火箭放在真空玻璃器内进行点火实验，证明火箭能在真空中工作。并提出将火箭发往月球的方案，设想制造火箭，可以把镁送到月球，火箭撞月时将镁点燃，镁的明亮闪光可持续几秒钟，在地球上用望远镜可以看到镁的燃烧这一设想。由于一些媒体的夸大宣传，褒贬纷至沓来，一时间，“月球火箭”成了戈达德的代名词。

然而，戈达德不受社会舆论的影响。他白天在大学任教，业余时间从事液体火箭研究和试验。在经历了无数次的失败挫折后，戈达德没有灰心，他变卖了自己的所有财产，制作了第一架特殊的机器。这架机器高1.2m，直径15cm，用汽油和液态氧作燃料，时速达到了100km。由于燃料不足，这次试飞升到了60m的高空就落到了地上。他给这种机器起名叫火箭。这是人类第一次用液态燃料将火箭送到高空。这一年，戈达德44岁。但这次成功发射的第一枚液体燃料火箭，却是宇宙航行事业发展史上一个重要的里程碑。

但戈达德的火箭事业仍然得不到官方的投资。直到1929年11月戈达德结识了单机飞越大西洋的英雄查尔斯·林白后，才通过林白得到著名慈善家古根海姆的资助，在此后的几年中共获资助14.8万美元。有了资金，戈达德辞去了教学工作，潜心研究火箭，使液体火箭技术不断提高，戈达德在家乡马萨诸塞州发射了第二枚火箭。这枚火箭装上了气压表、温度计和小型照相机。这次，火箭飞行了1000km才落到了地面。这是世界上第一次发射装载有测量仪器的火箭实验。这一年，戈达德47岁。

第二次实验成功后，当地警方给戈达德下了通告，不允许再在马萨诸塞州实验火箭。戈达德没办法，只好带着从慈善机构募捐来的微薄的经费，一个人来到新墨西哥州一块荒凉的土地上实验。他像一只猩猩一样，生活在这片荒滩上。从

1930~1935年，他发射了多枚火箭。他研制的火箭已经设有专门的燃烧室，装载有转向器、陀螺仪，可以自由地控制火箭的方向和速度。火箭的最高飞行高度已经从第一次的60m攀升到2500m，时速达到超音速。

二次世界大战爆发后，他到处写信，想把自己的研究成果用于反法西斯战争。但军方仍不愿把钱花在液体火箭上，而要他做马上能使用的固体燃料火箭。1941年9月，戈达德开始为海军和陆军航空部研制一种帮助飞机起飞的液体助推火箭。这年年底太平洋战争爆发。为了战争的需要，美国政府于1942年委任戈达德为海军研究局主任。他不仅圆满地完成了研制用于飞机起飞的助推火箭的合同任务，并进行了变推力液体火箭的研究。可惜，从小体弱多病的戈达德这时肺结核病已到晚期。他不顾朋友和医生的忠告，仍然忘我地工作，取得了许多研究成果。在日本投降的前两天，戈达德逝世。

戈达德的火箭研究在美国长期得不到充分的重视，可是德国的科学家却采纳了戈达德的火箭研究理论。在希特勒政府的支持下，德国科学家研制出了V型火箭。这一成果，让美国人羡慕得要死。第二次世界大战结束后，一批德国火箭专家迁居美国。美国科学家去请教火箭研制技术。德国科学家惊讶地说："你们为什么不去请教戈达德？他比我们知道得多，知道的早得多!"

20世纪50~60年代，苏联在洲际导弹、发射人造地球卫星和载人航天等方面连连领先于美国，引起美国国民的强烈反响，在历史的检讨中，美国于1961年发表了30年来戈达德研究液体火箭的全部报告，使戈达德获得"美国火箭之父"的尊称。美国政府将宇航局的一个空间飞行中心命名为"戈达德空间飞行中心"。在这个空间中心的入口处建有一块纪念碑，碑上刻着戈达德的一句名言"很难说有什么办不到的事情，因为昨天的梦想可以是今天的希望，而且还可以成为明天的现实。"我想，这是所有革新者应该具有的心态。

实战课堂

从技术层面，在TnPM的点检和自主维护工作中，工人们学会了在不容易点检的设备部位开个窗口，或者安装上反光镜，或者研制一种潜望镜，让某些部件的劣化暴露出来，便于及时进行状态维修。

从管理层面，我们也会把清除六源6H和六项改善6I看成一种映射，清除6H是维持正常生产状态的一些活动，出了问题就解决问题，让生产恢复正常；而六项改善6I是不安于现状，即使正常也要挑战自我，也要超越，也要进步的改进活动。二者很像一组镜面映射，而OPS与OPL也是一种映射。OPS称为一点建议，是踏踏实实的实施改善建议，是全员参与的小改善活动；而OPL是将改善总结提炼成为经验、知识，是全员参与的分享活动，一个实、一个虚，虚实结合，互相映射。管理中存在着大量的映射。

妙技锦囊

“含沙射影”是启发和引导工匠革新的重要技巧，投影、折射、反射也好，反冲、反弹、反作用也好，由此带来的发明创造无论给人类的物质生活还是文化生活都带来丰富的享受。而且，应用这一技巧的革新尚未止步，还会不断涌现出新的成果来。说不定哪一天，我们人类又尝到新的“含沙射影”果实。

第33技　前车之鉴

释义：“前车之鉴”的变革技巧在于借鉴前人的经验、做法、产品、设计或者功能，为我所用，类似的技巧包括嫁接、移植、模拟等。世界上完全“独立”的创新几乎不可能，都离不开对以往创新的继承、启发、延伸或嫁接。工匠要重视前人成果的研究，要将其有用的内容主动应用到后来的革新之中。

标识符号：

人类在成长进化过程中发现，将某些植物嫁接在另外一些植物的枝干上，仍然可以生长，并且发生一些变化，如颜色、滋味以及其他属性等。这给了人们很好的启示。于是终于有一天，人们开始进行动物器官移植的试验，并成功用于医疗人类自身的疾病，如图33-1所示。

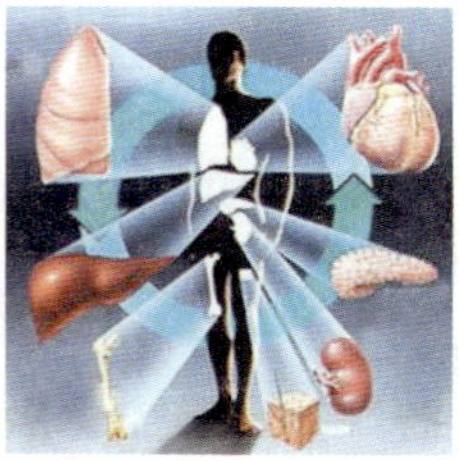

图 33-1　植物嫁接和器官移植

在人类的发明历史上，这种类似于移植、嫁接的革新还有很多种类。例如早期人类为了省力，发明了运输用的独轮车，车轮就成为可以移植嫁接的重要构件了，于是人们发明了载人用的双轮自行车、四轮汽车、多轮火车等，如图33-2所示。

图 33-2　“车轮”的借鉴革新案例

当人们发明了可以收集婴儿尿液，防止尿湿裤子和床铺的“尿不湿”纸尿片，就马上联想到妇女的需要，使用同样的原理和类似的材料，人们发明了女士卫生巾。借鉴无纺布的功能，人们又设计制作了卫生口罩、头罩、一次性被单、一次性内裤和医用围裙等，如图33-3所示。

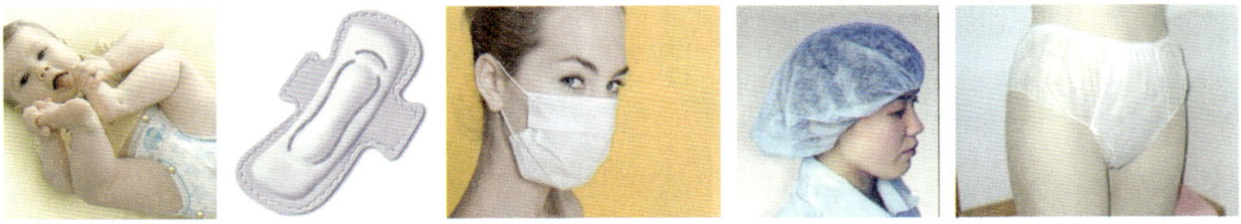

图 33-3　“尿不湿”纸尿片、妇女卫生巾、口罩、头罩和纸内裤

当人们发明了煤气炉用于烹调、加热食品、煮水等，将“燃气加热”的功能移植到洗澡和持续的热水供应，人们研制出燃气热水器，如图33-4所示。

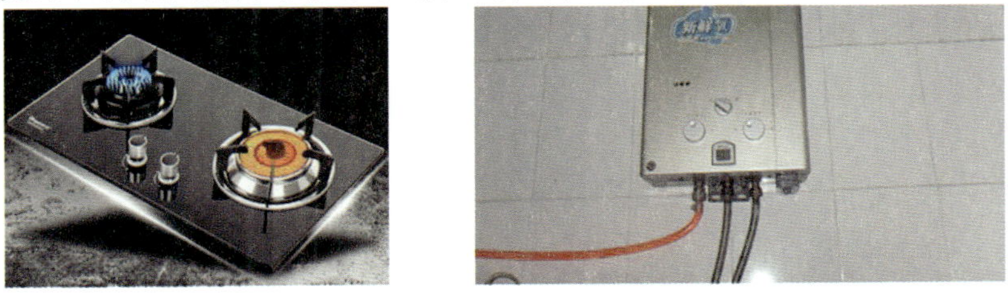

图 33-4　煤气炉和燃气热水器的“借鉴”革新

人们通过煤燃烧将水变成蒸汽，通过蒸汽推动汽轮机转动发电，出现了火力发电站。借鉴类似的原理，人们让具有势能落差的水来推动水轮机转动，于是出现了水电站。借鉴汽轮机的原理，人们让核反应产生的热来加热水，产生蒸汽，推动汽轮机组发电，于是出现了核电站。这些发电工厂，借鉴的都是转子在磁场里运动产生电流的共同原理。三种电场如图33-5所示。

图 33-5　火电厂、水电站和核电站的“借鉴”革新案例

无论是冰箱还是空调的发明，所借鉴的共同原理是“制冷技术”，无论在空调、冰箱、冷柜里都有产生制冷功能的压缩机，如图33-6所示。

图 33-6　冰箱与冰箱压缩机、空调与空调压缩机的“借鉴”变革

人类的娱乐随环境气候变化而变化，冬天人们发明雪橇、滑雪板在雪地里运动，或者用冰鞋在冰上运动。夏天人们又发明滑水板在水上运动，发明滑草板在草上运动，这些发明都“借鉴”了“平板”的原理，如图33-7所示。

图 33-7　滑雪板、滑水与滑草的“借鉴”革新案例

“仿生”或者“功能模仿”也是重要的“借鉴”变革技巧。

鲁班的发明就有“仿生”的故事。传说，有一年鲁班接受了一项很大的任务——建筑一座大宫殿。这需要很多木料，但是工程限期很紧。鲁班的徒弟们每天都上山砍伐木材，但是当时还没有锯子，只有用斧子砍，效率实在是太低了，而且徒弟们每天累得精疲力竭，可木料还是远远不够，耽误了工程的进度。鲁班心里非常着急，就亲自上山察看。上山的时候，他偶尔拉了一把长在山上的一种野草，一下子手就被划破了。鲁班很奇怪，小小的一根草为什么这样锋利？他把草折下来细心观察，发现草的两边都长有许多小细齿，他的手就是被这些小齿划破的。既然小草的齿可以划破手，那带有很多小齿的铁条应该可以锯断大树吧。于是，他的想法加上金属工匠的帮助，鲁班做出了世界上的第一把锯——一把带有许多小齿的铁条。他用这个简陋的锯去锯树，果然又快又省力，锯就这样发明了，如图33-8所示。

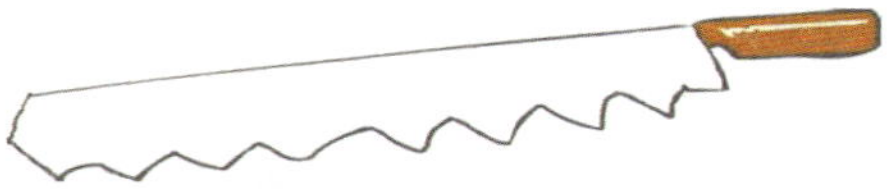

图 33-8　鲁班发明锯子的“仿生”革新

1738年，巴黎某个商店展出了一部非凡的自动化装置，其打造者名叫雅克·沃康松。沃康松的“长笛吹奏者”是个吹长笛的机器，和真人差不多大小。

这部机器令人称奇之处在于长笛本身，因为做一个弹奏大键琴的机器相对要容易得多，那种机器只要敲击琴键就可以了。吹奏长笛的问题是，若要让笛声响起，除了吹气的动作，还得有手指动作的配合，还有吹气的强弱。此后不久，沃康松制造了“拉屎的鸭子”，这是一个将谷物从嘴巴吃进去，再将粪便从肛门排出来的机器鸭子。“拉屎的鸭子”是很有趣，可惜演示失败了（肛门堵住）。

为了让“长笛吹奏者”运转，沃康松在这个机器的底部创造了一个复杂的系统，总共有9个风箱，再用3根管子将其和机器人的胸部相连，这就是供气系统；那个机器的舌头由独立的杠杆系统操作，另外一套系统则控制舌头的伸缩。整部机器看上去就像奇迹。伏尔泰看了之后钦佩地称赞沃康松是“现代的普罗米修斯”。当时人们蜂拥到沃康松的商店里看热闹，主要是很好奇这部机器模仿人类的方式——9个风箱和3个管子怎么会像人类一样呼吸。

这个仿造催生了机器人。法国皇帝路易十五虽然不懂科学，但他认为沃康松的才华应该派上更好的用场，而非只是用来制造一个玩具。于是在1741年，他让这位发明家负责整顿法国的丝绸织造业。18世纪初期，法国出产的丝绸质量良莠不齐，首先是各种工具很落后，然后纺织工的薪酬又很低，经常罢工。沃康松决定利用他制造这个仿造人的知识，生产一个机器人，避开这些和人有关的问题。沃康松根据“长笛吹奏者”的原理，设计出了一个能够将丝线拉紧的纺织机器。这个机器的穿梭动作很小，又能准确地掌握松紧度，所以做出来的纺织品特别结实；而从前在生产过程中，工人只能用手去‘感觉’或者靠眼睛去观察。他的机器在纺织过程中能够以相同的松紧度处理更多不同颜色的丝线，原来的工人光靠两只手没法对付这么多的线头。但这个发明却给发明人带来不幸，在18世纪40~50年代，每当沃康松胆敢走上街头，里昂的纺织工人都会围殴他。他没有退缩，后来还做了件更大胆的事情，就是设计出一种能够纺织出花鸟等精致图案的机器，并用驴来驱动这种复杂的纺织机。看来“仿生”人类可能会威胁某些人类的现实利益，要格外小心。

大家熟知的海上声呐探测也是“仿生”的发明，是模仿鱼类发出声波收集反馈信号的探测功能而研制的。另外，机场里飞行的鸟万一撞上高速起飞下降的飞机，产生危害很大，甚至造成机毁人亡的伤害。机场里的驱鸟装置就是录下老鹰的叫声，反复播放来吓跑飞鸟的，这也是一种“仿生”设计。

人们还按照“仿生”的原理设计了很多用品，如游泳用的鸭蹼、甲壳虫汽车、水母造型的灯具等，如图33-9所示。

据说三国的诸葛亮，仿真耕牛，制造了“木牛流马”。后来人们还仿真飞鸟，制造了飞机；仿真了鱼类，制造了航船，这一切都是“仿生”革新的成果。

图 33-9　声呐、水母灯具、鸭蹼和甲壳虫汽车的“仿生”革新案例

再给大家讲一个“仿生”革新的例子。1915年，德军与英法联军在比利时相持不下，丧心病狂的德军施放了大量的氯气，这次毒气战，给英法联军造成了重大的伤亡。有的士兵死了，有的士兵却能幸存下来，这又是为什么呢？原来，当毒气来临时，这些幸存的士兵用军大衣捂住了头。这时候，有人发现，许多动物也相继中毒死亡，只有野猪奇迹般地幸存下来，因为野猪特别喜欢用嘴巴拱地，一旦嗅到强烈的刺激气味时，它就把嘴巴拱进地里，来躲避刺激，因此免受一难。明白了这些，人们开始进行研究试验，最后制成了一种具有很好的防毒效果的“活性炭”。这很大一部分得益于那些幸存野猪的启发，所以人们把防毒面具做成猪头形状，如图33–10所示。

图 33–10　木牛流马、小船、飞机和防毒面具的仿生“借鉴”革新

莱特兄弟发明飞机的故事，充满了“借鉴”创新的内容。早期他们开着一家自行车商店，一边干活挣钱，一边研究飞行的资料，这完全出于兴趣。他们掌握了大量有关航空方面的知识决定仿制一架滑翔机。他们首先观察老鹰在空中飞行的动作，然后一张又一张地画下来，之后才着手设计滑翔机。1900年10月，莱特兄弟终于制成了他们第一架滑翔机。兄弟俩用了一个星期的时间，把滑翔机装好，先把它系上绳索，像风筝那样放飞，结果成功了。然后由威尔伯坐上去进行试验，虽然飞了起来，但只有1m多高。

第二年，兄弟俩在上次制作的基础上，经过多次改进，又制成了一架滑翔机。这年秋天，他们又来到吉蒂霍克海边，一试验，飞行高度一下子达到180m之高。兄弟俩反复思考，把有关飞行的资料集中起来，反复研究，始终想不到用什么动力，把庞大的滑翔机和人运到空中。有一天，车行门前停了一辆汽车，司机向他们借一把工具用用，来修理一下汽车的发动机。弟兄俩灵机一动，能不能用汽车的发动机来推动飞行。从这以后，弟兄俩围绕发动机动开了脑筋。他们首先测出滑翔机的最大运载能力是90kg，于是，他们向工厂订制一个不超过90kg的发动机。但当时最轻的发动机是190kg，工厂无法制出这么轻的发动机。后来，一名制造发动机的工程师知道了这件事情，答应帮助莱特兄弟。这位工程师造出一部12马力（8.8kW）、重量只有70kg的汽油发动机。弟兄俩非常高兴，很快便着手研究怎样利用发动机来推动滑翔机飞行。经过无数次的试验，他们终于把发动机安装在滑翔机上，不过是在滑翔机上安上螺旋桨，由发动机来推动螺旋桨旋转，带动滑翔机飞行。1903年9月，莱特兄弟带着他们装有发动机的飞行器再次来到吉蒂霍克海边试飞。虽然这次试飞失败了，但他们从中吸取了很多经验。过后不久，他们又连续试飞多次，不是因为螺旋桨的故障，就是发动机出了毛病，或是驾驶技术的问题。莱特兄弟毫不气馁，仍然坚持试飞。就在这时，一位名叫兰莱的发明家，受美国政府的委托，制造了一架带有汽油发动机的飞机，在试飞中坠入大海。莱特兄弟得知这个消息，便前去调查，并从兰莱的失败中吸取了教训，获得了很多经验。他们对飞机的每一部件作了严格的检查，制定了严格的操作规定，于1903年12月14日，又来到吉蒂霍克，进行试飞试验。这天下午，兄弟俩先在地面上安置两根固定在木头上的铁轨，并有一定的斜度，好让飞机方便地滑行。接着，就把他们制造的飞机，放在铁轨上面。威尔伯上机后，伏卧在飞机正中，一会儿便发动飞机，发动机传出轰鸣的声音，螺旋桨也慢慢地转了起来。飞机在斜坡上刚滑行3m，就挣脱了结在后面的铁丝，呼啸着升到空中。“飞起来啦！”奥维尔兴奋地叫道。话音未落，飞机突然减慢速度，很快掉落在地上。整个飞行时间不到4min。“是什么问题呢？”兄弟俩左思右想，逐一检查。他们决定把铁轨装在平整的地方再试验一下。连续工作了三天，把铁轨又重新安置在一片平坦的地面上。1903年12月17日上午10点钟，天空低云密布，寒风刺骨。这次由奥维尔试飞，只见他爬上飞机，伏卧在驾驶位上。一会儿，发动机开始轰鸣，螺旋桨也开始转动。突然，飞机滑动起来，一下子升到3m多高，随即水平地向前飞去。“飞起来啦！飞起来啦！”周围几个农民高兴地呼唤起来，并且随着威尔伯，在飞机后面追赶着。飞机飞行了30m后，稳稳地着陆了。威尔伯冲上前去，激动地扑到刚从飞机里爬出来的弟弟身上，热泪盈眶地喊道：“我们成功了！我们成功了！”45min后，威尔伯又飞了一次，飞行距离达到52m，又过了一段时间，奥维尔又一次飞行，这次飞行了59s，距离达到255m。这是人类历史上第一次驾驶飞机飞行成功，莱特兄弟把这个消息告诉报社，可报社根本不相信有这种事，拒不发布消息。莱特兄弟并不在乎。继续改进他们的飞机。不久，兄弟俩又制造出能乘坐两个人的飞机，并且，在空中飞了一个多小时。消息传开后，人们奔走相告，美国政府非常重视，决定让莱特做一次试飞表演。1908年9月10日这天天气异常晴朗，飞机飞行的场地上围满了观看的人们。人家兴致勃勃，等待着莱特兄弟的飞行。10点左右，弟弟奥维尔驾驶着他们的飞机，在一片欢呼声中，自由自在地飞向天空，两支长长的机翼从空中划过，恰似一只展翅飞翔的雄鹰。人们再也抑制不住他们的激动心情，昂首天空，呼唤着莱特兄弟的名字，多少人的梦想终于变为现实。飞机在76m的高度飞行了1h14min，并且运载了一名勇敢的乘客。当它着陆之后，人们从四面八方围了起来。过后不久，莱特兄弟在政府的支持下，创办了一家飞行公司，同时开办了飞行学校，从这以后，飞机正式成了人们又一项先进的运输工具。

当人们热衷于仿真动物设计产品之时，从来就没有忘记对自己本身的仿制。应运而生的人工智能逐渐进入历史舞台。帮助失听人群的人工耳蜗（助听器）、机械手臂、机器人、机器人保姆纷纷出现，如图33–11所示。

图 33–11　人工耳蜗、机器人、机械手臂、机器人保姆的“仿生”革新

服装的仿生物形态的设计也十分有趣。仿生物形态的设计是仿生设计的主要内容，强调对生物外部形态美感特征与人类审美需求的表现。例如，仿蝴蝶设计、仿蝙蝠设计、仿兽皮设计、仿花朵设计、仿肌理设计、仿翅膀设计等，如图33–12所示。

图 33–12　形态各异的仿生设计服装

说到“前车之鉴”这个成语，也还有一段故事。贾谊是西汉杰出的政治家兼文学家，从小就有“神童”之美誉，18岁起就名满天下，受到了汉文帝的重用，担任梁王太傅一职。在任期间，他专心著书立说，将毕生才华倾注于文章中，流传千古的政论文《治安策》便是他这一时期的杰作。在这篇文章中，贾谊分析了秦王朝奸臣当道、实施暴政、由盛而衰的惨痛教训，总结说：“前车之覆，后车之鉴。秦朝的失败应该引起我们足够的警惕。否则，我们也会重犯秦朝的错误，十分危险！”汉文帝看了《治安策》后，对贾谊十分赞赏，并且采纳了文中的一些建议。应该说“前车之鉴”是贾谊的“前车之覆，后车之鉴”这句话的简化形式。

实战课堂

毋庸讳言，TnPM的诞生就是“前车之鉴”革新的产物。这一体系成长的土壤是大量中国企业的设备管理实践，同时也是对国外企业创新成果的学习吸收。例如，我们在TnPM里主张的“自主维护”体系，来源于中国的“鞍钢宪法”。早在60年前，“鞍钢宪法”就主张“两参、一改、三结合”，并提出“台台（设备）有人管，人人有专责”的全员参与设备管理理念。后来日本人在学习美国生产维修（PM）的基础上，提出“自主保全”的概念。这种有道理的做法，TnPM自然要借鉴。我们在了解了大量西方检维修策略案例的基础上，提出检维修系统解决方案（SOON体系），这又是“西为中用”的借鉴。而“清除六源”活动就是在看到不少企业在开展“寻找问题，解决问题”的活动中受到启发而形成的概念。而“有氧活动”不过是对企业合理化建议和自我教育活动的提炼，以有氧活动为噱头，旨在让这项工作自觉化和常态化。TnPM有不少“前车之鉴”的内容。

妙技锦囊

我们在“更新换代”里介绍的是不断迭代的革新技巧。其实，迭代往往是在原有基础上的改进版本，是原有创造物的进步。而“前车之鉴”，则可能会通过张冠李戴的方式，将彼之革新成果，应用到此之革新实践，是通过学习借鉴方式，形成新的创造物。我们用“前车之鉴”作为工匠革新的技巧就是启发大家善用前人成果，摒弃不学习、不借鉴的“特立独行”开发之道，这样才能少走弯路。革新成果是要踩着前人的肩膀往上爬的，越善于借鉴、嫁接、引用，越容易成功。

第34技　势不可挡

释义：“势不可挡”是指一种造势、顺势，利用某种“场势”能量的变革技巧。所谓势，是一种能量，如势能、动能、化学能等。势也称为场，包括能量场、磁场、电场、气场、引力场、离心力场、无线电场等。势可以是跨越时空的，可以利用不同的场创新出很多的产品和成果。

标识符号：

天体运行难道真是引力作用的结果？那么引力又是什么呢？牛顿一直在想

着这些问题。有一天傍晚，沉思中的牛顿下意识地向后院的苹果园走去。园子里，苹果树上挂满了成熟的苹果。突然，“吧嗒”一声，树上一个熟透了的苹果被风吹落在地上。牛顿的思路一跳：咦！苹果为什么不往天上掉？难道是地球的引力在吸引着它？牛顿立即进行了联想：一个人站在山崖上，把一块石头轻轻地抛出，石头就会落到不远处的地上；如果他用的力更大，石头就会落得更远；若力足够大时，这石头就将不再落到地面上，而是围绕地球旋转起来；要是地球没有引力，这石头就应该朝着他抛出的方向照直飞去。推而广之，月球以一定的距离绕地球转动，就是因为月亮总是向地球下落的缘故。引力就像一头拿在小孩手中、一头拴着小石头的绳子一样，从小孩手中牵引着小石头滴溜溜地转圈。牛顿豁然开朗：只要证明地球对月球的吸引力确实就是月亮绕地球运行所需的向心力，那么行星之间都有相互吸引力的结论就是正确的了。后来，牛顿的计算证明了引力的存在，他还找出了计算引力的公式：在同一时间里，引力的减弱与距离的平方成反比。牛顿由此证明，地球吸引苹果的力和地球使月球围绕自己转动的力，以及太阳使行星围绕自己转动的力，都是相同的。就这样，牛顿完成了人类认识自然的历史中的第一次理论大综合，把人们过去一向认为截然无关的地球上世俗物体的运动与天上的神圣的天体运动，概括在一个严密的理论之中。由于牛顿引力定律证明，不论天上地下，任何两个物体之间都具有这种引力，所以人们又把它叫做“万有引力”。

自然界的场势虽然始终存在，但对于人类而言，很长时间却是不自知的。一颗苹果掉到牛顿头上，引起牛顿的思考，为什么苹果会落下来？他发现了万有引力。东西掉到水里有时会漂起来，人们又发现了浮力，而某些铁块会吸引碎铁屑，人们发现了磁场。

谈到浮力，也有一个小故事。从前，国王让金匠替他做了一顶纯金的王冠，做好后，国王疑心工匠在金冠中掺了银子，但这顶金冠确与当初交给金匠的纯金一样重，到底工匠有没有捣鬼呢？既想检验真假，又不能破坏王冠，这个问题不仅难倒了国王，也使诸大臣们面面相觑。后来，国王将它交给了阿基米德。阿基米德冥思苦想出很多方法，但都失败了。有一天，他去澡堂洗澡，他一边坐进澡盆里，一边看到水往外溢，同时感到身体被轻轻拖起。他突然恍然大悟，跳出澡盆，连衣服都顾不得穿就向王宫奔去，一路大声喊着“我知道了！”原来他想到，如果王冠放入水中后，排出的水量不等于同等重量的金子排出的水量，那肯定是掺了别的金属。这就是有名的浮力定律，即浸在液体中的物体受到向上的浮力，其大小等于物体所排出液体的重量。后来，该定律就被命名为阿基米德定律。

大地本身就是一个大磁场，人们发现了指南针。追溯起来，最早在战国时期《韩非子》一书中，就记载了指南针的原型——司南，“先王立司南以端朝夕”；并在东汉王充《论衡》中便记述了司南的具体形制，“司南之杓，投之于地，其柢指南”。随后演变成罗盘并应用于航海事业中。北宋朱彧所著《坪洲可谈》一书中，最早记载了航海中使用指南针的情况，“舟师识地理，夜则观星，昼则观日，隐晦则观指南针”。其后，南宋福建路市舶司提举赵汝适在所著《诸蕃志》中提到：“舟舶来往，惟以指南针为则，昼夜守视惟谨，毫厘之差，胜似系焉。”

就在这一时期（北宋末南宋初，约1180年左右），中国的指南针(或者说罗盘)通过阿拉伯商人传入欧洲。此后，罗盘在世界航海事业上被广泛应用，因此才有15~16世纪欧洲人的世界地理大发现，如图34–1所示。

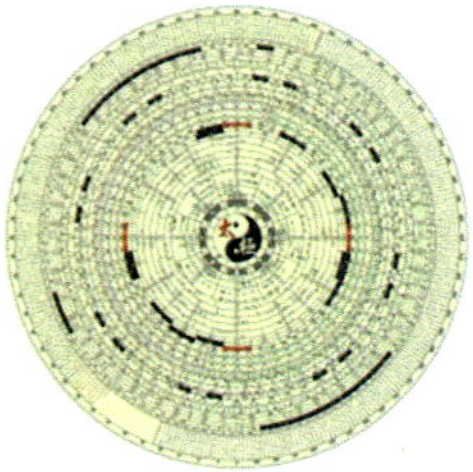

图 34–1　指南针和罗盘的“场势”革新案例

电也是一种“场势”，人们称之为“电场”。提起电，人们会想起著名的工匠富兰克林。1752年7月的一天，在北美洲的费城，这位名叫富兰克林的科学家，做了一个轰动世界的实验：那天下午，天色阴暗，乌云滚滚。天空中不时闪烁着青白色的电光，传来一阵阵沉闷的雷声，眼看一场可怕的大雷雨就要来临了。富兰克林和他的儿子威廉带着风筝和莱顿瓶(一种可充放电的容器)，奔向郊外田野里的一间草棚。这可不是一只普通的风筝，它是用丝绸做成的，在它的顶端绑了一根尖细的金属丝，作为吸引闪电的“接收器”；金属丝连着放风筝用的细绳，这样细绳被雨水打湿后，也就成了导线；细绳的另一端系上干燥的绸带，作为绝缘体，避免实验者触电；在绸带和绳子之间，挂有一把钥匙，作为电极。富兰克林和他的儿子连忙乘着风势，将风筝放上了天。父子俩躲在草棚的屋檐下，手中紧握着没有被雨水淋湿的绸带，目不转睛地观察着风筝的动静。

突然，天空中掠过一道耀眼的闪电。富兰克林发现，风筝引绳上的纤维丝一下子竖立起来。这说明，雷电已经通过风筝和引绳传导下来了。富兰克林高兴极了，他禁不住伸出左手，触碰一下引绳上的钥匙。“哧”的一声，一个小小的蓝火花跳了出来。“这果然是电！”富兰克林兴奋地叫了起来。“把莱顿瓶拿过来。”富兰克林对威廉喊道。他连忙把引绳上的钥匙和莱顿瓶连接起来。莱顿瓶上电火花闪烁，这说明莱顿瓶充电了。事后，富兰克林用莱顿瓶收集的雷电，做了一系列的实验，进一步证实了雷电与普通电完全相同。

富兰克林的这一风筝实验，彻底地击碎了闪电是“上帝之火”、“煤气爆炸”等流行的说法，使人们真正认识到雷电的本质。因此，人们说：“富兰克林把上帝与闪电分了家。”

有一次，富兰克林把几只莱顿瓶连在一起，以加大电容量。不料，实验的时候，守在一旁的妻子丽德不小心碰了一下莱顿瓶，只听“轰”的一声，一团电火花闪过，丽德被击中倒地，面色惨白。她因此休息了一个星期，身体才得到康复。“莱顿瓶发出的轰鸣声，放出的电火花，不是和雷电一样吗？”富兰克林大胆地提出这个设想。经过反复思考，他推测雷电就是普通的电，并找出它们两者的12条相同之处，包括它们都发出亮光、光的颜色都相同、闪电和电火花的路线都是曲折的、运动都极其迅速、都能被金属传导、都能发出爆炸声或噪声、都能在水或冰块中存在、通过物体时都能使之破裂、都能杀死动物、都能熔化金属、都能使易燃物燃烧、都放出硫黄气味等。

1747年，富兰克林把他的这些想法，写成论文《论雷电与电气的一致性》。他将论文寄给他的朋友、英国皇家学会会员科林逊。可当科林逊将论文送交皇家学会讨论时，引来的却是一阵嘲笑。许多权威科学家认为富兰克林的观点荒唐无稽，“把科学当做儿童的幻想”。对于权威人士的嘲笑、奚落，富兰克林不予理睬，终于在做好各种准备的情况下，冒着生命危险，做了风筝实验。富兰克林从风筝实验中，不但了解了雷电的性质，而且证实：雷电是可以从天空“走”下来的。“高大建筑物常常遭到雷击，能不能给雷电搭一个梯子，让它乖乖地‘走’下来呢？”又引起富兰克林新的思考，这时从俄罗斯彼得堡传来不幸的消息：科学家利赫曼为了验证富兰克林的实验，在操作时，不幸被一道电火花击中身亡。这是做雷电实验的第一个牺牲者。血的代价，使许多人对雷电实验产生了戒心和恐惧。但富兰克林在死亡的威胁面前没有退缩，这更坚定了富兰克林研制避免雷击装置的决心。

富兰克林先在自己家做实验：在屋顶高耸的烟囱上，安装一根3m长的尖顶细铁棒；在细铁棒的下端绑上金属线；沿着楼梯，把金属线引到底楼的一个水泵上(水泵与大地有接触)；将经过房间的那段金属线分成两段，且将两股线相隔一段距离，各挂一个小铃。这样，如果雷电从细铁棒进入，经过金属线进入大地，那么，两股线受力，小铃就会晃荡，发出响声。一天，电闪雷鸣，暴风雨就要来了。在雷声、雨声的“伴奏”下，守候在房间小铃旁的富兰克林，终于听到了小铃发出的清脆、悦耳的声音。他高兴地笑了，兴奋地把那根细铁棒称为“避雷针”。1754年，避雷针开始应用，但有些人认为这是个不祥的东西，违反天意会带来旱灾，就在夜里偷偷地把避雷针拆了。避雷针的问世，还引起了教会的反对。他们认为：“装在屋顶的尖杆指向天空是对上帝的不敬。”“干涉上帝的事，对上帝指手画脚，是要受上帝惩罚的。”有意思的是，在一场雷雨之后，“没有对上帝指手画脚”的教堂却着火了，而装有避雷针的房屋却平安无事。于是，避雷针的作用开始真正被人们认识，反对之声也逐渐消失，避雷针也很快地传开了。富兰克林放风筝和避雷针，如图34-2所示。

图 34-2　富兰克林发明避雷针和避雷针的“场势”革新

说起电，我们又会想起另外一个伟大的发明家——伏特。伏特一生职业都在搞电的东西。早期他发明了起电盘（即一次充电单板电容），一年之后致力于封闭室燃气点火发电实验，在此过程中他发现了沼气，即今天家庭普遍使用的一种气体。然而真正使其出名的却是“伏特电池”，其实就是一堆锌片和铜片交互排列，再加上两种金属片之间为增强导电性而浸了盐水的布料而已。但就是这种粗陋的电池向世界展示了如何利用金属—化学组合生电的奥秘。1810年，拿破仑授予伏特伯爵称号，以表彰这位伟大的意大利发明家。但荣誉并未就此打住，1881年，以其名字作为电压的单位“伏特”。电池也是一种“场势”变革。

后来，人们利用“场势”的革新越来越多。热气球、氢气球的原理就是利用空气的浮力，克服地心引力，托起了装着低密度空气或者氢气的气球。而中国传统的拔火罐，也是利用加热空气造成低密度，产生真空负压，将人的肌肤吸起来，同时也吸出其中的水分、湿气，达到祛病的疗效，如图34-3所示。

图 34-3　热气球和拔火罐的“场势”革新案例

早在1783年6月5日，在法国东南部的昂诺内小镇，有个名叫约瑟夫·蒙戈菲尔的青年，他是一个造纸商的小伙计。他受炊烟上升现象的启示，做了一个丝质球形口袋，并将这个口袋底朝上，口朝下，通过燃烧稻草和木柴，使袋内的空气受热，气球就离地升起，飘然远去，大约飞了1.5英里（2.4km）。这便是欧洲最早出现的热空气气球。

实际上，这种利用热空气浮升的方法，并非始于欧洲。在中国，2000多年前就有人进行了这种试验。五代时，大约在公元907～960年间，辛七娘指挥作战，曾用竹篾扎成方架糊上纸，下面用松脂点燃，靠热空气把纸灯送上天空，作为军事信号。这种灯被称为“松脂灯”，实际上就是一只热气球。

约瑟夫·蒙戈菲尔研制的第一只热气球试验成功后，他想，要是把球做得大些，浮力就会增大，一定可以装上更多的东西上天。于是他又花了三个月时间做了一个大气球，形状像只大鸭梨，直径最大处有12m，长17m。球体的表面蒙上轻质的纱布，上面还糊了一层防止漏气的纸。气球的下面吊着一只用柳条编的笼子，里面装着一只公鸡、一只鸭子和一只山羊。1783年9月19日，蒙戈菲尔带着气球来到法国首都巴黎表演。凡尔赛宫前的广场上挤满了看热闹的人群，法国国王路易十六也带着满朝文武官员到现场观看。蒙戈菲尔首先点燃气球下的稻草和柴火，等到热空气充满气球后，他放开气球，于是热空气便托着这只巨大的气球，慢慢上升。飞到离地500m的空中，8min后，气球在3km以外降落，三位“乘客”中只有那只公鸡受了点轻伤。但不是因为飞行出了问题，而是高兴的公鸡在空中引颈高歌时，被受惊的山羊踢了一脚才受伤的。

表演成功后，国王批准进行世界上首次载人气球飞行试验。但由谁来驾驶呢？国王路易十六认为，乘气球升天是十分危险的事，因此找了两个被判了死刑的犯人来进行试验，并宣布：如果犯人愿意乘气球上天的话，可以免除死刑。那时人们对天空充满着神奇和恐惧的心理，认为乘气球上天简直是送死，甚至觉得比死还可怕。所以当这两名犯人听说要让他们乘气球上天时，吓得连连哀求，不肯到气球上去。这件事很快被两个年轻的科学家皮拉特尔·德·罗依尔和阿兰德知道了。他们便去见国王，对国王说：乘气球上天，成为人类中第一个上天的人，是一件非常光荣的事，不应让犯人来担任。他们向国王要求，让他们做试验。看到他们坚决的态度，国王只好同意了。1783年11月21日，试飞的时候到了。闻讯赶来观看的人非常多，把广场挤得水泄不通，连房顶上都站满了人。只见罗依尔和阿兰德登上气球后，解开缆绳。气球便载着两名勇敢的年轻人飘然升空，一直升到300多米的空中。风推着他们越过塞纳河，直到气球里的热空气开始变冷了，气球才安然落地。试验成功了，罗依尔和阿兰德这两个小伙子也成了世界上最早上天的人。

自从第一只热气球升空后，许多从事科学研究的人，都在议论这个新奇的发明。热空气球虽然简单，但燃料有限，在当时条件下，不可能造得很大，也飞不远。因此大家都认为可以用氢气代替热空气，使气球飞得更高、更远。在发明热空气气球之前，英国人卡文迪西于1766年已发现了氢气，但当时大量生产还有困难。于是法国成立了一个以雅·查理教授为首的专门小组，设法生产氢气，进行气球试验。在罗伯特兄弟的协助下，他们用坚韧的丝质材料做了一个大气囊，上面涂上橡胶，使气体不致泄漏。然后往里面灌进氢气。查理教授等人花了四天四夜，才将气球充满氢气。第五天天一亮，他们就用一辆马车把气球运到巴黎附近的一个大广场进行升空试验。这次试验取得了成功，它证明氢气球比热气球好得多，它不需要燃料，可以长距离飞行，浮力比热空气大两倍多，完全可以把人送上高空。这之后，氢气球很快也得到了普遍利用。

人类自从发明了电，发现了电磁现象，电磁算是另外一种“场势”。随之而发生大量的连带发明，包括磁铁、电磁炉、微波炉就是一些典型案例，如图34-4所示。

图 34-4　磁铁、电磁炉和微波炉的“场势”革新案例

电磁领域的延伸性革新，包括变压器的发明和磁悬浮列车。变压器的原理是通过交变磁场，将电力通过不同电压来传输。而磁悬浮列车则是通过磁的排斥原理发明的。磁悬浮列车由于其轨道的磁力使之悬浮在空中，行走时不需接触地面，因此只受来自空气的阻力。磁悬浮列车的最高速度可达每小时500公里以上，比轮轨高速列车300多公里还要快。磁悬浮列车的研究源于德国。早在1922年，德国工程师赫尔曼·肯佩尔就提出了电磁悬浮原理，并于1934年申请了磁悬浮列车的专利。1970年以后，随着世界工业化国家经济实力的不断加强，为提高交通运输能力以适应其经济发展的需要，德国、日本等发达国家以及中国都相继开始筹划进行磁悬浮运输系统的开发，如图34-5所示。

图 34-5　变压器和磁悬浮列车的“场势”变革案例

离心机的发明也算是一种“场”，称为“离心场”，通过离心作用，让不同比重的物体分离。而发电机、电动机所应用的基本上都是电磁场的原理，如图34-6所示。

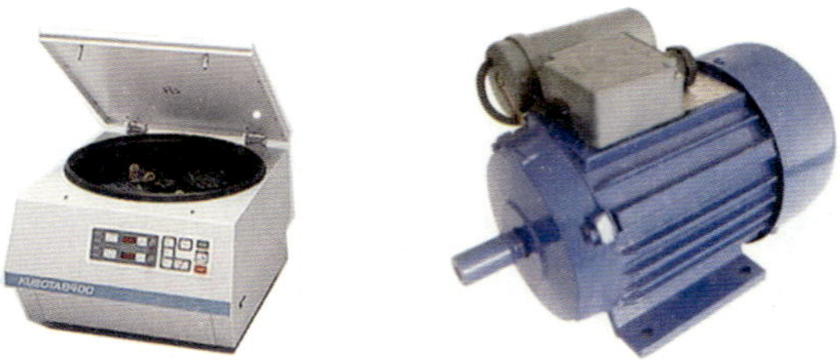

图 34-6　离心机和电动机的“场势”革新

利用地心引力产生势能的例子就有很多，如江河上的过船闸，可以让船舶在水的浮力托举下，通过不同高度的河床。照顾残疾人的无障碍通道，将不同高度的地面做成斜坡，便于行车。水电站是典型的利用河床的不同势差，让水流冲击水轮机发电，如图34-7所示。

图 34-7　过船闸、无障碍通道和水电站的“场势”革新设计

再讲一个和“场势”有关的例子。东北省某化工厂的一个工人下班回家，在路边的垃圾堆里有一条链子，觉得还不错，就捡起来揣在裤兜里。回到家后不久，他觉得腿不能动，于是赶紧拨打了急救电话，最后把腿截掉才算保住了性命。后来，人们都传开了，说他捡了一条“吃人”的链子。其实，这条链子是报废的铱放射源，被称为“魔鬼”垃圾。放射源是可以发出辐射能的材料，如核废料等，是不能随便丢弃的，它们会给人造成辐射伤害，让细胞坏死。这同样也是一种“场势”，我们称为辐射场。这种“场势”利用好，可以为人类服务，如核电站、核潜艇、X光机、核磁共振机、伽马射线机等。反过来，如果不小心，也会伤害人类。

再给大家讲一个“闹鬼”的故事。其实我们都知道世界上根本没有鬼，所谓的鬼故事都是自己吓唬自己。可有人的确曾经在故宫附近看见了以前的宫女，你知道这是什么原因吗？经过科学家的研究发现，故宫能看见宫女是有科学依据的。去过故宫的人都知道，宫墙的颜色是朱红色的，颜料里含有四氧化三铁，而闪电可能会将电能传导到颜料上，闪电时如果碰巧有宫女经过，这时候宫墙就相当于录像带的功能，将宫女的形象记录下来，成为能的存储器，以后恰巧再有闪电出现，可能就会像录像放映一样将宫女形象再“放映”一遍。这就是“闹鬼”故事的真相。我们利用这种“场势”的功能，未来是否可以进行有益的革新呢?

从某种意义上讲，炸药也是一种“场势”。炸药遇到相应条件会产生巨大的爆炸威力。这个威力既可造福人类，如开山破石，又可以危害人类，如炸死炸伤无辜。大家知道，炸药是中国的四大发明之一。现代炸药却和一个人的名字不可分离，这就是著名的化学家诺贝尔。1864年9月3日这天，寂静的斯德哥尔摩市郊，突然爆发出一连串震耳欲聋的巨响，一场惨祸发生了。原来屹立在这里的一座工厂已荡然无存。火场旁边，站着一位30多岁的年轻人，他面无血色，浑身不住地颤抖着——这个大难不死的青年，就是后来流芳百世的大化学家诺贝尔。诺贝尔眼睁睁地看着自己所创建的硝化甘油炸药的实验工厂化为灰烬。人们从瓦砾中找出了5具尸体，其中一个是他正在大学读书的、活泼可爱的小弟弟，另外4人也是和他朝夕相处的亲密的助手。烧得焦烂的5具尸体，令人惨不忍睹。惨案发生后，警察当局立即封锁了出事现场，并严禁诺贝尔恢复自己的工厂。这一连串挫折并没有使诺贝尔退缩。几天以后，人们发现，在远离市区的马拉仑湖上，出现了一只巨大的平底驳船，驳船上并没有什么货物，而是摆满了各种设备，一个青年人正全神贯注地进行一项神秘的试验。他就是在大爆炸后被当地居民赶走了的诺贝尔！在令人心惊胆战的实验中，他发明了雷管。接着，他又在德国的汉堡等地建立了炸药公司。面对接踵而至的灾难和困境，诺贝尔没有被吓倒。他一生共获专利发明权355项。他用自己的巨额财富，创立的诺贝尔科学奖，被科学界视为一种至高无上的荣誉。

实战课堂

我们经常说，TnPM体系推进要有宗教情怀。这里，我们并不是在宣传迷信。我们只是认为，全员的认同，尤其是高层领导的认同和支持，各基层骨干的拥护是体系成功推进的前提。TnPM的推进要从建立“势场”开始。因此，在体系推进之初，企业的宣传造势是十分必要的。TnPM的造势首先是培训，这种培训包括对高层领导的培训，接着是对中层领导和推进骨干的培训，然后通过骨干再向下对全员的普及培训。然后，通过企业的媒体，包括纸质刊物、看板和电子媒体来宣传、介绍TnPM的理念、知识、技巧，通过润物细无声的方式让TnPM体系概念逐渐深入人心。启动会是十分必要的造势活动。在启动会上，高层领导承诺，中层领导表态，基层员工表决心，有的企业甚至制作一块大看板，参加启动会的人在上面签名承诺。有的是由领导牵头，举手誓师，以表推进决心。这些承诺完成的是心理契约。所有这些都是造势的过程，这对后续的推进非常有益，造势活动是推进的催化剂和助推器。

妙技锦囊

“势不可挡”是启发工匠利用各种“场”和“势”进行革新技巧。有些“场”和“势”本来就是自然存在的，如地球引力场、地球磁场以及地球热力场；有些场势是需要营造的，如电场、微波场、电磁场、无线电场、离心力场等。工匠既要学会利用自然场势进行革新，又要善于制造人工场势来进行革新。无论是属于哪一种，主动地利用和发挥“场势”的功效应该是工匠革新的一个很好抓手。

第35技　相互依存

释义：“相互依存”是通过寄生、附着、伴生、共生、互补等方式完成的革新手段。这种“相互依存”往往存在主体和辅体非对等的关系，即以何为生存主体，以何为依附个体。当然，也有并无主次的相互依存和共生共伴关系。

标识符号：

“相互依存”是自然界的普遍现象。生活在非洲尼罗河上游的鳄鱼，通常出没在水面，去袭击小动物，但他们对千鸟却相当“友好”。我们看到，千鸟常在鳄鱼嘴里自由跳动，去抓食他牙缝中的残渣。这时，千鸟充当了鳄鱼的“牙医”，而与此同时鳄鱼又为千鸟开设了一家“饭店”。犀牛和蜂鸟的关系也是类似，蜂鸟可以为犀牛清除牙缝里的食物残渣，还有犀牛身上的寄生虫，同时蜂鸟也获得了食物，达到了“双赢”的效果。

动物界还有很多寄生的故事，如人体内的寄生虫、海洋里的寄生蟹等。植物也有很多寄生的例子，如菟丝子寄生在大豆上；锁阳喜欢寄生在白刺的根上，也寄生在优若黎、盐瓜瓜和河冬青等植物的根上。肉苁蓉是多年生肉质草本植物，其寄主很多，有梭梭、红沙、盐瓜瓜和柽柳等，尤其喜欢寄生在梭梭这种耐旱木本植物的根上。

人类的很多革新也与“寄生”有关。人类发明的汽车，很多与汽车相关的产品就冒出来，按照产品用途可以分为开业庆典礼品、新车上市礼品、销售馈赠礼品、服务馈赠礼品、活动促销礼品、公关宣传礼品、积分兑换礼品。按照产品特点可以分为关怀汽车之礼品、关怀汽车人之礼品、承载汽车服务文化之礼品、延伸汽车营销之礼品、汽车自驾游之礼品、彰显汽车科技之礼品、魅力汽车生活用品、期盼低碳汽车生活精品。按照产品属性可以分为工艺品类、家具生活用品类、文化办公用品类、皮具箱包类、电子电器类、体育娱乐用品类、五金工具类等。“寄生”在汽车上的产品琳琅满目，如车载空调、车载影视、车载点烟器、车载保温箱、车载香水等，更是不胜枚举，如图35-1所示。

图 35-1　车载影视、车载点烟器、车载保温箱和车载香水的“寄生”革新

人类发明了图书，和“书”相关的产品就应运而生，如书架、书桌、书签、书包等，如图35-2所示。

图 35-2　书架与书桌、书架、书签和书包的“寄生”革新

手机的出现，也让一些衍生产品出现，如手机贴膜、手机套、手机链和手机自拍神器等，如图35-3所示。

图 35-3　手机支架、手机链、手机套和手机自拍神器的“寄生”革新

前一阵，一个“懒人手机支架”的销售摊位吸引了不少市民的目光。在这个摊位上，各种各样的懒人手机支架罗列其中，既有普通手机支架，也有pad支架等，价格不高，卖主称“专为手机控设计”。随着手机和平板电脑的普及，很多人习惯了时时玩游戏、看视频，“但如果长时间手持，特别不舒服，手指手腕都疼。”摊位前一位年轻人接受采访时说，这个支架可以“解放双手”。据了解，

这些支架可以夹住手机，而支架的底座可以夹在书桌、椅子、床上等，还有的装有吸盘，可以吸附在光滑的物体上，还能根据需求调整角度。

人们出门旅游，很多与旅行伴生的“寄生”产品就诞生了，如旅行箱、旅行盥洗用品、旅游鞋、旅行帐篷、方便食品等，如图35–4所示。

图 35–4　旅行箱、旅行盥洗产品、旅游鞋、旅行帐篷和旅行方便食品

谈起旅游，与之相关的伴生产品和服务一直就层出不穷、琳琅满目，包括旅馆、汽车、旅游纪念品、风景摄影、地方特色餐饮等。就拿常见的旅游纪念品冰箱贴来说，也是五花八门，令人眼花缭乱。冰箱贴既是旅游业的寄生产品，也是冰箱上的寄生产品，可谓“双伴双生”，如图35–5所示。

图 35–5　丰富多彩的冰箱贴“寄生”于冰箱和旅游业

牙刷和牙膏是相互伴生的产品。早期人们发明牙刷，为了清洁牙齿上的牙垢。为了使清洁更彻底，也为了起到防腐的作用，人们发明了牙粉。人们用牙刷粘上牙粉刷牙，效果更好，而且口腔清新的感觉也舒服。后来人们就发明了各式各样的牙膏。牙膏中最重要的三种成分是摩擦剂、洗涤剂与香料。后来人们发明了电动牙刷，通过牙刷的振动，让刷牙的效果更好，仍然离不开各种各样的牙膏。牙刷与牙膏互相“伴生”、相互依赖了上百年。

火柴和打火机是香烟的“寄生”产品。早期人们吸烟用火柴点烟，后来随着打火机的发明，人们改用打火机点烟。打火机上的打火石并不是真正的石头，而是铈、镧、铝等金属的合金。铈、镧等都是容易燃烧的金属，打火机的转轮是用坚硬的金刚砂制成的。用它去摩擦、撞击打火石时，不仅会产生大量的热，而且会冒出火星来。打火机里装着容易燃烧的汽油，并装着汽油灯芯，火星一旦落在灯芯上就会立即燃烧起来，成了淡蓝色的火焰。打火机的种类形状繁多，其原理类似。无论有多少种香烟，包括长短、粗细不同，味道不同，也无论打火机的样式多么琳琅满目，它们之间始终保持着“寄生”关系。

随着生产力的发展，“伴生”于劳动者保护的安全产品随即出现，如手套、劳保鞋、护目镜、劳保鞋、安全帽、护耳罩、防毒面具、安全绳索等，也是不胜枚举，如图35–6所示。

图 35–6　各种劳动保护安全防护“伴生”革新产品

战争的出现，除了各种武器装备，钢盔、防毒面具、防弹衣、军鞋、军装、军帽、军旗、军号等也琳琅满目地涌现出来，如图35–7所示。

图 35–7　战争相关“伴生”产品的革新变革

医院的出现，又让那些和医疗相关的产品有了生存空间，如护士装、医生服、口罩、无影灯、医疗手套、消毒器皿、杀菌灯、消毒水等不一而足，如图35–8所示。

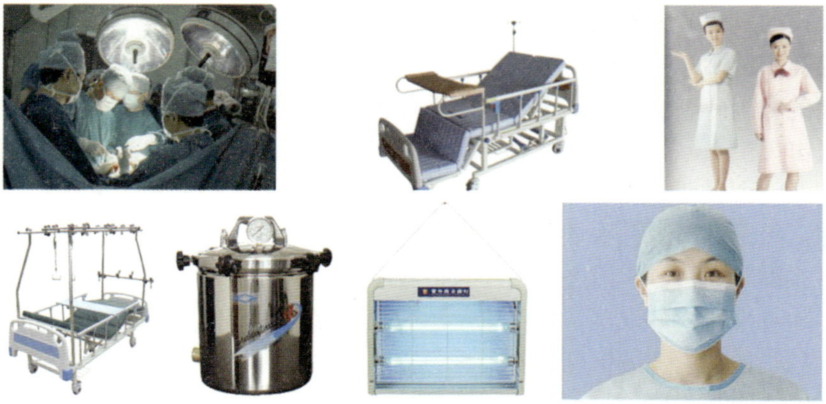

图 35-8　各种医疗“伴生”产品

随着演艺事业的发达，与之相关的产品，如舞台灯具、音响、戏装、烟雾喷发、演出道具产品业有了生存空间，如图35-9所示。

图 35-9　各种演艺“伴生”产品

提到革新，迪斯尼乐园就是集革新之大成的产物。而“衍生”产品的革新尤为突出。迪斯尼巨大的人流量带来了巨大的消费。据说每年洛杉矶迪士尼乐园中吃掉的汉堡就超400万份，另外还有 160万份热狗、320万份冰淇淋以及160万份爆米花。与此同时，这些游客平均每天生产超过30t的垃圾，迪士尼每年可以从中循环利用超过400万磅的纸张或者其他材料。迪士尼为了取悦游客，乐园中为米老鼠总共设计了超过 290 套不同的服装，而米妮的服装则超过200套。在每年的圣诞节，迪士尼乐园中会出现超过1500棵圣诞树，而在正门处最大的那颗圣诞树有 18m高，上面装饰了70000 只小灯泡以及2000 件装饰品。上海的迪斯尼乐园还设计了穿着旗袍的米妮，变成Q版玩偶的高飞，还有陪伴米奇的好伙伴达菲熊，整个园区内有30家自营商店，提供超过7000种迪士尼商品，而其中一半以上是为上海迪士尼独家定制的。这些商品包括文具、玩具、服装、饰品、食品等多个大类，产品覆盖人群从两三岁的幼儿到成年人，同时还提供家庭、情侣等组合商品售卖。迪士尼可以说将“相互依存”、“共生共伴”的革新技巧，演绎到极致。部分迪士尼“衍生”的革新产品，如图35-10所示。

图 35-10　迪斯尼“衍生”产品

实战课堂

1998年，笔者提出TnPM管理体系，至今已经接近20年。TnPM已经长成一个小伙子了。让作者欣慰的是，桃李不言，下自成蹊。至今，推进这一体系的企业已经成百上千，而且从国内传播到海外。2004年，辅助TnPM体系推进的五阶六维评价体系诞生，这一体系通过六个评价指标族群，五个级别划分来评价企业体系贯彻实施的优劣。这一评价体系与TnPM伴生成长了十几年。如果说TnPM一直在不断的革新之中，而TnPM五阶六维评价体系也在不断地改版进步之中，至今改版不下五次，始终紧密反映了TnPM的进步和成长。反过来，五阶六维评价体系还有效地促进了TnPM的固化和落地。最近衍生出来的TnPM辅助推进软件是通过信息化方式辅助体系推进的很好工具，又进一步推动了体系的实施。反过来，这一信息化软件也找到了自己的市场价值。看来，管理体系也有“相互依存”的共生或者伴生革新空间。

妙技锦囊

“相互依存”，也就是共生、寄生、伴生、互补的革新方法。地球上的共生、寄生、伴生、衍生现象比比皆是。这种“相互依存”现象虽然来自大自然的启示，却可以成为人类主动性革新的重要方式。我们提倡工匠运用“相互依存”革新方法在事物、工具、产品、系统及其他构造物的设计上，为主体或者辅体补充功能，或放大功效，或雪中送炭，或锦上添花。总之，通过“相互依存”来创造价值。

第36技　天罗地网

释义："天罗地网"是一种启发我们进行结网的革新技巧，工匠可以通过编织、联络、组织、网罗等手段，形成产品、构件或者系统。网络有狭义的，如渔网、筛子；也有广义的，如电网、水网、公路网、铁路网、互联网、物联网等。在网络领域，蕴含着无限的革新空间。

标识符号：

在传统中国工匠行当里，做网编行当的应该叫"柳匠"、"篾匠"、"扎匠"了。

柳编以杞柳条和乔木柳树薄板为主要材料。"柳匠"专事耙子、簸箕、百搅、粮匾、箩子、筛子、蒸笼等器具的制作和修理。以前多为走街串巷的手艺人。而"篾匠"多以竹子为原料，专事篮、筐、笼、箕、篓、席的编织，还制作竹椅、竹筛、竹扇、竹帘、斗笠、菜篮、箩筐，甚至各类竹制玩具。竹篾加工复杂，需要经过砍、锯、切、剖、拉、撬、编、织、削、磨等工序才能完成。

世界上最粗糙的手应该算是篾匠的手了，世界上最巧的手也是这双粗糙的手。在他们手里，坚硬的竹子变成各种各样的器件。据说篾匠的祖师爷是鲁班的师兄，名叫张班。张班的木匠技艺不如鲁班，但心灵手巧，善于竹编，于是背离从师所学，搞起竹编，进入"偏门"。

"扎匠"也叫扎彩匠，专事扎灯、扎纸等。这一工匠历史悠久，最早可追溯到汉朝。古代民间迎春、年节、喜庆、丧事都会扎制彩灯、纸人纸马等。他们能够扎制的有灯笼、绣球、纸门神、聚宝盆、财神、金银山、狮子、竹马、旱船、纸仙鹤、纸美女、纸屋、纸楼等，内容十分丰富多彩。仅就花灯，就让人目不暇接，如花灯、字画灯、肖像灯，此外还有组合灯、灯连灯、灯套灯；动物等更是天上地下无所不包，牛、马、狗、猪、虎、兔、鸡、鸭、喜鹊、天鹅、蝴蝶、蜜蜂、蚌、螺、鱼、虾、虫以及各样麒麟怪兽等。他们通过选料、扎架、缠秆、备纸、做花、裱糊、彩绘、组装等一道道工序完成上述这些佳作。

早在公元前 1 万年左右，地中海沿岸居民已发明用渔网捕鱼了，渔网边沿上有铅锤，当网扔下去的时候渔网散开落入水中，因为铅比较重所以都竖直向下，鱼就被关进网里去了。渔网为什么是"网形"设计呢？这也反映古代人类的智慧。网孔易于让水离开网，方便将鱼拉上来；另外一方面只捕捞那些不能从网孔里逃脱的大鱼，而比网洞小的鱼苗或者小鱼则被放过。因为一旦将鱼苗和小鱼捕捞，那么整个水域的鱼类资源会急剧减少，长此以往就会没有鱼可吃了。看来，渔网背后体现的是古代人类对于“可持续”的智慧。他们出于对自然或者神明的敬畏，知足而不贪婪。

提起网编，还有一个让人励志的故事。早在拿破仑帝国时期，法兰西与欧洲发生了连绵数年的大规模战争，拿破仑大军横扫整个欧洲战场，迫使其余欧洲国家结成同盟，共同对付拿破仑。当时，指挥同盟军的是威灵顿将军。威灵顿指挥的同盟大军在拿破仑面前一败再败。在一次大决战中，同盟军再次遭受惨重的失败。威灵顿杀出一条血路，率领小股军队冲破包围，逃到一个山庄。在那里，威灵顿疲惫不堪，想到今天的惨败，顿时悲从心来，想自杀——一死了之。正在愁容满面、痛恨不已时，威灵顿发现墙角有一只蜘蛛在结网。也许是因为丝线太柔嫩，刚刚拉到墙角一边的丝线，经风一吹便断了。蜘蛛又重新忙了起来，但新的网还是没有结成。威灵顿望着这只失败的蜘蛛，不禁又想起自己的失败，更加唏嘘不已，多了几份悲凉。但蜘蛛并没有放弃，它又开始了第三次。威灵顿静静地看着，心想：蜘蛛啊，别费心思了，你是不会成功的。蜘蛛的这次努力依然以失败而告终，但它丝毫没有放弃的意思，又开始了新的忙碌。它就这样来回忙碌着，已经失败了六次。“该放弃了吧？”威尔顿感动地想。但是蜘蛛没有，它仍旧在原处，不慌不忙地吐出丝，然后爬向另一头。第七次，蜘蛛网终于结成了！小蜘蛛像国王一样护着它的网。威灵顿看到这一切，不禁流下了热泪，他为蜘蛛永不放弃的精神而深深地感动了。他朝蜘蛛深深地鞠了一躬，迅速地走了出去。威灵顿走出了悲痛与失败的阴影。他奋勇而起，激励士气，迅速集结被冲垮的部队，终于在滑铁卢一战，大败拿破仑，取得了决定性的胜利。这可能算是蜘蛛“结网”给人类的启示吧。

人类在打猎中学会了网络思维，例如一批人从不同方向来缩小包围圈，将动物捕获，俗称围猎。后来人们又发明陷阱，将网状物铺垫在陷阱里，一旦猎物进入，就用网子将猎物缠住。以此类推，人们发明了鸟网，用来捕鸟。网络在生活中的运用越来越多，如图36-1所示。

图 36-1　渔网和鸟网的“结网”革新思维

类似的结网，还有过滤大小物体的筛子、捞饺子的笊篱、围住外部入侵者的篱笆、铁丝网、鸟笼等，如图36-2所示。

图 36-2　筛子、笊篱、鸟笼、篱笆和铁丝网的“结网”革新

结网给人类带来很多的娱乐活动，例如网球、乒乓球、排球以及足球等，如图36-3所示。

图 36-3　网球、乒乓球、排球和足球的“结网”革新案例

人们还把网络的革新用在水网、公路网、铁路网、煤气网、石油网的设计上，形成各式各样的虚实网络。

当人们有了网络思维之后，就出现了更广义的网络，甚至是看不见的网络，如电网、互联网、通信网、物联网络、广播、电视网络、远程会议系统以及微信网络等。

提起互联网，对当今人类生活的影响巨大。互联网是谁发明的呢？它发展到今天应该归功于无数技术群体共同的努力。互联网始于1969年，是美军在ARPA（阿帕网，美国国防部研究计划署）制定的协定下将美国西南部的大学加利福尼亚大学洛杉矶分校、斯坦福大学研究学院、加利福尼亚大学和犹他州大学的四台主要的计算机连接起来。这个协定又加上剑桥大学在1969年12月开始联机。到1970年6月，麻省理工学院、哈佛大学、加州圣达莫尼卡系统发展公司加入进来。到1972年1月，斯坦福大学、麻省理工学院的林肯实验室、卡内基梅隆大学等组织加入进来。紧接着的几个月内国家航空和宇宙航行局、兰德公司和伊利诺利州大学也加入进来。1983年，美国国防部将阿帕网分为军网和民网，渐渐扩大为今天的互联网。之后有越来越多的公司加入。

除了电网，图36-4还给出了一些“看不见”的网络。

除了硬件网络、通信网络，虚拟网络也不可小视。2004年，扎克伯格之所以创立Facebook，是因为他觉得能在网上把人连接起来是非常重要的。那时候，互联网上有很多网站，可以找到差不多所有的东西，如新闻、音乐、书、电影、商品……可是没有哪种服务能帮人们找到生活中最重要的东西——人。每个人都想跟自己的朋友和家人联系，当大家可以分享和联系时，生活会变得更好。企业会变得更强大，因为可以和客户有更好的沟通。社会会变得更强大，是因为大家分享得更多了。所以，扎克伯格创立Facebook的初心不是要创立一个公司，而是想要解决一个非常重要的问题——想把人们连接在一起。

图 36–4　电网、通信网、物联网络、广播、电视网络、微信、互联网

他在哈佛大学的时候，和朋友晚上吃比萨，讨论未来。当推出了Facebook第一版的时候，非常高兴，因为他们的创新成果让学生们连接起来。

在路上的每一步，都会有人指责他们的新想法不会成功。开始只是一个小产品，只为美国的学生们服务。有人说："Facebook只是给学生们用的，所以它永远不重要。"可是他们还是继续做，把Facebook开放给所有的人用。后来又有人说："好，现在别人也用Facebook了，但是他们很快就不会再用它了。"可是他们还是继续做。人们一直在用，因为人与人的连接始终是很重要的。然后又有人说："可能它在美国有用，但它不会在其他国家有用。"可是他们还是继续做，并且延伸到了世界其他国家。又有人说："社交媒体永远不会赚钱。"可是他们还是继续做，建立了强大的业务体系。然后又有人说："人们不会在手机上使用Facebook。"可是他们还是继续做，现在他们成立了以移动业务为中心的公司。他们相信，社交媒体和连接世界是重要的；他们相信，虽然不知道所有的答案，但他们还可以继续帮助人们，连接人们。他们只是更用心了一点，一直在努力，现在有15亿人在用Facebook。他很喜欢马云说过的一句话："和15年前比，我们很大；但和15年后比，我们还是个婴儿。"为了重要的使命，了解得越多，就会觉得要做的事情越多。扎克伯格就是这样用互联网这种"网络"将人们连接起来的。

物联网也是一种新类型的"网络"，是新一代信息技术的重要组成部分，也称为“物物相连的互联网”。这里有两层意思：第一，物联网的核心和基础仍然是互联网，是在互联网基础上的延伸和扩展的网络；第二，其用户端延伸和扩展到了任何物品与物品之间，进行信息交换和通信。因此，物联网的定义是通过射频识别（RFID）、红外感应器、全球定位系统、激光扫描器等信息传感设备，按约定的协议，把任何物品与互联网相连接，进行信息交换和通信，以实现对物品的智能化识别、定位、跟踪、监控和管理的一种网络。

目前，物联网还只是借助各种信息传感技术和信息传输和处理技术，使管理的对象的状态能被感知、能被识别，而形成的局部应用网络；在不远的将来，物联网是将这些局部应用网络通过互联网和通信网连接在一起，形成的人与物、物与物相联系的一个巨大网络，是人们感知地球万物的基础设施。

从医疗角度，人体也被划分为很多系统“网络”。例如人的淋巴系统、血液循环系统、神经系统以及中医提出的经络系统，如图36–5所示。

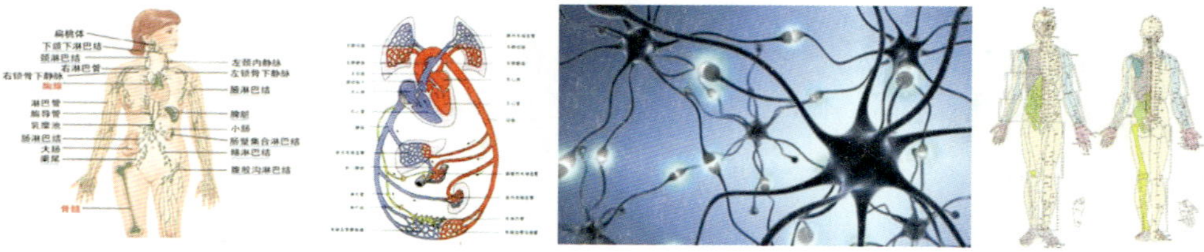

图 36–5　人体的淋巴系统、血液循环系统神经系统以及经络系统图

通过对上述人体各种系统网络功能的研究，更精准地指导医生进行疾病诊断以及治疗，这些系统的发现和研究也是功不可没啊。

中医提出的经络系统算是最有创意的发明了。尽管西方医学还不承认，但应用经络理论进行的中医诊断和治疗已经延续了上千年了。经络按摩和针灸已经治好很多疑难病症。中医称经络为运行气血的通道，是以十二经脉为主，其“内属于府藏，外络于肢节”，将人体内外连贯起来， 成为一个有机的整体。十二经别，是十二经脉在胸、腹及头部的重要支脉，沟通脏腑，加强表里经的联系。十五络脉，是十二经脉在四肢部以及躯干前、后、侧三部的重要支脉，起到沟通表里和渗灌气血的作用。奇经八脉，是具有特殊作用的经脉，对其余经络起统率、联络和调节气血盛衰的作用。此外，经络的外部，筋肉也受经络支配分为十二经筋；皮肤也按经络的分布分为十二皮部。

穴位是指神经末梢密集或神经干线经过的地方。穴位的学名是腧穴，别名包括“气穴”、“穴位”等。人体周身约有52个单穴，300个双穴、50个经外奇穴，共720个穴位。有108个要害穴，其中有72个穴一般点击不至于致命，其余36个穴是致命穴，俗称“死穴”。死穴又分软麻、昏眩、轻和重四穴，各种皆有九个穴。合起来为36个致命穴。生死搏斗中，作为“杀手”使用。

在中国医学古籍《灵枢经》中，对于经络走行路线的描述已经细致入微。各条经起止明确，曲折详尽，更有交叉回环，表里出入。不但循行肌肤，而且穿行脏腑。

对于有关经络的实质问题的探讨却一直争论不休。无论对于经络的机理研究得到什么结论，应用现存经络体系进行医疗的实践却是真实和有效的，随之发展的针灸、艾灸、按摩等医疗在有效的解决着病人的病痛困扰，甚至治愈了不少重病。经络作为古代中国人“结网”革新的重要成果，其奥妙还需要当代人不断地探索研究。

从古至今，和人类生活最密切相关的网络之一算是电网了。所谓电网就是指从发电、输电、到用电这一过程中，用电线组成的一个电的行走网络。因为发电厂很多，输电方向也纵横交错，用电用户更是星罗密布，使得全部的电线看上去像一张巨大的网，我们就叫它“电网”。当下我们用的电是交流电，那么，这个电网也就叫交流电网了。

多少年以来，人们从医学、生物学、生理学、哲学、信息学、计算机科学、认知学、组织协同学等各个角度企图解答“人脑是怎样工作的？”这个问题。在寻找上述问题答案的研究过程中，逐渐形成了一个新兴的多学科交叉技术领域，称之为“人工神经网络”。神经网络的研究涉及众多学科领域，这些领域互相结合、相互渗透并相互推动。不同领域的科学家又从各自学科的兴趣与特色出发，提出不同的问题，从不同的角度进行研究。“人工神经网络”具有初步的自适应与自组织能力。在学习或训练过程中适应周围环境的要求。同一网络因学习方式及内容不同可具有不同的功能。人工神经网络是一个具有学习能力的系统，可以发展知识，以致超过设计者原有的知识水平。通常，它的学习训练方式可分为两种，一种是有监督或称有导师的学习，这时利用给定的样本标准进行分类或模仿；另一种是无监督学习或称无为导师学习，这时，只规定学习方式或某些规则，则具体的学习内容随系统所处环境（即输入信号情况）而异，系统可以自动发现环境特征和规律性，具有更近似人脑的功能。神经网络就像是一个爱学习的孩子，教给他的知识是不会忘记而且会学以致用的。神经网络是通过对人脑的基本单元——神经元的建模和连接，探索模拟人脑神经系统功能的模型，并研制一种具有学习、联想、记忆和模式识别等智能信息处理功能的人工系统。神经网络的一个重要特性是它能够从环境中学习，并把学习的结果分布存储于网络的突触连接中。神经网络的学习是一个过程，在其所处环境的激励下，相继给网络输入一些样本模式，并按照一定的规则（学习算法）调整网络各层的权值矩阵，待网络各层权值都收敛到一定值，学习过程结束。然后我们就可以用生成的神经网络来对真实数据做分类。谷歌的阿尔法狗、可以下围棋的机器人之所以能够成功地击败人类，和神经网络的研究成果不无关系。

实战课堂

进入网络时代，传统的设备管理也发生了巨大的变化。就拿点检来讲，传统点检主要依赖人的五感，即视觉、触觉、听觉、嗅觉等。点检的基准书是纸制的，可视化点检基准书粘贴在需要点检的设备旁边供点检人员参考。点检人员将是否完成点检以及点检发现异常的信息填写在纸制的点检工作表单上。当今网络时代的点检，点检员手持PDA，也就是电子信息采集器，扫描需要点检设备旁边的二维码，点检基准界面就显现在PDA的屏幕上，如果是良否点检，而设备正常，点检员点击“正常”来确认，相当于在传统点检表上画上了对勾；如果点击“异常”，屏幕上就跳出对话框，点检员需要将异常内容填写上，然后点击存储进入系统，这些信息马上通过网络传递给上位机，管理人员可以实时了解点检和设备状态信息。有些PDA还带有振动、温度或者气体泄漏传感器，直接用来检测设备是否异常，自动上传。这一切都依赖强大的通信网络功能。未来，增强现实眼镜的普及，PDA也许会被VR眼镜所取代。因为，戴着VR眼镜，不但可以做PDA能够做的辅助点检或者设备维护，还可以腾出两只手，按照眼镜里的虚拟提示图像或者文字语音指示，动手去做维护保养。而这一切都要依赖强大的通信网络支持。

妙技锦囊

“天罗地网”这一革新技巧，如文字给我们的寓意，十分广袤。我们当今已经进入了“无网而不胜”的时代，“天罗地网”意味着上天、入地无所不包。这一革新技巧是引导工匠重视网络的巨大作用和功效，通过融入网络、编织网络、修补网络、研究网络、设计网络或者挖掘网络功效等方式进行的产品革新。

组合应用实务

总结工匠革新36技，我们得到如下表所示的汇总表，在这个表里我们对36技的名称、标识符号和释义做了汇总说明。

36技汇总表

序号	技巧名称	标识符号	释义及相关关键词
第1技	海纳百川		“海纳百川”是将不同的子系统和个体集聚合在一起，形成合力，或者铸成更加强大的功能的革新技巧，其应用的手段包括聚合、融合、整合、组合、凝聚、合成等
第2技	化整为零		“化整为零”是将一个整体的构件或者系统拆分成为零散的子构件或者子系统，突出子系统的特色与功能的革新技巧，所用的手段包括分解、分割、分离、消减、离散化、抽象、个性化等
第3技	周而复始		“周而复始”是应用循环、复古、再现、重现的手段进行革新的一种技巧
第4技	更新换代		“更新换代”是通过迭代、升格、新版、辗转、渐进方式进行的革新技巧
第5技	重峦叠嶂		“重峦叠嶂”是通过重构、重组、变异、重排、重序等方法进行的革新技巧
第6技	大道至简		“大道至简”是利用简化、简约、弱化、省略、删减、排除、消减等手段进行的革新技巧

续表

序号	技巧名称	标识符号	释义及相关关键词
第7技	纵横交错		“纵横交错”是让功能和系统跨越交叉，也是运用交汇、跨界、越界、双赢、共赢手段的一种革新技巧
第8技	层出不穷		“层出不穷”是通过“嵌套”或者“叠层”设计来提升创造物功效和价值的革新技巧
第9技	四平八稳		“四平八稳”是指“对称性”的变革，是通过平衡、对称、稳定的方式来完成某种功效的变革技巧
第10技	东倒西歪		“东倒西歪”是通过不对称、反对称、反平衡的方式进行的革新手法
第11技	精雕细琢		“精雕细琢”是追求极致的精准，是设计和工艺上的无微不至、精确、准确、细微和追求完美的革新技巧
第12技	伸缩自如		“伸缩自如”是通过缩放、扩大与缩小、延展与压缩、展开与折叠所完成的革新技巧
第13技	留有余地		“留有余地”是通过设计与革新的冗容、容错或者给出冗余量的手法，避免因为主系统崩溃而造成的更大损害，或者对原系统加以补救、加固，提升系统的可靠性和可持续性的革新技巧
第14技	草船借箭		“草船借箭”是通过借能、借势、借力的形式进行变革的技巧
第15技	五味俱全		“五味俱全”是通过味道、气味以及气体浓度的变化，以及人类触觉感知进行的革新技巧

续表

序号	技巧名称	标识符号	释义及相关关键词
第16技	须弥芥子		“须弥芥子”是通过“维变”，也就是通过升维、降维、增强、消减、变速、减速、突变、蜕变给创造物脱胎换骨，从而改变其功效、创造价值来进行革新的技巧
第17技	滴水成冰		“滴水成冰”是通过相位转化、物理变化、化学反应而完成的革新技巧
第18技	偷梁换柱		“偷梁换柱”是通过材料、原料变化来实现的功能变化、功效变化的革新技巧
第19技	上下左右		“上下左右”是通过位置变化、方向变化、角度变化而进行的革新技巧
第20技	曹冲称象		“曹冲称象”是通过变参照物、变参数、变数量、变强度、变参照系的革新技巧
第21技	五光十色	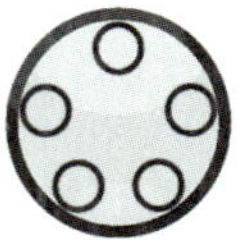	“五光十色”是通过改变创造物的颜色、色彩的方式进行的革新技巧
第22技	千形万态		“千形万态”是指通过改变形态、改变形状、改变样式所进行的革新方法
第23技	五音六律	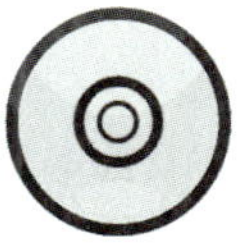	“五音六律”是通过声音变化、音调变化而进行的革新技巧
第24技	格物穷理		“格物穷理”是通过原理变化、机理变化所完成的革新技巧

续表

序号	技巧名称	标识符号	释义及相关关键词
第25技	牵肠挂肚		“牵肠挂肚”是通过系统联动、连锁、反馈而进行的革新技巧
第26技	接连不断		“接连不断”是通过物理连接、联通、对接、链接来实现的革新技巧
第27技	一反常态		“一反常态”是突破常规、逆向和反向思维下的革新技巧
第28技	跌宕起伏		“跌宕起伏”是一种关注脉动、振动和脉冲方向及强度变化的革新技巧
第29技	虚虚实实		“虚虚实实”是通过改变介质、媒介、填充、中介物及真空状态而进行的革新技巧
第30技	丢卒保车		“丢卒保车”是有失有得、舍尾求存、舍小得大的置换性革新技巧
第31技	否极泰来		“否极泰来”是包含逆补、逆反、逆袭、变废为宝、变害为利、互补、正反转换等手段的变革技巧
第32技	含沙射影		“含沙射影”是一种利用反弹、投影、投射、折射、反冲手段而进行的革新技巧
第33技	前车之鉴		“前车之鉴”是借鉴前人的经验、做法、产品、设计或者功能，为我所用，包括嫁接、移植、模拟等手段运用的革新技巧

续表

序号	技巧名称	标识符号	释义及相关关键词
第34技	势不可挡	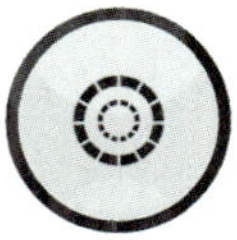	“势不可挡”是一种造势、顺势，利用或者营造“场势”的革新技巧
第35技	相互依存		“相互依存”是通过寄生、附着、伴生、共生、衍生等方式完成的革新技巧
第36技	天罗地网		“天罗地网”是一种启发我们进行结网，通过编织、联络、组织、网罗等手段，形成产品、构件或者虚拟系统的革新技巧

这里，我们再次强调，工匠们的革新发明未必是主动或者有意识按照我们所提炼的技巧而进行的。上述的提炼只是对以往工匠发明与革新的归纳总结，正如在门捷列夫发现化学元素周期表之前，人们已经发现了很多化学元素，有了周期表之后发现的某些化学元素也未见得是循着门捷列夫周期表得到的，但仍可归结到周期表的某个位置。因此，门捷列夫的周期表仍然不失为是一种非常有指导意义的归纳和总结。

回到36技汇总表给出的归纳，其意义如何呢？作者认为主要为以下3个方面：

（1）我们理清了以往工匠们发明的总体思路，按照目前的认识，他们的革新大体上不外乎上述36个方面（不排除以后会归纳出其他类型）。

（2）后来的工匠们可以有意识地在我们归纳的类型里寻找适合的革新方法，依照现实问题进行针对性的革新发明。

（3）一个革新发明往往会应用到多种革新技巧，革新技巧的组合就可以在我们的汇总表里选取、组合、配对、试错，直到革新成功，这也许会加速革新成功的速度和概率。

例如，我们发现现在的电梯当外面的人按下按钮之后，即使电梯门外已经没有人了，也要照样停下来等待。这不但让电梯里急于上下楼的人浪费等待时间，也是能源的浪费。但这种情景却一直持续着。

我们能不能研究发明一种电梯内无人按下该层按钮，无论外边是否有人按钮，门外有人则停，无人则继续行进的智能电梯呢？让我们思考如何选择相关革新技巧来实现我们的愿望，见下表。

智能电梯革新技巧选择表

解决问题描述	智能电梯，根据门外是否有人来决定是否停层	
选择革新技巧	标识符号	技巧运用解释
曹冲称象		改变参照物，通过传感器对电梯门外的红外发热物体进行测试，看有无移动的红外物体，或者对移动的影像进行测试，看是否有动态的影像
牵肠挂肚		将测试信号与电梯控制系统连接，参考门外电梯按钮是否被按下，在门外电梯按钮被按下，如果无移动的红外影像或者光学影像，在电梯内无人按钮前提下，则不停梯，保持继续运行
势不可挡		红外发热场或者影像发射场的建立和识别
留有余地		只要门外按钮已经按下，门外变化的信号存在，即使信号微弱，倾向开门而非继续行进，在传感器失灵状况下，保持传统电梯控制方式

我们并没有发明这种智能电梯，以上不过是假设我们要研制发明这种电梯可能要选择的革新技巧。希望今后某家电梯生产商能够运用我们提供的导引思路来发明一款真正的智能电梯。

例如，我们发现如果飞机不在廊桥停靠，上下飞机从来没有电动扶梯来辅助，而是乘客自己上下步梯。除非有空乘人员帮助，对于老弱病残孕乘客，他们不得不提着沉重的行李箱自己上下扶梯，很不方便。

为什么不能发明一种类似于商场、车站、机场大厅那样的电动扶梯帮助乘客上下飞机呢？这种电动扶梯只要满足可移动，可伸缩适应飞机悬梯高低，有足够动力，在乘客行进停止（堆积）时可以自动停止，保证安全就可以。我们给出的选择见下表。

飞机电动扶梯革新技巧选择表

解决问题描述	飞机电动扶梯，辅助乘客上下飞机	
选择革新技巧	标识符号	技巧运用解释
周而复始		这种发明是普通电动扶梯的“再现”改型，只需要改变其动力系统

续表

解决问题描述	飞机电动扶梯，辅助乘客上下飞机	
选择革新技巧	标识符号	技巧运用解释
牵肠挂肚		通过某种传感器，传递乘客积压停滞状况，控制电梯的缓速停止和缓速开动
伸缩自如		电动扶梯的高度（倾斜度）可以调整伸缩，电动扶梯本身可伸缩
留有余地		为保证安全性，此电动扶梯在无电状况可以作为普通上下步梯使用
相互依存		与飞机和机场互相依存
草船借箭		借用汽车等移动工具运送电动扶梯到停机坪和悬梯位置，借助汽车动能或者车载动能驱动扶梯

我们尚未发现上下飞机使用的电动扶梯问世，希望某个厂家愿意吃螃蟹，发明试制这种电动扶梯，造福社会。

例如，我们发现道路上的红绿灯常常是傻傻的，在横向道路没有车的情况下纵向道路始终亮着红灯，或者拥堵的道路放行缓慢，不拥堵的道路放行却较快。这是因为红绿灯转换的时间是人工设定的，不同时间段的道路拥堵情况也有所不同，人工设定与道路的实际情况往往不符合，是否可以设计智能交通红绿灯呢？我们尝试给出如下表的革新技巧选择方案。

智能红绿灯信号革新技巧选择表

解决问题描述	智能红绿灯，根据道路拥堵状况变换	
选择革新技巧	标识符号	技巧运用解释
更新换代		这种发明是原来红绿灯的渐进改版，只需要改变其控制系统

续表

解决问题描述	智能红绿灯，根据道路拥堵状况变换	
选择革新技巧	标识符号	技巧运用解释
精雕细琢		通过设置在地面、（与路口有一定距离的）构筑物或者空中的传感器，或者利用卫星导航采集的车流量信息，或者对路段内的手机信号（包括车辆和行人）进行采集，比对数量，推算出红绿灯滞留时间
天罗地网		利用无线或者有限网络传输信号
留有余地		在传感器失灵或者雨、雪、烟雾干扰及通信不畅的情况下，保留人工红绿灯控制功能

也许世界上已经存在这种智能交通系统，但作者尚未发现。建议有关交通部门尽快立项来研究这种系统，这将有利于缓解交通紧张局面，节约能源，减少马路废气污染，造福社会。

例如，我们乘坐的民航飞机不能像战斗机那样打开降落伞，让飞行员安全着陆。看到一起起悲惨的空难，作者一直想，为什么同样的原理不能应用在民航飞机上呢？我们航天飞机的返回舱都可以通过降落伞着陆，在紧急情况下，大型民航飞机能否仿照类似原理着陆呢？我们能否设计制造一款可以通过降落伞安全着陆的民航飞机呢？作者给出如下表的革新技巧选择方案。

可以安全降落的民航飞机革新技巧选择表

解决问题描述	飞机遇到紧急情况可以通过降落伞辅助降落	
选择革新技巧	标识符号	技巧运用解释
势不可挡		利用降落伞的能量转换原理，将飞机势能转化为伞与空气的摩擦热能，而非动能，保证飞机缓速着陆或者落水，争取逃生和抢救时间
伸缩自如		平时降落伞是被收缩叠放在机壳顶部备用

续表

解决问题描述	飞机遇到紧急情况可以通过降落伞辅助降落	
选择革新技巧	标识符号	技巧运用解释
前车之鉴		借鉴航天飞机返回舱的降落伞，以及战斗机弹跳舱自动打开降落伞的基本原理
留有余地		采取多伞、多机构设计，当飞机出现紧急情况，当开伞机构失灵或者某个降落伞破损情况下有备用机构和备用降落伞打开
偷梁换柱		为了减轻飞机因为携带降落伞导致负荷增加及能源损失，要研制和采用超轻质和高强度的伞材，或者这种伞材在没有紧急情况出现时可以兼做飞机的隔热保温层，一材多用

作者希望在不久的将来，中国制造的有伞飞机，安全民航机将会问世，这将里程碑式地改变民航事业的发展轨迹。

例如，我们目前乘坐的高铁已经开到每小时300多公里，甚至达到更高速度。但因为停靠一个个车站对车速影响较大，也会造成能源损失，列车机械配件的磨损。如果能够发明一种既方便乘客上下车又不停车的高速列车，无疑可以进一步提升列车运行速度，而且达到节约能源，减少列车磨损这种一石三鸟的效果。我们给出如下表的革新技巧选择方案。

不停车高速列车革新技巧选择表

解决问题描述	保证乘客上下车，而列车不停，持续前进	
选择革新技巧	标识符号	技巧运用解释
须弥芥子		通过“维变”，空间换时间、平面换时间来解决不停车的问题，例如在上层轨道或者并行铁轨挂接供乘客上下车的临时周转车厢
丢卒保车		通过“舍尾求存”的方式，将装载准备下车乘客的周转车厢在运动中甩掉，将装载准备上车乘客的周转车厢在运动中挂接，乘客上车后再甩掉该车厢

续表

解决问题描述	保证乘客上下车，而列车不停，持续前进	
选择革新技巧	标识符号	技巧运用解释
牵肠挂肚		与周转车厢对接时的连锁、联动和安全互锁
曹冲称象		在与周转车厢对接或者分离时，运动中的列车与对接车厢应该处于相对静止状态
伸缩自如		在周转车厢与运动中列车对接时，两个车厢的通道是可以伸缩打开的，便于乘客穿行，完成上下车任务后，再回缩闭锁，准备分离

我们并没见过这种中途不停车并可以保证乘客上下车的列车，从原理上分析是可以实现的。技术上除了周转车厢及挂接装置、并行铁轨（牺牲面积换时间）或者高架铁轨（牺牲空间换时间）的研制，还牵涉到铁路设施的改造等技术问题，经济上也需要一定投入，如果这种投入产出比是划算的，这种发明就早晚会出现，让我们拭目以待。

我们期待广大读者，未来的工匠大师们层出不穷的“异想天开”冒出来，通过我们36技的启迪，快速投入创造发明的行动中——心动不如行动！让我们中国早日成为一个创造发明大国，弥补中华民族在人类历史长河中从四大发明至今出现的发明空虚状态，重新为人类的文明和进步做出自己的贡献。

后记

中国古代兵法36计依次顺序为：金蝉脱壳、抛砖引玉、借刀杀人、以逸待劳、擒贼擒王、趁火打劫、关门捉贼、浑水摸鱼、打草惊蛇、瞒天过海、反间计、笑里藏刀、顺手牵羊、调虎离山、李代桃僵、指桑骂槐、隔岸观火、树上开花、暗渡陈仓、走为上、假痴不癫、欲擒故纵、釜底抽薪、空城计、苦肉计、远交近攻、反客为主、上屋抽梯、偷梁换柱、无中生有、美人计、借尸还魂、声东击西、围魏救赵、连环计、假道伐虢。这是中国古人在战争中提炼出来的各种“战法”。这些“战法”均系依据《易经》中的阴阳变化之理及古代兵家刚柔、奇正、攻防、彼己、虚实、主客等对立关系相互转化的思想推演而成，含有朴素的军事辩证法思维。同样，人类的发明与技术进步，却需要大量革新的“技法”。作者一直在思考，我们人类革新，能不能也提炼出一些朗朗上口的“技法”，让成长中的工匠们去参考借鉴。经过多年的反复思索和比较，终于小荷初露，也力求与中国传统文化之六合之地、六翮之力、六经六艺、天情六欲、六经六甲、六道轮回等顺乎自然的表述相对应，共归结为36法，改称为“36技”，与兵法的“36计”加以区别。工匠以诚为先，以精为本，故本书以“诚外无物，匠韵绝伦——工匠革新36技”为名。

第一次工业革命，就是从瓦特这个发明了蒸汽机的“工匠”开始的。

众所周知，德国是个工匠聚集的国度。德国人从高中开始就崇尚职业技能的学习，德国制造是靠其工匠精神支撑的。截止到2015年，寿命超过200年的企业，德国有839家，荷兰有223家，在日本竟然有3148家。一个山地小国瑞士，世界500强的企业竟然有12家。这些企业之所以能够生生不息并具备超强的竞争力，就依赖其中的工匠精神。

美国也是重视工匠的国度，美国开国元勋华盛顿本身就是一个水利工匠，在他卸任总统之后，竟然领导一支队伍开凿了一条运河。美国的国力是靠工匠养成的，美国的家庭汽车库里成长出大批改变世界的“工匠”，如苹果公司的乔布斯等。美国的很多“极客”和“创客”就是在车库里孵化出来的。一架波音飞机承载着多少个工匠的微小创新成果。可以说，正是工匠精神造就了强大的美国。

其实，工匠精神并不是舶来品，几千年前《庄子·养生主》中就记载了一个“庖丁解牛”的故事，描述了一个厨师解剖牛的精湛技术，这个庖丁就达到了工匠的境界。

宋朝工匠出身的李诫编撰的《营造法式》是对工匠的建筑实践经验做了理论总结，书中说 “其考工庀事，必究利害，坚窳之制，堂构之方，与绳墨之运，皆已了然于心。”该书在技术层面之外，还明确了劳动定额，以及运输、加工等所耗时间，对于编造预算，施工组织都有严格规定，相当于一套建筑工程的制度、规范，从而能够有效地杜绝物料浪费和工程管理人员中饱私囊。

不过，在中国传统文化里，“学而优则仕”占据了主导地位，所谓“道、法、术、技”，“技”往往被放在最末位，是被人瞧不起的。人们常常用“雕虫小技”来形容某个被人瞧不起的技术。现在想，可以雕虫，未必是小技，只不过不被人看得起，不被社会重视而已。

现在是我们中国重新认识工匠立国重要性的时候了。纵观世界各国，无工不富。以欧洲为例，著名的旅游胜地，却经济萧条，而富有工匠精神的国度，如德国、瑞士，却比较富裕。工匠培育，已经成为国家强盛、屹立民族之林的基础工程。

工匠的本质，就是利用现有技术或创新方法来创造价值。对工匠的理解在社会上千差万别，说的一般化一点，有好点子并付诸实现就是工匠；说的高大上一点，那些不拘一格，依靠意志和拼搏，做出改变世界变革的人才可以算是工匠。说的粗俗一点，工匠就是那些具有破坏性的人，总是挑战现状并成功付诸行动的人。

那么，什么是工匠精神呢？工匠精神是一种不停息的创新式思维和付诸行动的精神状态，而非一些兴趣和技能。

有人说，工匠本质上是天生的，他们生来具有从已经存在的事物中创造出新东西的“超能力”。我们虽然不能完全认同这种说法，但至少认同其中一部分内涵——工匠虽然可以后天养成，可以师徒传承，但至少要找到那些具有好奇心和创造力，那些具备工匠创新思维状态，具备持续创造韧性的人。

我们常常用农夫和猎人意识进行比较，用猎人意识来诠释工匠精神。

小农意识：小富即安；猎人意识：永不满足。

小农意识：重复守旧；猎人意识：充满好奇。

小农意识：固执己见；猎人意识：敢于突破。

小农意识：信命靠天；猎人意识：跌倒重来。

一个健康的工匠文化要与现实结合，将未来的发展与过去的成果结合起来。工匠创新的一个关键原则就是借鉴前人的发明。其实，所有人类的发明都需要踩着前人的肩膀往上爬！正如今天的火车已经发展为高速列车，但还是两条铁轨，一个车头，带着若干车厢跑一样。不过，当代火车的确从内到外创新了不少，发生了巨大的变化。

工匠精神的重要内容就是在事物的碰撞之中找到灵感。对工匠的最好支持是鼓励他们坚持到底，不半途而废，直到创造价值。

要认识到，工匠是一项充满风险的事业，因为创新总有失败相伴——美国的著名工匠爱迪生在1879~1880年间经过5000次失败，成功研制出第一个电阻发热电灯，点亮了40h，他称每次失败是“成功”地证明原来的方案有错误。

值得指出的是，某些专家往往会成为工匠的敌人，因为一些专家往往会用他们被证明是成功的知识和经验来封杀工匠萌发的好点子。因为一些工匠的成果，有的也许可以直接显现，有的要在数年之后才能够被证明。还因为这是一个“速变”的时代，“经验贬值”的时代。因此，不拘一格，不求全责备，不急功近利是鼓励工匠成长的最好环境。

那么，什么是新工匠精神呢？具有网络思维，善于利用计算机技术和其他现代技术手段，并且懂得协作，有团队合作精神，有跨界思维能力是新工匠精神的明显特征。

既然已经到了无“网”而不利的时代，中国的新工匠除了要练好基本功，要具备创新思维，要踏实、有韧性、有毅力，还要不断触“网”，借助网络助推创新，提升创新速度和水平。

中国作为泱泱大国，能人众多，只要我们形成尊重工匠精神，人人争当工匠，大家仰慕工匠的文化氛围和成长环境，大量的新工匠就会不断涌现。

为了研究工匠创新方法，作者也研究和分析了TRIZ理论。所谓TRIZ，是“发现并解决问题理论”，由俄罗斯学者根里奇・阿奇舒勒（G.S.Altshuller）及他的同事提出，其英文全称是Theory of the Solution of Inventive Problems，欧美国家也简称为TIPS。TRIZ理论体系从1956~1985年，经历了近30年的发展才逐渐形成。根里奇・阿奇舒勒的TRIZ理论在全球都产生深刻影响，促进了人类发明的规律化、可复制化和多彩化。

根里奇・阿奇舒勒从少年时代就是个发明家，还因为给当时苏联领导人写的一封信而获罪，被投入监狱。他当时还用烧过的火柴棍在纸片上画上黑眼珠贴在眼皮上偷偷睡觉，假装不睡觉来骗过监狱的疲劳式审讯，渡过难关。这也是他解决冲突理论的一个妙用。

后来他在担任海军专利局专利评审官时，利用职务之便，经过对250万份高水平的专利研究，找到发明背后存在的一些技法，并依此提出TRIZ理论。

本书并未严格按照根里奇・阿奇舒勒的40个分类对革新技巧进行划分。事实上，很少发明创造是事先遵照某一革新原则的套路进行的。划分只是后来者的总结提炼而已。

为了便于不同层次工匠的理解和参考，我们并没有把根里奇·阿奇舒勒的物–场模型和多种冲突消解方法引用。对于一线工匠而言，这些方法掌握起来并不容易。作者另辟蹊径，结合古今中外的各类发明，找出其中具有普遍性的技巧，提出工匠大师革新的“36技”，这里有意与中国古代兵法的“36计”形成呼应，只是将“计策”之“计”，改为“技巧”之“技”。期望通过这样的总结提炼，更有助于启发和促进当代工匠的革新活动。

传统工匠的革新，往往并非是靠成套理论指导的，而且不少工匠并没有很高学历，他们是在实践中摸索，通过不断地试错和不懈追求而获得成就的。本书的“36技”完全是按照革新的大大小小、林林总总鲜活案例划分出来的，这绝不意味着工匠是运用了某种技巧的套路才有所创新的。反过来，我们倒是想通过这种划分给未来工匠一点启迪，当他们苦思冥想不能突破之时，也许参考本书提炼出的技巧和思路会激发出他们革新的火花来，这正是“实践—理论—再实践”的循环过程。

作者将以脑力和知识“众筹”方式，征集读者对本书的意见、建议以及支持案例，任何对此书再版有贡献的读者姓名将出现在再版前言中，以示感谢。

工匠革新36技的互动邮箱为：gongjianggexin36ji@163. com。

作者联络方式：shflibaowen@163. com

网址：http://www. tnpm.org

单位：广州学府设备管理工程顾问有限公司

地点：广州市越秀区麓景西路41号裕达隆大厦20楼

邮编：510091

公司二维码：